U0067144

老人福利

The Welfare for Old People

戴章洲、吳正華　著

心理出版社

作者簡介

戴章洲（第一～十章、第十三章）

○ 學歷：玄奘大學管理學碩士

○ 考試：公務人員乙等考試、丙等考試、高等檢定考試及格

○ 經歷：地方基層公務員，曾任里幹事、課員、股長、隊長、專員、秘書、社會局
　　　　長、參議、民政處長
　　　　玄奘大學社會福利發展中心副主任
　　　　內政部早療推動委員會委員
　　　　明新科技大學、親民技術學院、育達商業科技大學兼任講師

○ 著作：社會福利概論、老人服務事業經營與管理、老人福利（以上合著，心理出
　　　　版社）、老人退休生活規劃（合著，五南出版社）

吳正華（第十一、十二章）

○ 學歷：玄奘大學管理學碩士

○ 經歷：中國文化大學學務處輔導員
　　　　中山科學研究院人力資源處副組長

○ 現任：國立中央大學學務處行政專員
　　　　親民技術學院兼任講師

序

　　佛教中稱「生、老、病、死」是人生四大痛苦，一般年輕人體會不會深刻，總以為距離老年時期還有一段很長的時間，無暇去細思，等到有一天也進入「老人」的行列時，驀然回首才發現，人生真的很短暫。在老年時期，「生、老、病、死」的問題是那麼的貼近；而高齡化的社會裡，老人福利也倍受社會關注和重視。

　　我們檢視過去傳統的「養兒防老」觀念，發現社會上許多老人已經不再信任「養兒防老」，取而代之的卻是「養老防兒」。家庭結構的改變，也造成老人對於晚年養老的不安全感日深，這是我們從事社會福利工作二十餘年來所發現的轉變，老人福利確實是值得大家一起來探討與關心的。

　　本書在編寫上，參考一般大學「老人福利」課程的教學目標，儘可能的涵蓋下列內容，亦即：

1. 探討老人需求及國內外老人福利服務發展的現況及趨勢。

   Explore the demands and the trend of current development of welfare service for the elders.

2. 增進學生對各類型之老人福利服務及問題的認識。

   Enrich the knowledge on a variety of elderly welfares and issues.

3. 學習如何運用老人福利服務。

   Learn how to exercise elderly welfare services.

4. 培養國際觀與老人服務熱忱。

   Foster global views and passions for elderly services.

　　在寫作過程中，剛好遇到我高齡的母親因心肌梗塞住院治療，經過心導管手術後，約有一年多的時間，她住院七次，進出 ICU（加護病房）四次，我投注大量精神陪伴她，也不斷的給予她精神上的支持，多次從醫生手中接

到病危通知，然後又搶救回來，轉危為安，因此，我十分感謝國泰醫院黃漢倫醫生和他們的醫護團隊。但這段期間我的寫作工作也只好暫停，以照顧老人家為優先，所以有好長一段時間無力動筆。大約在 2008 年暑假時，我接到林總編輯的電話，他之前不知道母親住院的事情，我告訴他目前進度十分緩慢，他很體諒我，說還是照顧老人家重要，寫書的事可以慢慢來，讓我十分感動，而此時母親的狀況也逐漸穩定下來了，為了讓本書能夠如期出版，於是趕緊調整心情和精神奮力提筆，並商請好友吳正華先生負責兩章，做專題性的介紹，希望讓本書內容更加充實。

　　本書得以出版，還是要再次感謝心理出版社總編輯林敬堯先生，以及其優質的團隊裡所有參與工作的女士先生們，由於他們的支持與鼓勵，提供我寫作的動能，當然由於著者學識有限，如果有不盡完善之處，尚望諸位先進海涵並不吝指教。

戴章洲　謹識

2009 年 1 月於台灣新竹

Contents

目　錄

第一章

緒　論

學習目標

學習者在研讀本章之後應能了解：

1. 老人的定義。

2. 老人福利的意義。

3. 老年期常見的問題與需求。

4. 老人福利服務的類型。

5. 老年期的發展工作。

老人福利

　　人口老化為先進國家之普遍性問題，為適當因應老化社會之需求，聯合國在 1991 年通過的「聯合國老人綱領」即提出：獨立、參與、照顧、自我實現、尊嚴五要點，以宣示老人基本權益保障之共同目標，做為 1999 年國際老人年後各項觀念與行動之指導原則。在台灣，另依「社會福利政策綱領」有關老人福利服務之目標，政府與民間應積極維護老人的尊嚴與自主，形塑友善老人的生活環境主張，2007 年《老人福利法》的大幅度修法，即是以達到促進長者尊嚴、獨立自主老年生活為主要目標。對於老人照顧服務之需求多元、複雜，且具不可分割性，未來老人福利的推動也應採取全人照顧、在地老化、多元連續服務，做為老人照顧服務之規劃原則。

第一節　老人福利的意義

☆ 一、老人的定義

　　對於老人的定義，學者間從不同的面向探討，各家說法大同小異，江亮演、余漢儀、葉肅科、黃慶鑽（2008：6-8）在其所著《老人與身心障礙福利》一書中，對於老人的定義曾就下列各面向提出探討。

（一）從生理方面來看

　　外在有頭髮脫落、眼睛混濁、眼球或眼白變色、身高降低、牙齒脫落、指甲變形、皮膚變粗變黑或皺紋增加，或老人斑（壽斑）出現或毛細孔變小、體重減輕等等現象之特徵。內在有內臟各器官的細胞數減少，感覺器官如耳、眼等的聽力、視力減退或障礙、消化系統如胃、腸、肝臟等消化機能退化或障礙、循環系統如血管有障礙、呼吸系統如肺、氣管等組織碳化或變化、泌尿系統如腎臟萎縮或膀胱鬆大以及攝護腺組織肥大、關節系統如骨骼化學成

分變化或石灰含量減少、神經系統如腦功能退化、內分泌障礙以及體溫功能減退等現象之特徵。

出現上述這些現象時，有人認為老了，但從老化現象來看並非正確，因為有人未老先衰，雖有老人生理現象出現，但實際上還年輕，年齡與生理現象不一致，所以單從此生理現象來作「老人」的判斷不甚合理。

（二）從心理方面來看

一個人有「無求新的慾望」和「無求成就的慾望」，或對機械、電器不感興趣，儘量避免刺激或逃避現實，以及保守、固執、自私等老人心理現象出現時，就認為已經老了，但有些人雖然年輕卻有上述老人心理現象存在，如果有此老人心理現象就判定其已經老了，那也不恰當。

（三）從年齡方面來看

依據《文獻通考・戶口考》：「晉以六十六歲以上者為老，隋以六十歲為老，唐以五十五歲為老，宋以六十歲為老」；《論語》：「君子有三戒……及其老也」句；《皇疏》：「老謂五十以上」。又有人尊稱有社會地位的人為耆老，《爾雅・釋詁》禮田禮「六十為耆」。由上述各項記載，起自50歲最高66歲，便夠老人資格。但以年齡來判斷也不一定正確，因為有些人老當益壯，雖年過65歲仍然很健康，體能不比年輕人差，所以光用年齡來判斷也很難了解是否真的老了。

（四）從法律規定來看

大多數國家在法律上都明文規定：18歲以下為幼年（青少年兒童），18到65歲為青、壯年（或成年），66歲以上為老年。從我國《勞動基準法》第54條命令退休條文來看：「勞工非有下列情形之一，雇主不得強制其退休：

老人福利

1.年滿 65 歲者；2.心神喪失或身體殘廢不堪勝任工作者。」因此，勞工以 65 歲或未滿 65 歲，但身心已經無法從事勞動者為老人，可退休或雇主可強迫其退休。又現行公教人員 65 歲應予命令退休之規定，在法律上是不考慮老人本身意願與社會上所扮演角色如何，凡達到法定年齡條件者均須退休，表示其已經老或已不適工作了。不過法律規定也不能真正表示其已經老了。

（五）從社會地位或角色來看

真正老人的定義是應從社會地位，和其在社會上所扮演的角色來看。若一個人在社會上的角色或地位改變了，從主要變為次要的，或從重要的變為無足輕重時，才算是真正老人。如日本隱居制度或我國社會把財產分給子女，自己從家庭重要地位或扮演的主要角色變為年齡的「歸屬性地位」，扮演祖父母等次要角色與地位，也就是從經濟性的成就地位轉變為歸屬性地位。

以上從各種面向來探討「老人」的定義，固然各有所本，但是老人的定義如果沒有以法律做一致性規定的話，會影響法律上權益的保障，例如：社會福利輸送給老人時，需對「老人」的定義有明確的標準，才能避免產生無謂的爭端與困擾。因此，我國對於「老人」的定義係以《老人福利法》規定：國民滿 65 歲以上者為老人，不再問其他因素。

現在的社會，高齡老人漸漸增加，雖然 65 歲以上稱為「老人」，百歲人瑞也稱為「老人」，期間年齡可能相差 30 餘歲，不同年齡層次的老人對於服務的需求可能有很大的區別，因此如單純以「老人」一致的對待難免粗糙，是以學者間為研究方便起見，有以年齡的方式將老人再細分為三種：65 至 75 歲為小老人，75 至 85 歲為中老人，85 歲以上者為老老人。

⌂ 二、老人福利的意義

老人福利（Elderly Welfare）是為確保老人物質性、精神性、社會性的最基本生活水準，實現老人幸福的公私立之社會性、組織性的活動總稱。

老人福利廣義來說，是指包括年金、醫療保健、住宅、僱用、教育、稅制等，對老人有助益的福利制度或服務。狹義的老人福利，則是指社會福利領域的老人對策，《老人福利法》及其他有關措施制度的各種老人援助政策與服務（江亮演等編著，2008）。

一般國家則採取折衷方式的老人福利，也就是依照國家的財政狀況，不限於社會福利體系，在各目的主管事項也儘量讓所有的老人都能夠享受到政府對於老人的福利措施。

⌂ 三、老人福利服務的內涵

為滿足老人的福利需求，依據內政部（2007）「老人福利與政策」對於老人福利的內容，主要涵蓋如下。

（一）健康維護

1. 老人預防保健服務：配合全民健康保險成人預防保健服務項目，辦理老人健康檢查。
2. 中低收入老人醫療費用補助：為降低低收入戶就醫時之經濟障礙，對於其應自行負擔的保險費、醫療費用等部分，由政府予以補助（包含老人在內）；中低收入年滿70歲以上老人之保險費亦由政府全額補助。
3. 中低收入老人重病住院看護費補助：為使老人因重病住院無專人看護期間，能獲得妥善照顧並減輕其經濟負擔，對於中低收入老人、低收入戶老人予以補助。

老人福利

（二）經濟安全

老人經濟安全保障，採生活津貼、特別照顧津貼、年金保險制度方式，逐步規劃實施：

1. 低收入戶老人生活補助：未接受機構安置之低收入戶老人，每月平均補助每人生活費用。

2. 中低收入老人生活津貼：中低收入老人未接受收容安置者，得申請發給生活津貼。凡 65 歲以上生活困苦無依或子女無力扶養之中低收入老人，亦未接受政府公費收容安置者，其家庭總收入平均每人每月未達最低生活費用標準者，發給中低收入老人生活津貼。

3. 中低收入老人特別照顧津貼：針對罹患長期慢性病且生活自理能力缺損，需專人照顧，未接受收容安置、居家服務、未請看護之中低收入老人，發給中低收入老人特別照顧津貼，以彌補因照顧家中老人而喪失經濟的來源。

（三）教育及休閒

1. 設立長青學苑：利用老人文康中心或其他合適場所設立長青學苑，提供老人再充實、再教育的機會，並擴大其生活層面。

2. 屆齡退休研習活動：對於即將退休者提供研習活動，以增強民眾規劃自身銀髮生涯的能力及相關知識的了解。

3. 興設老人福利服務（文康活動）中心：興設老人文康活動中心，並逐年補助其充實內部設施設備，以做為辦理各項老人活動暨提供福利服務之場所，提供老人休閒、康樂、文藝、技藝、進修及聯誼活動。配合老人福利服務需求，老人文康活動中心也成為福利服務提供的重要據點，諸如辦理日間照顧、長青學苑、營養餐飲、居家服務支援中心等。

4. 各類老人優待措施：為鼓勵老人多方參與戶外活動，以利身心健康，老人搭乘國內交通工具、進入康樂場所及參觀文教設施，予以半價優待。

5. 其他休閒育樂活動：敬老園遊會、長青運動會、槌球比賽、老人歌唱比賽等。

（四）安定生活

1. 居家照顧服務：就是為增強家庭照顧能力，使高齡者晚年仍能生活在自己所熟悉的環境中並獲得妥善的照顧，而推動老人居家服務，讓長者不需離家便能獲得照顧，在自己家中安享晚年，也符合我國傳統孝道倫理。

2. 社區照顧服務：所謂「社區照顧」是指，動員並整合社區內的人力、物力、財力等資源，針對社區中不同對象的不同需求提供各項福利服務，使其能在所熟悉的環境中就近取得資源，以獲得協助，滿足其需求，尤其對獨居老人或因行動不便，而其子女均在就業，無法提供家庭照顧之老人，更有其需要及迫切性。

3. 機構養護服務：老人福利機構是推動老人福利服務的重要核心，也是福利服務輸送的重要據點，目前政府在機構安養護服務方面所採取的措施，一方面是以獎勵、補助及監督的方式，協助立案的老人福利機構提升服務品質，另一方面是依據《老人福利法》的規定，對未立案的老人福利機構予以處罰，同時組成專案小組，積極輔導其辦理立案登記，以保障老人就養權益。

（五）心理及社會適應

1. 設置老人諮詢服務中心：透過社會上對老人心理、醫療護理、衛生保健、環境適應、人際關係、福利與救助等方面，具有豐富學識經驗或

專長人士參與，對老人、老人家庭或老人團體提供諮詢服務，協助解決或指導處理老人各方面的問題。各直轄市、縣市政府或民間團體舉辦的長春楷模選拔、重陽敬老、金婚之慶，以及各種尊老、敬老活動，或其設置之長春懇談專線、諮詢服務中心等，均係為長者紓解鬱悶情緒，鼓勵老人及其家屬共同參與各類活動的服務措施，除可提升老人社會地位外，並能增進家庭親情。

2. 籌組長青志願服務隊：鼓勵老人再奉獻學經驗專長服務社會，籌組長青志願服務隊，以其知識及經驗再度貢獻社會，並充實生活內涵。

（六）其他福利措施

1. 為鼓勵子女與老人同住，《所得稅法》已有增加百分之五十免稅額的規定。

2. 配合「三代同堂」政策，明定國民住宅優先提供三代同堂家庭承租之規定。

3. 成立老人人力銀行。

4. 提高三代同堂家庭購屋利息扣除額：《所得稅法》已修正，將購屋借款利息扣除額之額度由十萬元提高為三十萬元（內政部，2007）。

第二節　高齡化社會常見的問題與需求

一、就老人個人而言

（一）經濟問題

老年人收入減少，但是醫療費用卻增加，在經濟上會有不安全感，使得

老人的生活方式面臨著重大的改變，對於適應能力較差的老人，將會引起嚴重的生活問題。

　　老人經濟安全保障方面，可採取的主要措施有：生活津貼、特別救助、社會救助、特別照顧津貼、年金保險制度方式、扶養所得扣除額、存款優惠利益、生活補助、年金保險、再就業、延長退休等。

（二）健康問題

　　老年人身體日漸衰弱，容易罹患疾病，而且大多數的老人多少都會有一些慢性病纏身，使老人身心狀況出現危機，因此醫療人力的充實與醫療設備的增加是未來的趨勢。完善的長期照顧制度的建立也是高齡化社會所必須的。

（三）心理問題

　　老年時期，通常子女已外出工作或另組家庭，老人與子女接觸的時間不多，容易產生孤單寂寞的心情。尤其是遭遇到配偶或家人死亡問題，對於老人心理上的壓力更是沉重的負擔。

（四）生活適應問題

　　老年人由於健康狀況及經濟能力日差，尤其是衰老到一定程度時，生活無法自理，力不從心，容易產生不安、孤單、意志消沉的情緒，對於周圍環境也無力整理，生活上漸漸需要有人協助。

（五）親子關係問題

　　老年父母與成年子媳較佳的相處之道為：體諒家人、不要嘮叨、不要倚老賣老、不要多管閒事，要裝老傻、要有老本、老伴是寶，儘量保持身心健康及獨立生活能力、量力而為幫助子女料理一些家務（沙依仁，2003：286）。

老人福利

（六）退休適應問題

　　學者研究發現，退休對老人的社會生活和個人生活有很大的影響，例如：心理孤寂、收入減少、婚姻受到影響、社會關係減退等問題。艾契禮（Atchley, 1977）指出，退休老人在心理適應上可能會經過下列五個階段：第一階段為蜜月期：指剛退休時常有如釋重負的輕鬆感，特別是自願退休者，這種蜜月期可能很短，也可能很長，主要是看退休者的準備是否妥當，當然，如果是被迫退休者，不會有蜜月期；第二階段為憂鬱期：蜜月期後退休者突然發現自己變成遊手好閒、無用的人，收入也減少了，心理上產生憂鬱感；第三階段為重組期：經過一段憂鬱期後，開始重組自己，用更確實的態度來處理安排生活；第四階段進入穩定期，安定下來，穩定過日子；最後進入第五階段終結期：疾病開始侵襲老年人，可能導致行動不便或死亡，退休老人開始為死亡陰影而恐懼，準備後事（徐麗君、蔡文輝，1998：64-66）。將退休的輔導列入老人福利的要項，能幫助老人有自信、有尊嚴的去面對以及解決退休後的問題。

（七）受虐待問題

　　老人虐待或疏忽係指老人個人的生理、心理及經濟等對安全有妨礙與怠慢之事實，致使老人的身體、精神及個人財物受到不當的損傷或剝奪（黃源協、蕭文高，2006：323）。老人虐待可能會是一個比兒童虐待、婚姻暴力更容易受到忽略的問題，由於老人對照顧者的依賴、比未成年的兒童具有自主性，以及為了面子而更難以啟齒的窘境等，均使得老人對於遭受虐待的事實有所隱瞞（陳慧女，2006：350）。老人被疏忽或遺棄、虐待，對於老人的身心都是嚴重的傷害，當老人遭受到這些危害時，應由社會工作者或相關專業人員介入，以保障老人生活安全。

　　老人受虐待問題可採取的措施有：成立保護老人委員會、保護受虐老人安排於寄養家庭、提供緊急處理服務、成立自助團體、設立老人心理輔導機構等。

（八）教育與休閒問題

　　老年人存有龐大的生理、心理、認知、人際、社交與靈性的能量，且這些能用來產生改變、轉化及希望的無價之寶，卻往往未被發掘或察覺到。若能激發老人這些潛在的能量，藉由提供老人教育、休閒及社交的機會，將是不可或缺的一環（黃源協、蕭文高，2006：317-318）。適當的教育與休閒活動對老人的健康有益。

✿ 二、就社會而言

（一）福利需求問題

　　在高齡化的社會裡，老年人口比重增加，社會上依賴福利服務資源的人口也增加，生產者減少；政府為了照顧高齡人口，增加各種福利服務，在財政上將增加各種龐大的支出，對有老年人口的家庭而言，也面臨增加支出的困境。

（二）醫療保健問題

　　健康醫療一直是老人所最關注的需求，隨著高齡人口的增加，社會上必須增加大量的醫療設備與醫療人員，使能滿足照顧老人的需求，但也因此增加社會的負擔。

　　針對長期患病老人的療養照顧問題，可採取的主要措施有：建立完善的長期照顧制度以及開辦國民健康保險、老人巡迴醫療車、醫療保健器材補助、成立康復計畫自助團體、短期照護及安寧照護等。

（三）生產結構問題

由於出生率降低，高齡人口增加，使得社會上參與生產的人力減少，勞動力短缺，使得社會上的生產結構產生重大的改變，事業經營者勢必要調整經營管理的方式，始能應付社會結構的變化。

（四）獨居老人問題

雖然大部分的老人都期盼與子女同住，但實際上現在一般的家庭空間愈來愈小，子女遠離家門外出工作的機會增加，老人因為「在地老化」的觀念或其他原因，無法與子女同住，只好選擇獨居或與配偶同住；然而，老人由於身體功能逐漸退化，生活上逐漸需要他人協助，造成獨居老人的照顧問題。

針對獨居老人的需求，可結合社區或機構提供的主要服務有：居家醫療服務、居家護理服務、家事服務、送餐服務、代為購物服務等。

第三節　老人福利服務的類型

老人福利的服務類型，可從服務對象、家庭角色互動以及福利輸送類型三個面向來說明。

⚲ 一、依服務對象區分

（一）一般老人福利服務

這是指廣義的老人福利，也就是不問老人是否不幸或特殊，凡年齡達到65歲以上，均可享受到的福利服務或措施，例如：老人乘車優待票價等。

（二）特殊老人福利服務

「特殊」一詞是引用自《特殊教育法》的立法精神，對象包括身心障礙者及資賦優異者。在老人福利方面，對於「資賦優異」的老人鮮少著墨；因此，為了減少對「特殊」對象負面的標籤化，對於「身心障礙」、「有特殊需求」的老人，我們以「特殊老人」稱之，例如：對失能老人、失智老人或其他身心障礙老人的福利服務。

（三）不幸老人福利服務

所謂不幸的老人，就是家庭失去功能，或者家庭功能不彰，在經濟上、生活上無法提供老人正常家庭生活的老人，例如：獨居老人。

☆ 二、依家庭角色互動區分

（一）支持性福利服務

支持性的老人福利是屬於主動性、積極性，也有預防的性質，主要的就是支持老人，改善其家庭的功能，強化家庭成員的相互責任。支持性福利服務有：家庭諮詢服務、個案輔導、團體輔導、家族治療、親職教育、老人休閒娛樂等。

（二）補充性福利服務

是為維持家庭系統正常運作，由家庭以外系統的協助，來彌補家庭不足之處，讓老人能夠在家庭中繼續生活。補充性的老人福利有：老人日間照顧、社會救助、老人生活津貼、醫療補助等。

老人福利

（三）替代性福利服務

是指當家庭因意外變故失去功能，或老人遭受到嚴重虐待時，老人無法獲得適當的照顧以致生活遭遇困難，而將老人另行安置到一個類似家庭的地方，以替代家庭的功能，例如：機構安置。

（四）保護性福利服務

被疏忽或虐待的老人，往往身心受到嚴重的傷害，因此對於老人的保護除了採取消極的事後補救措施外，更要積極的採取預防措施，例如：對於家庭功能失調有可能被疏忽虐待的老人，應有通報系統，建立支持網絡，必要時以公權力介入，防止事態擴大，以保障老人晚年的生活。

☆ 三、依福利輸送類型區分

（一）居家式老人福利服務

居家式的老人福利服務是長期照護的一環，主要的服務對象是居住在家庭中的失能老人或身心障礙者，當居住於家庭內的老人及身心障礙者，為維護其生活品質，由政府結合民間社會福利部門到家庭為失能老人或身心障礙者提供服務輸送，就是所謂居家式的福利服務。

（二）社區式老人福利服務

社區式的老人福利服務是針對居住在家庭中的老人，由社區提供多種支持性的福利服務，使老人在晚年的生活品質得以提升並減輕家庭的負擔。社區式的老人福利服務的觀念源於福利社區化的概念，福利社區化就是將社會福利體系與社區結合起來，也就是透過社區組織和財力資源的規劃，結合社

區的人力資源，提供給社區居民各種福利服務，以滿足社區居民的福利需求，並凝聚社區意識、促進社區發展。福利社區化可以使社區居民就近得到福利服務，同時也可以使政府的福利政策落實到社區的基層組織。

社區式的福利服務種類繁多，包括有：保健服務、醫護服務、復健服務、輔具服務、心理諮商服務、日間照顧服務、餐飲服務、家庭托顧服務、教育服務、法律服務、交通服務、退休準備服務、休閒服務、資訊提供及轉介服務以及其他相關之社區式服務。各種服務的提供者，包括：社區組織、機構、專業組織，甚至民營事業。

（三）機構式老人福利服務

隨著家庭結構的改變以及高齡人口的增加，老人對於長期照護、養護及安養機構就養之機構需求勢必也會增加。為使需照顧的老人能有多元化的選擇，除居家式及社區式服務外，老人福利機構可依照老人的需求提供各項機構式服務，以滿足居住機構之老人多元需求。

機構式的服務類別主要有：1.住宿服務；2.醫護服務；3.復健服務；4.生活照顧服務；5.膳食服務；6.緊急送醫服務；7.社交活動服務；8.家屬教育服務；9.日間照顧服務；10.其他相關之機構式服務等。

第四節　老年期的發展工作

在正常的情況下，大部分的人都有機會成為老人，尤其在經濟發達、醫療進步的社會裡，人口高齡化已成為趨勢，短期內不容易扭轉；當老人占國家總人口比例甚高時，對於老人的需求也愈多，老人福利不斷的被強調，好像唯有完善的老人福利才能帶給老人安全和保障，這是一種對社會福利的依

賴，結果只是造成國家財政上更沉重的負擔。

老人福利的功能與價值不容否定，它可以彌補老人生活上不足之處，讓老人生活更有尊嚴，老人權益獲得保障；但是如果對老年時期在心態沒有做適當的調整，那麼即使有完善的福利制度，也不一定能使老人過愉快的生活，因此，老年期的發展工作也很重要。

老人時期的發展工作，並沒有一套完整的模式可以介定，應依老人個人條件上的不同來做規劃及調整，大致可以把握下列原則：

1. 良好的家人關係：家庭是最基礎的社會組織，也是個人生活的避風港，當個人經歷了一生的奮鬥後，如果平常能與家人保持良好的互動，到老年時期儘量不要成為家庭的負擔，即使在最後階段可能需要家人的照顧，也較能享受到家庭的溫暖。

2. 活得安全：老人應避免從事危險性或投機性的工作，讓自己暴露在高危險的情境中，因為危險性的工作容易使人受傷；而投機性的工作暴起暴落，老人如果不幸失敗的話也難有東山再起的機會，容易落得一無所有。

3. 保健保養自己以延緩退化：有規律的生活，平和適度的活動，避免體力上過度勞動，精神上、情緒上過度波動，歡喜接受老年時期的到來。

4. 適度的社會參與：老人可衡量自己的能力與專長，適度的參與個人或團體事務，避免自己與社會造成疏離，也可以貢獻時間和智慧做社會服務，進而能夠自我實現，老人社會參與的途徑有：宗教活動、休閒娛樂、老人教育、參加志願服務、再就業或參與政治活動爭取權益。

5. 無憾的終老：老人應體認生命的過程就如同花開花謝，是種無可逃避的自然現象，過去一生的榮枯也都只是過往雲煙，對於死亡的認識應提早有心理準備，了解生命的必然歷程，可以選擇有尊嚴的去面對，無憾的終老。

參考文獻

中文部分

內政部（2007）。老人福利與政策。2008 年 10 月 14 日，取自 http://sowf.moi.
　　gov.tw/04/01.htm

江亮演、余漢儀、葉肅科、黃慶鑽（編著）（2008）。老人與身心障礙福利。
　　台北縣：國立空中大學。

沙依仁（2003）。人類行為與社會環境。台北市：五南。

徐麗君、蔡文輝（1998）。老年社會學——理論與實務。台北市：巨流。

陳慧女（2006）。法律社會工作。台北市：心理。

黃源協、蕭文高（2006）。社會政策與社會立法。台北市：雙葉書廊。

英文部分

Atchley, R. C. (1977). *The social forces in later lift: An introduction to social geron-*
　　tology. Belmont, CA: Wadsworth.

老人福利

摘要

在少子高齡化的社會裡，老人在總人口比例上占有重要位置，老人福利成為未來的顯學，無論是政府部門或是家庭個人，都有機會接觸到與老人相關的問題，政府在整個社會福利經費的編列支出上，老人福利也占很高的比例。

本章從老人及老人福利的概念出發，先從各種面向介紹老人的意義，了解老年期常見的問題與需求。老人福利已成為一種專業，福利的措施必須針對老人的需求，才能維護老人的權益和增進老人的生活品質。

目前主管機關推動老人福利的措施很多，但因限於政府財政上的困境，大部分的措施都以照顧社會上貧困弱勢的老人為主，主要的項目在健康維護方面有：老人預防保健服務、中低收入老人醫療費用補助，以及中低收入老人重病住院看護費補助等；經濟安全方面有：低收入戶老人生活補助、中低收入老人生活津貼、中低收入老人特別照顧津貼等；在教育及休閒方面有：設立長青學苑、辦理屆齡退休研習活動、興設老人福利服務（文康活動）中心、各類老人優待措施，以及辦理老人休閒育樂活動等；在安定生活方面，則繼續推動居家式、社區式以及機構式的各種服務；在心理及社會適應方面有：設置老人諮詢服務中心以及鼓勵籌組長青志願服務隊等，並配合相關單位推動其他福利措施。

隨著社會的變遷，老人的問題與老人福利服務之需求將呈現出多元且複雜化，未來老人福利的推動也應採取全人照顧、在地老化、多元連續服務，做為老人照顧服務之規劃原則。

名詞解釋

◆ 老人

◆ 老人福利

◆ 社會參與

◆ 人格尊重

◆ 經濟安全

◆ 居家式老人福利服務

◆ 社區式老人福利服務

◆ 機構式老人福利服務

 問題習作

1. 請說明老人的定義。

2. 請說明老人福利的意義。

3. 請說明老年期常見的問題與需求。

4. 請說明老人福利服務的類型。

5. 請說明老年期的發展工作。

老人福利

第二章

與老人相關的理論

學習目標

學習者在研讀本章之後應能了解：

　　1. 生理學方面主要的老化觀點。

　　2. 社會學方面主要的老化理論。

　　3. 社會心理學方面主要的老化理論。

　　4. 心理學方面主要的老化理論。

老人福利

　　生命是一個歷程，老化是一種現象，從出生的一刻開始，人們開始成長，也開始老化；當我們進入人群社會中成為社會組織的一份子時，從幼年到成長，除非是突遭重大意外，大部分的人都有機會進入老年時期的階段。「老化」雖然無時無刻都在進行著，但是在老年時期的感受會特別的明顯，會覺得進行得更快速。

　　因為「老化」無法抗拒、無法避免，即使是帝王將相、達官貴人，也無人能夠倖免，即使是當今最進步的生物科技，也只能做到「延緩老化」，而無法使我們「停止老化」；因此，生命「會老化」、「會凋零」，是一種宿命，生命的末期，通常就是老年時期，也是接近人生終點的時期，在這時期的老人，在社會上往往被歸類為退出生產活動的族群，甚至於當生活無法自理時，也是需要接受照顧的族群。

　　本章係就生理學、社會學、社會心理學，以及心理學的角度，來說明有關老人的理論。

第一節　生理學方面的老化理論

　　生理學主要研究的是，物質在生物體內發生的化學變化與代謝過程的學問，而老年期最顯著的特徵就是老化。生物的「老化」，是身心衰退的一種過程，也就是生物體隨著時間的消逝，在內、外所發生的變化過程。雖然老化現象涉及許多複雜的體系，包括生理、心理、社會以及其他的因素，但無疑的，生理的老化是最明顯易見的特徵，也是可以預期的自然現象。

　　一般而言，生理老化理論主要區分為兩大類，主要是探討遺傳因素（Gentic Factors）的影響，和外在環境因素（Environmental Factors）影響的問題。

　　在遺傳因素方面，學者所提出的理論主要有損耗理論、新陳代謝理論、

免疫理論、突變理論等，茲說明如下。

☼ 一、損耗理論

損耗理論又稱為磨損理論（the Wear and Tear Theory），認為人體就像一部機器，由於工作與生活，隨著時間的流逝，身體器官也會逐漸損壞。損耗理論認為：生命是一種有機體，都有其最大的限度，在生命的過程中，如果對器官照顧較周全的話，磨損就較緩慢；反之，則磨損較快，磨損後的細胞如果無法修復，有機體就趨於衰弱死亡。這個理論的盲點是：它忽視了有些細胞經過磨損之後，還是有可能修補回來的。

☼ 二、新陳代謝理論

此理論認為，新陳代謝所產生的廢物對人體是有害的，在人體中累積愈多，使細胞中毒的情況就愈嚴重，這也促使老化和死亡；生物體內新陳代謝的副產物，叫做自由基，此與有機體老化、癌症等疾病的發生有密切的關係。根據最新的研究顯示，新陳代謝加快有助於延長壽命，新陳代謝速度是指身體燃燒食物、製造能量的速度。此一發現對傳統的理論是一個挑戰，過去人們認為，新陳代謝快的動物會更早死去。此外，生長激素也會影響壽命，人的生長激素分泌隨著年齡增長而遞減，會導致體重增加、膽固醇異常、免疫功能下降，使人患上冠心病、疲勞症、骨質疏鬆等病症，或出現憂鬱症及性功能障礙（大陸基因潮科技，2004）。

☼ 三、免疫理論

免疫理論（the Autoimmune Theory）係 1984 年得到諾貝爾獎的咽尼（N. K. Jerne, 1911-1994）所提出的理論，此理論說明免疫系統的崩解會在身體產生不適當的抗體，甚至於產生可以侵害細胞的抗體。人體的免疫系統隨著年

齡的增加愈來愈喪失功能，所以罹患疾病的機率大增，老人免疫功能受損後，感染疾病的機會就增加，所以老人隨著年齡的增長，罹患疾病的機會也就增加。免疫學家正努力探索「人體如何對抗感染」抗體的問題，由於抗體之結構是由基因決定的，所以許多生理醫學家正使用基因工程方法探討抗體的遺傳基因之議題。

✿ 四、突變理論

此理論認為，人體細胞中的功能是受到遺傳因素 DNA 的控制，當 DNA 發生突變時，繼起的細胞分裂會造成更多的細胞突變，使正常細胞喪失應有的功能，因而身體的器官會逐漸失去作用與衰退。因為正常的細胞接受基因控制，循著正常的分化途徑，組成器官來發揮作用。許多的細胞，例如：腸道內壁的黏膜、皮膚的表皮細胞、骨髓裡面的造血細胞，在人的一生裡，是不斷在進行著增殖、分化、成長、老死的。在這個不斷增殖的過程中，部分細胞因為內在（如基因突變）或是外在的刺激（如病毒感染、放射線、有毒致癌物），使得基因控制方面出現變異，而啟動致癌基因（oncogene），或是破壞抑癌基因（tumor suppressor gene），因而脫離正常的分化程序。這樣的細胞一般可以被身體的免疫系統所認出，將之消滅，或是自己啟動「凋亡」（apoptosis）基因，自然死亡。

所以，雖然許多細胞在生成時發生變異，但是真正能變成癌細胞的卻很少。癌細胞則能通過這些管制以及預防措施，完全脫離身體的控制，而且進一步無限制增殖，形成腫塊。另外，這些癌細胞也就不再接受原本的限制，而會循著淋巴系統、血管等可能的管道，直接侵入鄰近的器官跟組織，或是轉移到其他器官組織。當癌細胞轉移到其他器官之後，如果仍然無限制的增殖，則將導致器官組織受損，進而引起併發症。因此，癌細胞與正常細胞的最大區別就是，脫序的無限增殖以及轉移到其他器官的能力。

　　而主張外在環境因素論者認為，因環境的汙染、病菌的感染等因素容易造成老化現象。許多科學家認為，環境和生活習慣在長壽方面所起的作用可能達到 66%。所以想長壽的人應注意：營養、健康狀況、生活經歷、環境、活動，以及壓力等，堅持體育鍛煉、節制飲食、控制體重、遠離菸酒、適當服用維生素，尤其是維生素 C 和維生素 E、多吃素菜少吃肉、多吃生的蔬菜和水果（大陸基因潮科技，2004）。

　　以上生理學方面的理論，說明由於生理的老化，造成身體器官和生理機能的衰退，受到疾病侵襲的機會隨之增加。

第二節　社會學方面的老化理論

　　就社會學的觀點而言，老化過程和老年生活不僅是個人心理和生理物質的結合，而且也是社會結構影響下的產物。社會學家相信，由於社會結構的差異，在各個社會裡的老化過程和老年生活會有其獨特之性質：社會與社會之間的老年社會生活往往就不同（蔡文輝，2002：244）。

　　本節介紹有關社會學方面的理論有：功能論、衝突理論、符號互動論和交換理論四種。

⚘ 一、功能論

　　功能論（FunctionalismTheory）是以巨觀的層次來看待社會現象，他們所探討的焦點是社會與文化體系，強調秩序與均衡如何來維持。

　　功能學派以英國的馬凌諾夫斯基（B. Malinowski, 1884-1942）較著名，他提出人類社會存在的「功能－需求」，認為文化制度可做為引導生命趨力與本能的「功能」，以及社會的、內發的、生物性決定的「需求」必須被滿足

（石計生，2006：235）。

功能論者將社會視為生物有機體（living organism），將社會和社會結構以功能觀點來看待，從十九世紀的史賓塞（Herbert Spencer, 1820-1903），把社會比喻成如同人體的生物有機體，認為社會是由不同的各部分組合而成，而每個部分對整個社會都具有其功能，所以社會事實就可用來顯示在社會秩序各部分的功能來解釋。

二十世紀功能學家，如帕森思（Talcott Parsons, 1902-1979）、墨頓（Robert K. Merton, 1910-2003）和戴維斯（Kingsley Davis, 1908-1997）等的基本研究方向，是界定組成社會的各個部分，提出各個部分的正、負功能。

功能論的四個基本命題為：

1. 功能關聯及相互替代：每一體系內的各部分在功能上是互相關聯的，彼此間有相互替代的功能，雖然某一部分的操作需要其他部分的配合，但當一部分的功能發生異常或失效時，其他部分可以填補其功能。

2. 在每一體系內的組成單位或次體系，通常有助於該體系的持續運作。

3. 大多數的體系與其他體系是有關聯並相互影響的，因此可以將它們視為整個大體系中的次體系。例如：可以將教育、家庭、文化這些體系，視為整個社會體系的次體系。

4. 整合的體系觀：主張體系是穩定而且和諧的，不容易產生變遷；均衡（equilibrium）是社會運行的目標，處在均衡狀態的社會，是一個整合無衝突的社會，而體系如果要變遷的話，也是緩慢而有秩序的。

功能論的主要觀點是以有機體論和生物學的觀點，來探究社會結構如何結合與運作，強調社會制度是相互依賴的複雜體，社會每一種制度對整體社會的維持都有貢獻。認為社會本身就是由不同的制度所組成的一個系統，社會因制度處於均衡狀態；因此，如果劇烈的變遷，將可能導致系統的瓦解。而制度的形成、存在與瓦解，須視其型態的結果而定。制度的結果可分為顯

性功能與隱性功能，有功能的制度會繼續存在，而無功能的則將會被取代。

功能論也有其缺點，其主要的限制為：

1. 功能論缺乏對快速變遷的合理解釋。
2. 功能論過分強調結構對個人行為的決定性，成為結構決定論，個人完全被動。
3. 功能論對既存社會制度有意識型態合理化和合法化的傾向。

功能學者對老年社會的解釋，主要是從社會的功能立場來看，他們認為社會明白年齡上的差別，而把社會的成員區分成不同的團體。社會成員有不同的年齡層，於是發展出不同的「年齡規範」（age norms），對老人的行為規範就是休養、安逸、求靜；而老人對社會貢獻較少，因此給予老人較低的社會地位（蔡文輝，2002：244-245）。

⚲ 二、衝突理論

衝突理論（Conflict Theory）主要是依據馬克思（Karl Marx, 1818-1883）的著作而發展，馬克思認為社會基礎由階級衝突所構成的，人們根據自己在經濟體系中位置，劃分出不同的階級，而產生階級衝突。對馬克思而言，社會主要有兩個階級就是資本家和勞動者，他們沒有共同分享的價值；甚至，資本家的目的就是在壓榨剝削工人階級，階級衝突也是大部分政治衝突的來源，也是歷史的推動力。

現代衝突理論中最具影響力的社會學家達倫道夫（Ralf Dahrendorf, 1929-），則否認馬克思的經濟階級是社會的主要衝突根源，他認為衝突的來源發生在那些擁有權力和沒有權力的人之間，衝突的根源是由於權力鬥爭。

衝突論的基本觀點主張，人類的關係是宰制與剝削，宰制與剝削來自於不同團體的利益衝突。既得利益者利用各種的方法（例如：法律、制度、武力等）對其他團體進行剝削，因而產生衝突。衝突不僅發生在階級間（即發

老人福利

生在經濟層面），在各種團體與各種面向（例如：宗教、文化、種族等）的衝突也普遍存在於社會中。

衝突論反對功能論的整合與均衡的靜態社會觀，主張社會衝突是不可避免的，且是社會變遷的動力。

（一）功能論與衝突論的比較

1. 功能論把社會視為相當穩定和整合的，衝突論對於社會的觀點是認為社會是處於不斷變遷和衝突中。兩者的差異主要的是：功能論強調社會每一份子對價值皆認同，衝突論則強調社會是一個強制性的結合。

2. 這兩種理論都有它的弱點，因為功能論無法解釋所有社會價值不完全一致的情況，而衝突論則不能解釋除了衝突之外，還有彼此關聯合作的一面。

3. 史美舍（Neil Smelser）指出，兩種理論的爭辯仍然持續存在，但是兩者並不相矛盾，因為社會沒有共同的價值不可能存在；而社會都必須有某種制度的整合，否則就不成為社會。另一方面，社會內的許多團體彼此間存有衝突，而且經常發生種種變化。

（二）理論內容

早期結構主義的衝突理論：帕森思代表的結構功能主義，認為「協同」是維繫、穩定社會的方式，而「衝突」則是社會的一種病態，所以必須消除衝突。

科瑟爾（Lewis A. Coser, 1913-2003）（孫立平等譯，1956）在《社會衝突的功能》（*The Functions of Social Conflict*）中，最早使用了「衝突理論」這個名詞。他反對帕森思認為衝突只具有破壞作用的觀點，認為衝突不但具有負面功能，也同時具有正面的功能。

馬克思則認為，資源（財產或生產工具）分配不均，是造成社會階級化

的原因，社會變動也就是資產階級和無產階級的鬥爭。他認為：經濟組織決定社會裡所有其他的組織，每一個組織裡都會有階級衝突；無產階級會因受到壓迫，而產生共同階級意識，來抗拒資產階級的剝削。

達倫道夫認為，社會現實有穩定、和諧與共識的面向，但同時也有變遷、衝突和強制的面向。社會學不僅需要和諧的模型，同樣需要一種衝突的模型。在他於 1959 年發表的《工業社會中的階級和階級衝突》（*Class and Class Conflict in Industrial Society*）中，達倫多夫主要以韋伯關於權威和權力的理論為基礎，建立其階級和衝突理論。他認為社會組織不是尋求均衡的社會系統，而是強制性協調聯合體——「權力和抵制的辯證法，乃是歷史的推動力」。權威造成不平等和利益衝突，不同利益團體產生階級，所以他認為：主動和積極的態度和意識、同一地區和溝通良好，比較容易形成共同利益團體；自由經濟國家比專制獨裁國家容易造成衝突的社會現象；個人如果對自己的團體不滿意或不認同，會造成階級流動而想離開該團體；衝突會因階級流動性的增加而減弱，階級的差異性而增加。

柯林斯（R. Collins）以《衝突社會學——邁向一門說明性科學》（*Conflict Sociology: Toward an Explanatory Science*）一書，將衝突問題的研究進入了一個新的階段。早期衝突論者只是對結構功能主義進行補充和修正，認為秩序理論和衝突理論同是有用的理論工具。柯林斯認為，社會衝突是社會生活的中心過程，僅僅提出一種補充性「衝突理論」不足以說明這一過程，必須建立一門以衝突為主題的社會學。

他認為，社會時時刻刻都在變遷，維持社會的基礎是權力關係，權力因為職務、政治立場的不同和地位階級的分配不均，而會造成衝突，如果衝突沒有違反團體基本原則，相對的有目標、有益處和有價值，則衝突並不全然是破壞，有時更具正面的功能，可以增強社會適應力和解決社會問題。

另外在衝突理論中，羅斯（Arnold Rose）提出「年齡階層論」（age strati-

fication theory），將老化過程視為類似於社會流動，而不同年齡的人在社會上有不同的地位、權勢以及義務。他用社會階層的概念來分析老年人在社會中的地位。

（三）衝突理論對老年人新角色的省思

衝突理論大多強調老年人的被動性、邊緣性和資源匱乏的負面論點，此理論認為：老年人因為缺少獲取生產工具和資源的機會，年齡的老化使老人處於社會上不利、弱勢的地位，老人族群的地位很容易就被取代，權力也會被剝削，所以退休老人如果要求生存，就必須組成老人團體，與非老人進行抗爭來爭取權益。因此，依照「衝突理論」所發展出來對於老年人所給予的新角色是：

1. 老年人在社會上成為受保護和依賴的人口群，因為他們的經濟、資源、能力與機會減少了。
2. 老人族群可能淪為順從新權威的次要地位角色，因為他們的權力消失後，參與主導決策的機會少了。
3. 老年人因為在本身條件受限下，所以為了要爭取生存和發展的空間，必須在政治行動上成為維護權益者的新角色。

三、符號互動論

符號互動論（Symbolic Interactionism Movement）又稱為形象互動論，此理論認為人與人之間的互動是仰賴形象符號的運用，以及互動的雙方對於符號的了解、解釋與判斷。因此要了解老人就必須先了解他們互動行為的解釋。

主張符號互動論的領導人物以貝克（Howard Becker, 1928- ）較為著名，貝克深受湯姆士（W. I. Thomas, 1863-1947）、布魯默（H. Blumer, 1900-1987）以及休斯（E. Hughes, 1897-1983）等人的影響，其在偏差行為方

面有許多研究。他又致力於提倡參與觀察（participant observation）的研究方法，使成為社會學研究的新典範。

另外，譚能邦（Frank Tannenbaum, 1893-1969）在 1938 年出版的《犯罪與社會》（*Crime and Community*）一書中提到「標籤理論」（Labeling Theory）；林默德（Edwin Lemert）於 1951 年出版《社會病理學》（*Social Pathology*）一書，奠定標籤理論的雛型（鄭世仁，2005）。

依照標籤理論的觀點，「老人」可能被貼上「不必工作」、「虛弱」、「消極」、「過於保守」……等標籤，而此標籤就成為他們的「身分」（status），並取代了他們其他的角色；這有可能會影響到別人對他們的看法，可能因為被人孤立、冷落、嘲笑的結果，影響到他們的自我形象。所以，被貼上標籤的人，可能生活在標籤的陰影裡，終至產生「自行應驗的預言」（self-fulfilling prophecy）。

另外，學者蔡文輝認為社會環境論（socio-environment theory）、活躍論（activity theory）以及老人次文化論（aged sub-cultural theory），都是符號互動論在老年學中的代表理論，說明如下。

首先，「社會環境論」強調社會及環境因素對老年人活動型態的直接影響。它著重團體成員的年齡是否相近、其社會環境是否和諧等問題。持此種理論的學者發現，老年人如住在專為老人而設立的養老院、安養中心，或老人國宅等，會比較容易交朋友，比較不會寂寞，生活較有情趣，一切都較和諧安祥。這實在是因為其生活環境是專為老人而設立的，其安排的活動也都以老人為主。

其次，「活躍論」認為一個人對生活的滿意程度與他的活動有關：一個人愈活躍，對生活愈感滿意。這理論認為老年人雖會面臨生理、健康狀況改變，但是他們身心上的社會需求，基本上並無太大的改變。當一個人從中年轉變到老年，並不完全要從社會中撤退出來或隔離，在他們生活轉變中，只

不過是把以往的舊角色拋棄,而換以新的角色。健康的老年人繼續保持其活動及其社會關係,是最能適應其老年退休生活的一群。

再者,「老人次文化論」指出,老年人在人口特質、團體組織以及地理分布上,有共同的特徵及相似的特質,因此較易形成老人族群的意識:其特有的行為模式或規範跟社會中其他族群不同,而形成一種老人次文化(蔡文輝,2002:246)。

(一)符號互動論的理論架構

1. 社會是由個人行為活動和人際互動組成的。
2. 人際互動是依對方傳達的訊息,經由個體接受後「思考」、「判斷」和「分析」其所代表的意義,再經統合整理後做適當的回應,並非直接反射的。
3. 互動和環境關係密切,不同文化背景和生長環境,對同一事件有不同的解讀。
4. 個人在社會中都有屬於自己的一個「位置」,扮演著許多的角色,而許多的位置組合了社會結構,而社會結構限制了個人發展的界線。

(二)符號互動論對老年人新角色的省思

符號互動論強調老年人族群積極面的社會互動,此理論認為:
1. 老年人可以高度發揮其社會互動的權力。
2. 老年人可以提高老年人社會互動素質,重塑老年人的社會形象。
3. 老年人可以創造有意義的生活。
因此,此理論認為老年人的新角色是:
1. 老年人成為發展自助利己團體和互助網絡的新角色。
2. 老年人成為強化社會互動能量、資源,和增進正面形象的新角色。

⚡ 四、交換理論

交換理論（Exchange Theory）認為，個人之間的交換行為，是維持社會秩序的基礎之一，社會互動就是一種交換行為，交換的對象可以包括物品、聲望、喜愛、協助和贊同等。交換理論主張互惠主義的規範支配著互動，只要互動能有益處，老人就會持續參加有利益的社會互動。交換理論的主要論點為：

1. 「交換」係依參與交換者的利益來決定，在相同社會經濟地位的人，較容易發展出深厚情誼；反之，如果社經地位差距較大的人，就不易建立深厚的關係。

2. 參與「交換」者，往往會依循「剝奪－滿足」的原則行事，也就是當個人做某件事都是得到相同報酬的話，就會減低他繼續做這件事的興趣，對於後來獲得報酬的評價就會降低。

3. 「交換」的維持有賴「禮尚往來」的互惠規範和「如何回饋」，來達到雙方認為公平互利的感覺。

4. 參與「交換」者是以自我為中心的利己意識為出發點，所以必須依賴「互信」和「互惠」原則，才可以達到「整合」功能。

5. 「交換」理論認為，在交換的過程中參與交換的人會力求以最小的成本，換取最大的利益，並且依其不同的需要，來調整其角色扮演去爭取最高的報酬。

交換理論認為老年人在社會上的角色上有下列特性：

1. 因為老年人資源較匱乏，處於交換條件劣勢地位，所以他們是退縮不前和鬱鬱寡歡的弱勢族群。老年人成為依賴制度性保護的族群，所以政府必須制定保護措施保護之。

2. 因為老年人本錢較薄弱，所以他們不易從交換中獲益，期待獲取的報酬也相對的薄弱。老年人要成為志願性和自助性的新角色，必須藉由參與社區活動來開發交換所需的相關資源。

第三節　社會心理學方面的老化理論

☆ 一、艾瑞克森的心理社會階段理論（Stage Theory）

　　艾瑞克森（E. H. Erikson, 1902-1994），出生於德國的法蘭克福，是美國著名的精神病醫師，新精神分析派的代表人物，也是二十世紀重要的思想家，其一生以建構「自我認同」為職志，是心理社會發展理論的創始人，他在當代心理學家的貢獻與佛洛伊德（Sigmund Freud, 1856-1939）、皮亞傑（Jean Paul Piaget, 1896-1980）齊名。

　　艾瑞克森將人生的發展分成八大階段。在人生的每個階段，都會存在著內在與人際的危機，如果能夠將這些危機解決，人生也就得以成長，順利進入下一階段。但如果在該階段，有些危機並沒有處理好，那麼這些危機就會造成這個階段的遺憾，並且問題也可能被延續到下一個階段去。

　　艾瑞克森的生命週期概念，描述了人生心理社會八個階段發展的過程。在最後一個階段，也就是老年期，面臨的挑戰是如何持續活躍的投入現在的生活，同時也要能夠統整過去的生命歷史。

　　他認為人的自我意識發展是持續一生的，他把自我意識的形成和發展過程劃分為八個階段，這八階段的順序是由遺傳決定的，但每一階段能否順利度過，卻是由環境決定的，所以這個理論可稱為心理社會階段理論。每一個階段都是不可忽視的，艾瑞克森的人格終生發展論，為不同年齡段的教育提供了理論依據和教育內容，任何年齡段的教育失誤，都會給個人的終生發展造成障礙。它也告訴每個人，你為什麼會成為現在這個樣子、你的心理品質有哪些是積極的，哪些是消極的、是在何年齡段形成的等等，給我們反思的

依據。

　　他的人類發展八個階段區分如下。

（一）嬰兒期（0～1.5歲）：信任對不信任的心理衝突（trust vs. mistrust）

　　此時期是基本信任和不信任的心理衝突期，因為這期間孩子開始認識人了，當孩子哭或餓時，父母是否出現是建立信任感的重要原因。信任在人格中形成了希望這一品質，它有著增強自我的力量。具有信任感的兒童敢於希望，富於理想，具有強烈的未來定向；反之則不敢希望，時時擔憂自己的需要得不到滿足。

（二）兒童期（1.5～3歲）：自主行動對羞怯懷疑的心理衝突（autonomy vs. shame and doubt）

　　在這一時期，兒童掌握了大量的技能，如：爬、走、說話等。更重要的是，他們學會了怎樣堅持或放棄，也就是說兒童開始有自己的意志可以決定要做什麼或不要做什麼。這時候是父母與子女有衝突的開始，也就是第一個反抗期的出現，一方面父母必須承擔起控制兒童行為，使之符合社會規範的任務，即養成良好的習慣，如訓練兒童大小便，使他們對骯髒的隨地大小便感到羞恥，訓練他們按時吃飯，節約糧食等；另一方面兒童開始有了自主感，他們堅持自己的進食、排泄方式，所以訓練良好的習慣不是一件容易的事。這時孩子會反覆應用「我、我們、不」，來反抗外界控制，而父母絕不能放任他們自然發展，因為這樣將不利於兒童的社會化；反之，若過分嚴厲，又會傷害兒童自主感和自我控制能力。

（三）學齡初期（3～6歲）：主動對退縮愧疚的衝突（initiative vs. guilt）

在這一時期，如果幼兒表現出的主動探究行為受到鼓勵，幼兒就會形成主動性，這為他將來成為一個有責任感、有創造力的人奠定了基礎。如果成人譏笑幼兒的獨創行為和想像力，那麼幼兒就會逐漸失去自信心，會使他們更傾向於生活在別人為他們安排好的狹窄圈子裡，缺乏自己開創幸福生活的主動性。

（四）學齡期（6～12歲）：勤奮進取對自貶自卑的衝突（industry vs. inferiority）

這一階段的兒童都應在學校接受教育。學校是訓練兒童適應社會、掌握今後生活所必需的知識和技能的地方。如果他們能順利的完成學習課程，他們就會獲得勤奮感，這使他們在今後的獨立生活和承擔工作任務中充滿信心；反之，就會產生自卑。當兒童的勤奮感大於自卑感時，他們就會獲得有能力的品質。艾瑞克森說：能力是不受兒童自卑感削弱的，完成任務所需要的是自由操作的熟練技能和智慧。

（五）青春期（12～18歲）：自我認同對角色混亂的衝突（identity vs. role confusion）

在此階段，一方面青少年本能衝動的高漲會帶來問題，另一方面更重要的是，青少年面臨新的社會要求和社會的衝突而感到困擾和混亂。所以，青少年期的主要任務是建立一個新的認同感或自己在別人眼中的形象，以及他在集體社會中所占的情感位置。這一階段的危機是角色混亂。艾瑞克森把同一性危機理論用於解釋青少年對社會不滿和犯罪等社會問題上，他表示，如果一個兒童感到他所處於的環境剝奪了他在未來發展中獲得自我同一性的種

種可能性，他就將以令人吃驚的力量抵抗社會環境。

（六）成年早期（18～25 歲）：友愛親密對孤獨疏離的衝突（intimacy vs. isolation）

只有具有牢固的自我同一性的青年人，才敢於冒然與他人發生親密關係的風險；因為與他人發生愛的關係，就是把自己的同一性與他人的同一性融合一體。這裡有自我犧牲或損失，只有這樣，才能在戀愛中建立真正親密無間的關係，從而獲得親密感，否則將產生孤獨感。艾瑞克森把愛定義為壓制異性間遺傳的對立性，而永遠相互奉獻。

（七）成年期（25～65 歲）：精力充沛對自我專注的衝突（generativity vs. stagnation）

當個人順利的度過了自我同一性時期，以後的歲月中將過上幸福充實的生活，他將生兒育女，關心後代的繁殖和養育。他認為，生育感有「生」和「育」兩層涵義，一個人即使沒生孩子，只要能關心孩子、教育指導孩子，也可以具有生育感。反之沒有生育感的人，其人格貧乏和停滯，是一個自我關注的人，他們只考慮自己的需要和利益，不關心他人（包括兒童）的需要和利益。

在這一時期，人們不僅要生育孩子，同時要承擔社會工作，這是一個人對下一代的關心和創造力最旺盛的時期，人們將獲得關心和創造力的品質。

（八）老年期（65 歲以上）：自我調整對悲觀絕望的衝突（egointegrity vs. despair）

由於衰老過程，老人的體力、心力和健康每況愈下，對此他們必須做出相應的調整和適應，所以被稱為自我調整對絕望感的心理衝突。

　　艾瑞克森的理論除了生物因素外，另外再加上文化和社會的影響，他特別關切社會影響自我發展的方式，在其「人的八個年齡階段」（如表 2-1）中，每一個階段都會面臨一個不同的衝突，而每一個衝突都會造成自我發展的危機，而每一次危機的解決都會帶來好或壞的結果；至於是何種結果，則端視個人尋求其健康平衡的能力而定。

表 2-1　艾瑞克森的八個階段論

發展階段	時期	特徵	發展
第一階段	0 至 1.5 歲	信任感／不信任感	社會支持
第二階段	1.5 到 3 歲	自主性／自我懷疑，羞恥	建立獨立性
第三階段	3 至 6 歲	進取性／罪惡感	自我照顧的形成
第四階段	6 至 12 歲	勤奮／自卑	學會與文化有關的技藝
第五階段	12 至 18 歲	認同感／認同感混淆	界定自我
第六階段	18 至 25 歲	親密感／孤立感	人際關係的建立
第七階段	25 至 65 歲	生產／停滯	照顧人
第八階段	65 歲以上	統合／絕望	自我實現

資料來源：匿名（無日期）

☆ 二、家庭的生命週期階段論

　　美國學者 Duvall（引自彭懷真，2003）以家庭理論裡的觀點，曾對一個完整的、中產階級的美國家庭之生命周期提出一種八階段論的說法，這八階段如表 2-2。

表 2-2　Duvall 的家庭生命周期

階段	時期	特徵
第一階段	平均為兩年的「新婚期」	剛結婚，尚無小孩。
第二階段	期間為兩年半	老大出生至老大 2 歲半。
第三階段	期間為三年半	屬「混亂期」。家中有學齡前的小孩，老大 2 歲半至 6 歲。
第四階段	期間為七年	家中有學齡中的小孩，老大 6 到 13 歲。
第五階段	期間為七年	家中有青少年階段的小孩，老大 13 到 20 歲。
第六階段	期間為八年	俗稱「發射中心期」，孩子陸續離開家庭。
第七階段	期間為十五年左右	「中年危機期」，由家庭空巢期到退休。
第八階段	十到十五年左右	由退休到夫婦兩人都死亡。

資料來源：整理自彭懷真（2003）

三、角色行為理論

　　這是一種人跟人相處並學習的理論，也是社會學中強調的角色和角色扮演對於維持社會秩序和社會組織具有重要意義的理論。「角色行為理論」（Role Theory）學者認為，老年人應該拋棄原來成年人的角色，發展出社會上屬於「退休者」、「老人」的角色，也就是強調要調整個體角色，隨生命週期進入高齡時期，而應該去扮演社會上所期待的角色。如果違背社會上期待的角色，就可能會引人側目，被視為異端。

⚡ 四、撤退理論

撤退理論（Disengagement Theory）是最早的社會老年學理論之一，主要源自於結構功能主義者觀點，代表人物為伊蓮康敏（Elaine Cumming）與威廉亨利（William Henry）（江亮演、余漢儀、葉肅科、黃慶鑽編著，2008：49-50）。

撤退理論認為，人的能力會隨著生命週期而降低，因此勞動者在經過長期的工作之後，隨著年齡的增長，到一定時期就必須離開工作的群體，這是不可避免的撤退過程。離開工作崗位，也是為了減少因最後死亡而帶給工作環境不利的影響。所以以撤退策略來保護自己，才能符合老化過程的內在成長，實現自我成熟與滿足。

撤退理論的缺點是忽略了老年人口的多樣性，雖然有些老人會撤退與解除社會責任，但也有許多老人仍然繼續維持其社會活動，不願意輕易撤退。

⚡ 五、活動理論

活動理論（Activity Theory）認為，各年齡層的人都需要適度的社會活動，以維持其良好的社會適應。積極從事想要的活動，如工作、娛樂、宗教、運動或單純與他人互動的老人，要比撤離社會活動的老人更滿足其生活品質（江亮演等，2008：49-50）。

活動理論學者認為，老年人是中年期的延長，所以仍應繼續積極參與社會活動，與社會繼續保持聯繫，並持續和別人有互動，及做好自我調適的工作。因此，退休後必須要有替代性的活動，來強化老年時期的生活品質。此理論也主張退休後可以再就業，以擺脫退休的陰影。

〈第四節　心理學方面的老化理論

在心理學之老化理論中，許多老人學家都在討論成功老年之策略概念（Strategy of Successful Aging）。他們設法要排除一種刻板化的「以年齡基礎之老年」錯誤概念，認為老年並不代表快速之衰退、脆弱與老邁（Rowe & Kahn, 1997）。成功老年之概念，不應該建立在否定老年晚期的身心功能之真正損失。其重要觀念係為鼓勵老人盡量樂觀的發揮其本身能力，來補償日漸失去之身分地位或身體之活動能力（Baltes & Baltes, 1990）。

要如何衡量一個人是否達到成功老年期，一般是以觀察其生活滿意度與身心幸福感，尤其在其身心退化與衰老過程中從事測量。成功老年常常牽涉到老化心理學之討論，對於老年，心理學理論有三大要點值得我們探討：第一為自我概念（Self Concept），包括自我認知、人格特點，以及兩者對個人行為之影響；其次為社會關係（Social Relationship），包括人際關係，以及別人對自己之知覺與看法；第三為思考過程（Thinking Process），包括了個人記憶、解決問題之能力，以及其他認知功能。某些自我概念與社會關係會隨著年齡變遷，因為退休、失業、生活改變、失去配偶，或離婚等情況，對於個人都會產生不同的壓力，而改變自我概念與人際關係，比較顯著的是年齡或老年有關之變遷，是許多人所無法逃避的認知功能變遷。

✿ 一、自我概念與社會關係（Self-Concept and Social Relation）

人們如何形成自我概念係多方面的，包括了人格、自尊、身體形象以及社會角色、自我概念跟年齡之變遷，影響最小的是人格特徵，例如：個人的外向性格，喜歡跟別人互動似乎是從兒童時期一直延伸到老年時期；個人有懷疑個性的，或是容易被騙的，似乎一生都會保持那種類型之人格特徵。但

老人福利

在自我概念之其他部分可能產生變化，例如：個人之身體形象（Body Image），在年輕時與年老時會有很大之差別，老了頭髮就會變為斑白，身材變為肥胖或短小，皮膚產生許多皺紋，自尊心隨著時間之變遷也會改變，跟著個人事業之成敗、個人關係、職業的、智力的或其他社會關係，自尊心可提升或下降。特別在老年期有些特徵是可預期的，例如：社會網絡變少了，是因為在退休後沒有工作上面的關係。一個人如果要拋去早年之社會角色，例如兒童、學生、職員、父母、配偶以及朋友等等，自我概念之「我是誰？」（Who am I?）在這個心理過程中，心理學家容格（Carl Jung, 1875-1961）描述下半生之心理任務，係為個人化、個別化（individuation），變為「更像自己」，跟在中年期之社會角色或人們所期待之「自我」顯然不同。老年期之「自我概念」才是真正之「我」（Chinen, 1989）。

老人學家討論晚年期之生命轉換，當作「角色失落」或「角色中斷」（role lose or role discontinuity）。人們在早期之生命轉移，當角色失落時可由新角色代替；當一個小孩在原生家庭失落「兒童角色」時，他在長大成年後，扮演「成人」或「父母」之角色。但是在老年期，當個人退休或失去配偶時，其社會角色再也沒有機會代替或補充，其自我概念就會產生適應問題。由社會學觀點分析之，可描述為一種「無角色之角色」。有些社會學家認為老年期之個人，可維持非正式之角色，係為個別協調，繼續界定與建構的。換言之，在社會學與心理學之討論，老年之意義係為個人主觀體驗的，並非外在之社會角色所決定。由人生哲學之觀點分析之，老年可譯為人生晚期之自由（late freedom）。

⚬ 二、認知理論與功能

老化之認知理論（Cognitive Theory）的重點認為，個人之認知變遷，要比確實之客觀變遷對於個人行為具有更重要之影響。對於「退休」這件事情，不同的個人所產生的認知察覺可能不同，有的人認為退休是一種損失而悶悶

不樂；但也有人認為退休是一種解脫，可以解除工作的壓力。因此在主觀上，認知的、情緒的以及動機的因素，會影響我們對於人生的察覺。所以，在生活的適應上，就要仰賴我們對於生活上各種變化要如何去保持平衡。

許多對於壓力的研究與老年的因應方式，顯示出老人在對於察覺領悟與適應之主宰控制上，可能會有很大的差異。尤其是在尋找晚年的意義上，往往忽視老年認知功能的重要性；在心理功能方面，最受老化影響的就是認知功能之衰退，在檢視個人能力去完成日常生活的活動時，認知功能與其他心理功能遭到老化的影響最大。記憶衰退的老人可能無法按時間服藥，也可能忘記關閉廚房的瓦斯爐而造成危險；而自制力薄弱的老人也可能因一時衝動，而過度消費，或是疑神疑鬼，造成人際相處的問題。

雖然在老化過程中，老人之記憶能力、反應時間、基本之資訊處理與解決問題的能力都不免會出現衰退，但並不是所有的功能都同時衰退，相反的有一部分認知功能可能更強化。所以對於老人認知功能的檢驗，應視其個人生命歷史與社會背景之相關性做調整。有些老人雖然喪失部分認知功能，但仍然可以學習適應技巧來因應日常生活，例如：學習「互動心智」（interactive minds）或是「合併認知」（collaborative cognition）。就如兩個老姊妹共同回答年輕人之詢問，一個記憶故事之某一部分，另一個可回憶起另一部分，加以合併就變成較為完整之故事。另一種認知適應稱為「選擇完善之補償」（Selective Optimization with Compensation）（Baltes & Baltes, 1990），老人要逐漸縮小他們適應能力之範圍，選擇日常生活最有用之適應技巧來因應老年之生活，這種選擇方式就是他們最熟悉，也最可接受的技巧。認知功能之損失程度與速度，將影響老人之晚年生活是否「活的有意義，活的有尊嚴」。

三、日常能力理論

日常能力理論（Theories of Every Day Competence）或每日能力理論，正

老人福利

尋找去解釋個人如何因應每日生活經驗所提出之難題情境，而在其工作任務中有效的產生作用。這個理論必須結合基礎過程，例如：有關心理機械之知識、認知之原始因素（cognitive primitives），以及認知功能之實用主義（pragmatics of cognitive functioning），還有物質的與社會的背景是否束縛了個人能力，使其發揮有效之作用。因為基本的各種認知過程，是透過典型操作來代表各種單一特徵或性格的，它不是任何單獨過程，將會充分解釋任何特殊環境情況中個人之能力差異。因此日常能力理論可描述當作標準現象（phenotypic）來表達基本認知過程之混合，允許適應行為在每日之特殊情況中產生作用。

有學者主張，對於日常能力之研究提出三種顯然的、概括性的方法：第一種方法與觀點，視日常能力為一種潛伏結構之明示現象（a manifestation of latent constructs），可以連接到基本認知之各種模型（如 cognitive aging）；第二種方法係將日常能力概念化，並融入特定領域之知識基礎（domain-specific knowledge bases）；第三種方法係將理論焦點放置在合適的（fit）或一致性的（Congruence），就是指個人面臨環境要求與個人認知能力之適合性與相合性。在這裡要指出一個人之心理能力（psychological competence）與法律能力（legal competence）必須加以區別出來。心理能力是一種重要之科學建構，但法律能力是指法律體系或司法體制的規定事項，經常牽連到兒童、老人或損失精神能力之病人，要指定監護權（custody）或保護權（conservatorship）。這些設計係為保護脆弱之個人，或去限制他們單獨決定人生之重大事故。雖然法律在理論上要合併所有科學的心理能力論，它的應用焦點不僅僅放置在心理學之認知功能去界定個人能力說，在個人認知與環境要求之合一性，法律之功能還是要分別個人之法定身分、身心障礙與失能的定義，關心到個人在日常生活之行為傷害或社會功能損失等等（李宗派，2003；Schaie & Willis, 1999）。

參考文獻

中文部分

大陸基因潮科技（2004）。什麼控制著人的壽命？基因裡藏著長壽的秘密。
2008 年 3 月 10 日，取自 http://www.bioweb.com.tw/feature_content.asp?
ISSID=585&chkey1=壽命&chkey2=基因&chkey3=長壽&chkey4=新陳代
謝&chkey5=

石計生（2006）。社會學理論——從古點到現代之後。台北市：三民。

江亮演、余漢儀、葉肅科、黃慶鑽（編著）（2008）。老人與身心障礙福利。
台北縣：國立空中大學。

李宗派（2003，12 月 26 日）。老化理論與老人保健。發表於「九十二年度中
華民國社區發展協會年會與學術研討會」。台北市：私立實踐大學。

匿　名（無日期）。艾瑞克森。2008 年 1 月 24 日，取自 http://cutechild.woby.
com.tw/new_page_14.htm

孫立平等（譯）（1991）。L. A. Coser 著。社會衝突的功能（The functions of
social conflict）。台北市：桂冠。

彭懷真（2003）。婚姻與家庭。台北市：巨流

蔡文輝（2002）。社會學。台北市：三民。

鄭世仁（2005）。淺談貝克的標籤理論對教育的啟示。2008 年 1 月 24 日，取
自 http://wz.nioerar.edu.tw/basis3/1/e000766.html

英文部分

Baltes, P. B., & Baltes, M. M. (1990). *Successful aging: Perspectives from the beha-
vioral sciences.* New York, NY: Cambridge University Press.

Chinen, A. B. (1989). *In the ever after: Fairy tales and the second half of life.* Lon-

老人福利

don: Rudolph Steiner Press.

Rowe, J., & Kahn, R. (1997). Successful aging. *The Gerontologist, 27*, 433-440.

Schaie, K.W., & Willis, S. L. (1999). Theories of everyday competence and aging. In
F. Tannenbaum (1938), *Crime and community.* New York, NY: Columbia University Press.

摘要

生命是一個歷程，老化是一種現象，生命無法擺脫「會老化」、「會凋零」的宿命，我們要正視「老化」即將來臨，「衰老」會造成我們身心上的變化，因此，個人從出生到死亡，就是一種生命的歷程，在正常情況下，大部分的人都有可能成為老人。

在本章中，係就各個不同的學術領域角度來說明與老人相關的重要理論，讓讀者在學習老人福利的同時，能夠了解各種理論對於老人的看法。

生理學方面的老化理論，主要區分為兩大類：一類主要是探討遺傳因素（Gentic Factors）的影響和外在環境因素（Environmental Factors）影響的問題。在遺傳因素方面，學者所提出的理論主要有損耗理論、新陳代謝理論、免疫理論、突變理論等。

有關社會學方面的理論，包含：功能論、衝突理論、符號互動論、交換理論等。

社會心理學方面的老化理論，包含：艾瑞克森的心理社會階段理論、家庭的生命週期階段論、角色行為理論、撤退理論、活動理論等。

最後，對於老年，心理學理論有三大要點值得我們探討：第一為自我概念（Self Concept），包括自我認知、人格特點以及兩者對個人行為之影響；其次為社會關係（Social Relationship），包括人際關係以及別人對自己之知覺與看法；第三為思考過程（Thinking Process），包括了個人記憶、解決問題之能力以及其他認知功能。某些自我概念與社會關係會隨著年齡變遷，因為退休、失業、生活改變、失去配偶或離婚等情況，對於個人產生不同的壓力，而改變自我概念與人際關係，比較顯著的是年齡或老年有關之變遷，是許多人所無法逃避的認知功能變遷。

老人福利

名詞解釋

- ◆功能論（Functionalism Theory）
- ◆衝突理論（Conflict Theory）
- ◆符號互動論（Symbolic Interactionism Movement）
- ◆心理社會階段理論（Stage Theory）
- ◆角色行為理論（Role Theory）
- ◆撤退理論（Disengagement Theory）
- ◆活動理論（Activity Theory）

問題習作

1. 請就遺傳因素（Gentic Factors）說明生理老化理論中對老化的主要論述。
2. 請說明生理老化理論的外在環境因素（Environmental Factors）對老化的影響問題。
3. 請說明衝突理論對老年人新角色的觀點。
4. 請說明符號互動論對老年人新角色的觀點。
5. 請說明艾瑞克森的心理社會階段理論。
6. 請說明心理學方面的老化理論有哪些？
7. 請說明如何將老人相關理論應用於老人政策。

第 三 章

我國老人福利的政策

學習目標

學習者在研讀本章之後應能了解：

1. 社會政策的意義。

2. 意識形態對社會政策的影響。

3. 《憲法》有關老人福利的主張。

4. 「社會福利政策綱領」有關老人福利的主張。

5. 馬英九、蕭萬長的老人福利政策主張。

老人福利

　　所謂社會政策（social policy）簡單的說，就是政府處理社會問題的對策。政府在施政上照顧民眾的福利政策涵蓋的範圍甚廣，舉凡與民眾生活攸關的事項，均可納為社會政策的範疇，其主要的項目有：兒童福利、青少年福利、婦女福利、老人福利、身心障礙者權益保障、社會保險、社會救助、衛生保健、福利服務與住宅政策等等。

　　本章所主要討論的老人福利政策，也就是有關社會政策的制定者形塑社會（to shape society），以及透過立法與行政的機制分配資源（to allocate its resource），或者干預資源的分配給老人族群所採取的行動。這個「社會政策的制定者」就是指政府部門，能夠影響政府部門制定政策的因素很多，這就是本章討論的主要內容。

〈第一節　意識形態對社會政策的影響

☆ 一、福利國家的興起

　　意識形態往往影響一國的政策趨向，我國的社會福利政策主要是受歐美思潮的影響，因此，本節限於篇幅，僅就影響我國社會政策的主要意識形態做扼要介紹。首先，從福利國家（Welfare State）概念的興起出發，環顧這些意識形態對於社會政策的影響。

　　福利國家就是國家介入社會保障和社會服務，國家或政府介入市場經濟，保障國民基本需求之滿足，福利政策是國民權利，即社會權，而非慈善，國家提供強制性、集體性、非差別性之滿足人民需求的福利政策。

　　福利國家是一種特別的社會形式，此一名詞於 1941 年威廉‧鄧普（William Temple, 1881-1944）在 其 所 著 的《公 民 與 教 徒》（*Citizen and*

Churchman）一書中，曾經提及，經 1942 年《貝佛里奇報告書》（*Beveridge Report*）引用後，開始流傳。福利國家主要的意義即：政府保障每一國民的所得、營養、健康、教育水準；對國民而言，福利國家是政治權利而非慈善，也就是政府應該負起保障國民擁有一個最低的生活標準，或提供主要的福利項目。

　　由於每一個國家基於不同的政治、經濟和社會發展，有它獨特的社會福利制度。Esping-Andersen（1990）在比較各國的社會政策後，將福利國家歸納為：自由主義、保守主義和社會民主主義及放任主義四大類別。

（一）自由主義

　　自由主義國家的福利模式介於放任主義和社會主義間，以英國為代表，強調國家的連帶責任和社會救助，政府扮演著最後一道防線的補償性角色。強調個體選擇的自由，以不抵觸經濟發展為前提，也要求保障個人最低生活水準。

　　自由主義的福利國家，將經濟需求與社會需要統合，採取社會行政管理模式，以滿足需要（need）做為福利國家的正當性與管理技術性的基礎；這種「滿足需要」總管理的哲學，也造成後來福利國家的危機。

（二）保守主義

　　保守主義又稱為國家組合主義，以德國為代表，此類型強調市場的效率與商品化不再是優勢的運作準則，對於公民的社會權也未重視。在保守主義國家主導的保險體系中，強調以地位做為年金方案設計的依據，也就是以職業來區隔年金體系。

　　在保守主義類型的福利國家，也強調回歸到以家庭為中心的傳統價值觀，視福利為一種補助性質，也就是說當市場機制失靈時，再由政府介入提供補償。

（三）社會民主主義

社會民主主義又稱為民主社會主義（Democratic Socialism），是以普及性（universal）和制度式的福利做為它的最高原則。政府是實現所有公民權益的主要工具，強調解放市場和傳統家庭觀念，主動將家庭成本社會化。

社會民主模式的福利國家，採取積極性的勞動市場政策，因此，其失業率通常都維持在穩定的狀態；社會安全的財源主要以一般稅收和雇主負擔占大部分，此類型國家的國民必須負擔較高的稅賦；這種型態的福利國家，社會政策多於經濟政策，是屬於「社會福利國家」的福利模式，以瑞典為代表。

在先進國家實施「福利國家」的社會政策後，各國都面臨一些福利國家發展的危機，造成個人過度依賴國家、人民生產意願低落、資源分配不公、高失業率、政府財政過度負荷等問題，波蘭前副總理 Leszek Balcerowicz（1947-）就曾說：「沒有經過完善設計並且大肆擴張的福利國家政策，不但在經濟面上很有問題，在追求平等的道德面上，是敗絮其內」。福利國家的危機發生後，產生了新右派（New Right）思想的修正路線。

（四）放任主義

放任主義（The Laissez: Faire Welfare State）類型的福利國家以美國為代表，此類型強調個人選擇的自由和市場經濟，因此主張國家介入社會福利的提供愈少愈好，也就是將國家在福利角色上極小化，政府只在國民無法維持最低生活水準時才介入干預。

放任主義的福利國家，採取低度的勞動市場政策，其社會失業率較高，各項年金的所得替代率較低，以市場機制做為醫療制度，造成醫療保障階層化，許多國民無法獲得基本的醫療保障。

✄ 二、新右派

新右派（New Right）對福利國家高度的不信任，認為國家如果過度干預市場，會使自由經濟體系受到破壞，主張小政府。他們主要價值觀尊重個人，國家不應干預反對平等，也關心財富競爭與創造，發展夥伴關係。

新右派的福利國家觀認為，福利國家錯誤理解人的本性跟能力以及社會的特性，福利國家對自由構成威脅，破壞經濟，主張自由市場主導，重新界定國家角色，提倡既有的社會秩序。此派主張的學者以海耶克（Hayek）和弗利德曼（Friedman）為代表。

1970 年代，英國的柴契爾主義（Thatcherism）和美國的雷根（Ronald Reagan），他們致力於削減福利國家、縮小政府的福利供給，推動國有事業民營化、公共行政改革以及對資本家減稅等措施，就是受到新右派的意識形態影響。

✄ 三、第三條路

第三條路（The Third Way）的主張以英國倫敦政經學院院長紀登斯（Anthony Giddens, 1938- ）為代表，紀登斯在 1998 年出版《第三條路：社會民主主義的更新》（*The Third Way: The Renewal of Social Democracy*）一書。他對福利國家的批判認為：利益分配由上而下缺乏民主基礎，削弱個人自由，體制官僚缺乏效率，導致政府財政困難也造成對福利依賴。

在社會福利方面的主張為：政府的責任在於進行人力投資及建立基本設施發展經濟，積極性的福利為：解決危機、創造機會。政府應透過積極參與社會經濟，鼓勵民間各體系推動社會整體發展包容性的平等。

老人福利

第二節　《憲法》有關老人福利的主張

《憲法》及《憲法》增修條文中，與老人福利相關的條文如下：

1. 「人民之生存權、工作權及財產權，應予保障」（第 15 條）：生存權、工作權及財產權都屬於所有人民（包括老人）的基本權利，由《憲法》直接規定保障。社會福利、勞工及財產信託有關法律皆依此制定。

2. 「振濟、撫卹及失業救濟，由中央立法並執行之，或交由省縣執行之」（第 108 條）：明定振濟、撫卹及失業救濟應由中央立法執行。依此條文規定而制定的法律如：《社會救助法》、軍公教的撫卹法等。

3. 「國家為謀社會福利，應實施社會保險制度。人民之老弱殘廢，無力生活，及受非常災害者，國家應予以適當之扶助與救濟」（第 155 條）：本條的重點在於規定要建立「社會保險」制度，以及對於老人、身心障礙者應由國家之力量予以救助。以社會保險維持人民基本經濟安全，以社會救助維護國民生活尊嚴。

4. 「國家為增進民族健康，應普遍推行衛生保健事業及公醫制度」（第 157 條）：以健康照護維持國民健康與人力品質。

5. 《憲法》增修條文第 10 條：「……國家應重視社會救助、福利服務、國民就業、社會保險及醫療保健等社會福利工作，對於社會救助和國民就業等救濟性支出應優先編列。……國家應依民族意願，保障原住民族之地位及政治參與，並對其教育文化、交通水利、衛生醫療、經濟土地及社會福利事業予以保障扶助並促其發展，其辦法另以法律定之。……」

《憲法》增修條文對於社會福利工作中，特別強調社會救助和國民就業

等救濟性支出，應優先編列並保障扶助社會福利事業的發展，以福利服務提升家庭生活品質，以就業穩定國民之所得安全與社會參與。

〈第三節　「社會福利政策綱領」的規定

行政院於 2004 年 2 月 13 日修正核定「社會福利政策綱領」（行政院，2004），其中與老人福利政策有關的規定如下。

⚐ 一、基本原則

1. 人民福祉優先：以人民的需求為導向，針對政治、經濟、社會快速變遷下的人民需求，主動提出因應對策，尤其首要保障弱勢國民的生存權利。

2. 包容弱勢國民：國家應積極介入預防與消除國民因年齡、性別、種族、宗教、性傾向、身心狀況、婚姻有無、社經地位、地理環境等差異，而可能遭遇的歧視、剝削、遺棄、虐待、傷害，以及不正義，以避免社會排除；並尊重多元文化差異，營造友善包容的社會環境。

3. 支持多元家庭：各項公共政策之推動應尊重因不同性傾向、種族、婚姻關係、家庭規模、家庭結構所構成的家庭型態，及價值觀念差異，政府除應支持家庭發揮生教養衛功能外，並應積極協助弱勢家庭，維護其家庭生活品質。

4. 建構健全制度：以社會保險維持人民基本經濟安全，以社會救助維護國民生活尊嚴，以福利服務提升家庭生活品質，以就業穩定國民之所得安全與社會參與，以社會住宅免除國民無處棲身之苦，以健康照護維持國民健康與人力品質，再以社區營造聚合眾人之力，建設美好新故鄉。

5. 投資積極福利：以積極的福利替代消極的救濟，以社會投資累積人力資本，以社會公平與團結促進經濟穩定成長，以經濟成長回饋人民生活品質普遍之提升。

6. 中央地方分工：中央與地方應本於夥伴關係推動社會福利，全國一致的方案應由中央規劃推動；因地制宜之方案由地方政府負責規劃執行。然而，中央政府應積極介入縮小因城鄉差距所造成的區域不正義。

7. 公私夥伴關係：公部門應保障人民基本生存、健康、尊嚴之各項福利；民間能夠提供之服務，政府應鼓勵民間協力合作，以公私夥伴關係提供完善的服務。

8. 落實在地服務：兒童、少年、身心障礙者、老人均以在家庭中受到照顧與保護為優先原則，機構式的照顧乃是在考量上述人口群的最佳利益之下的補救措施；各項服務之提供應以在地化、社區化、人性化、切合被服務者之個別需求為原則。

9. 整合服務資源：提升社會福利行政組織位階，合併衛生與社會福利主管部門，並結合勞動、教育、農業、司法、營建、原住民等部門，加強跨部會整合與績效管理，俾利提供全人、全程、全方位的服務，以及增進資源使用的效率。

✧ 二、六大實施項目

以社會保險與津貼、社會救助、福利服務、就業安全、社會住宅與社區營造、健康與醫療照護等六大項目為本綱領之內涵。

（一）社會保險與津貼（3～6、8、10～11略）

1. 國家應建構以社會保險為主，社會津貼為輔，社會救助為最後一道防線的社會安全體系。

2. 社會保險之目的，在於保障全體國民免於因年老、疾病、死亡、身心障礙、生育，以及保障受僱者免於因職業災害、失業、退休，而陷入個人及家庭的經濟危機，據此，其體系應涵蓋職業災害保險、健康保險、年金保險、就業保險等。

7. 參與勞動市場就業之國民的退休給付，應以年金化、年資可隨當事人移轉的社會保險原則為優先來設計。

9. 國民年金制度之設計應足以保障國民因老年、身心障礙，及死亡等事故發生後之基本經濟安全，以及達到國民互助、社會連帶、世代間公平合理的所得重分配為原則。

（二）社會救助（2～5、7略）

1. 社會救助之設計應以能維持人民在居住所在地區可接受的生計水準為目的。

6. 社會福利提供者應結合社會救助與福利服務體系，以滿足低所得家庭的多元需求。

（三）福利服務（2～3、6～9、14～17略）

1. 國民因年齡、性別、身心狀況、種族、宗教、婚姻、性傾向等社會人口特質而有之健康、照顧、保護、教育、就業、社會參與、發展等需求，政府應結合家庭與民間力量，提供適當的服務，以促進其身心健全發展。

4. 國家針對經濟弱勢之兒童、少年、身心障礙者、老人、婦女、原住民、外籍或大陸配偶等民眾的社會服務應有專案協助，以提升生活品質。

5. 各項健康與福利服務之提供應以容易接近、連續性、權責分明、費用負擔得起，以及滿足全人需求為原則規劃之。

10. 政府應積極推動無障礙之社區居住及生活環境。

11. 國家應協助身心障礙者公平接近教育、就業、醫療與福利等服務機會，並使其轉銜無礙。

12. 政府與民間應積極維護老人尊嚴與自主，形塑友善老人的生活環境。

13. 以居家式服務和社區式服務作為照顧老人及身心障礙者的主要方式，再輔以機構式服務；當老人及身心障礙者居住於家內時，政府應結合民間部門支持其家庭照顧者，以維護其生活品質。

（四）就業安全（1～5、7～8略）

6. 政府應保障就業弱勢者如中高齡者、原住民、身心障礙者、低收入者、負擔家計婦女及更生保護人等之就業機會與工作穩定。

（五）社會住宅與社區營造（2～9略）

1. 為保障國民人人有適居之住宅，政府對於低所得家庭、身心障礙者、獨居或與配偶同住之老人、受家庭暴力侵害之婦女及其子女、原住民、災民、遊民等家庭或個人，應提供適合居住之社會住宅，其方式包括以長期低利貸款協助購置自用住宅或自建住宅，或提供房屋津貼補助其向私人承租住宅，或以低於市價提供公共住宅租予居住，以滿足其居住需求。

（六）健康與醫療照護（4～9略）

1. 政府應以建設健康城鄉為己任，營造有利國民身心健康之生活環境。

2. 政府應積極推動國民保健工作，落實民眾健康行為與健康生活型態管理，預防疾病，促進國民健康。

3. 政府應依據社區之醫療保健需求，整合社區醫療保健資源，全面提升醫療品質，發展優質、安全、可近性之全人的醫療照護體系。

第四節　馬英九、蕭萬長的老人福利政策

　　2008 年總統大選時，候選人所提的政見或政策白皮書，在當事人當選後都應將政見化為國家政策，因此在馬英九當選總統後，他競選時所提出的老人福利政策，也將是在其任期必須大力推動兌現的政策。

　　本節以馬英九（蕭萬長）競選總統（副總統）時，所提出的社會福利政策中有關老人福利政策之部分提出整理說明。

一、馬英九、蕭萬長的社福理念

　　馬、蕭的社福理念以「遠離貧窮、投資未來、健康心靈、祥和社會」為核心主軸，有關老人福利部分，因老年時期經常也與身心障礙福利息息相關，所以本文也將馬、蕭對老人福利和身心障礙福利有關政策一併引用說明。

（一）照顧弱勢、開發人力

　　馬、蕭的社福政策建立在「公義」與「永續」的基礎上。公義是指「了解各類型弱勢及其需求，有效使用與分配有限的福利資源」；永續是指「著重制度面，兼顧族群之間與世代之間的公平性，建立一個可長、可久的社會安全制度」。基於公義產生財富重分配效果，為弱勢創造生活與工作機會；建立制度以避免資源濫用，債留子孫，並去除貧困與依賴的結構因素。因此，馬、蕭提出的「公義社會、永續福利」原則，期使社會福利兼具照顧弱勢的公義精神和開發優質人力的功能，目標就是要打造一個讓民眾安心的環境，並成為經濟發展的助力，甚至是動力。

老人福利

（二）強調多元世代兼顧

在充分了解台灣地區家庭與人口結構的快速變遷（如新型態家庭的增加、生育率下降與高齡化的趨勢），以及弱勢人口具有地區與時代的特殊性（如「貧富差距」、「新貧階級」、「近貧人口」、「新移民」與「新台灣之子」現象）後，採較積極的社福政策，盡速挽救惡化中的環境，減少貧富差距與社會排除現象，建構性別主流化社福政策，讓後代子孫不分族群與性別，都能夠和諧的在這塊土地上安心的生活。

✍ 二、馬英九、蕭萬長的老人福利政策主張

（一）落實年金長照制度長者健康尊嚴

1. 對於 65 歲以上的高齡人口（原住民 55 歲以上），發展適合之健康檢查套裝，每年一次不需付費，並優先對全國中低收入戶老人提供免費裝置全口假牙，往後視政府財政狀況，逐年擴大補助範圍。

2. 國民年金制度於 2008 年 10 月 1 日開始實施，為維持國人老年之基本經濟生活，政府應籌措充分財源，妥善運用保費創造利多，以免費率上漲對民眾造成壓力。此外，通貨膨脹是國民年老時所領取的年金能否維持基本生活之主要因素，政府應重視經濟的均衡發展，以減少通貨膨脹衝擊。

3. 落實長期照顧制度，開辦照顧者津貼。培訓居家服務員，實施證照制度；以「在地老化」與「社區化」做為主要的照護方式，並結合社區中的長期照護服務與醫療服務資源，提供有需要的老人及其家庭整合性與持續性的照護服務。

4. 推動長期照護保險與立法，四年內上路，以配合未來快速成長的長期

照護需求，減少民眾負擔，讓高齡長者能享有健康與快樂的環境，同時活得有尊嚴。

（二）提升身心障礙權益，社會有愛無礙

1. 截至 2008 年 6 月底，領有身心障礙手冊的朋友達 100 萬 729 人，占總人口 4.4%。因此，主張「建立一個無歧視與無障礙的社會，讓身心障礙者可以在人性化與有尊嚴的環境中發展，有充分的社會參與與發揮其潛能的機會」。在醫療服務、生活照護、就學、就業與無障礙環境等五大面向，提供全方位、前瞻性的支持與服務措施。

2. 推動「家庭化」與「社區化」做為主要的生活照護方式，同時提供各項支持性居家服務，並視家庭經濟狀況給予各種補貼。

3. 因應身心障礙者高齡化以及獨居長者的增加趨勢，成立信託基金，協助老人以及身心障礙者（特別是心智障礙者），提供另一個穩定的經濟支柱。

（三）扶窮濟急降低貧困，減少家庭不幸

1. 建立緊急處遇機制，並強化通報轉介系統，透過村里長、警察、衛政與社工人員等，按地方特性，建立「高風險家庭預警系統」；平時做為守望相助機制，以綿密的通報體系，配合有效率的轉介系統，發揮社區緊急處遇功能，減少不幸事件的發生。

2. 修訂《社會救助法》，讓真正需要者獲得適當協助。現行《社會救助法》無法反映地方差異，同時家庭人口列計範圍缺少彈性，導致許多急需救助者，因不符規定而無法得到補助。政府應立即修訂合理之貧窮線計算方式與家庭列計人口範圍，也應尊重社會福利乃為地方自治事項，授權地方政府因地制宜之行政權，以發揮社會救助的效果。

老人福利

（四）強化家庭服務體系，尊重多元價值

1. 建立以「家庭」為中心，具「性別主流化」思維的社福體系，強調家庭價值與親職的重要性；在尊重多元家庭價值下，評估各種家庭類型的處境（如單親家庭、外籍配偶家庭、身心障礙者家庭、原住民家庭、低收入戶家庭、受刑人家庭、雙薪家庭與隔代家庭等），針對其特性，發展支持性與學習性的方案。

2. 落實照顧者喘息服務：隨著人口高齡化與少子化，家庭規模變小，照顧人力也較不足，但需要照顧的老人卻增加。政府宜結合民間組織，提供經常性的照顧者喘息服務，也應針對中低收入家庭，因照顧老人或身心障礙家人而犧牲就業，提供照顧者津貼。

（五）重視心理發揚善性，建構祥和社會

推動社區守門人行動，落實「高風險家庭預警系統」，在社區中推廣，從了解自我開始，進一步自助助人，協助早期發現憂鬱、自殺企圖、精神疾病、經濟困窘者等，協助其找尋適當資源，並成為緊急求援的窗口。

（六）統籌社福、提升位階，發揮民間力量

1. 為解決現行社福機關分屬不同部會多頭馬車的亂象，減少福利資源的浪費，應將中央社會福利主管機關提升至部級單位層級。建構從中央至縣市政府、鄉（鎮、市、區）公所一條鞭，以社會工作專業為主軸的服務體系。

2. 檢討政府業務委託制度，提供合理的委託費用，並減少科層體制的干擾，讓其充分發揮專業服務社會。

✂ 三、具體行動：老年安心養老計畫

落實國民年金保險，加強健康檢查與維護，推動長期照顧制度與社區養老，鼓勵社會參與志工服務，發揚銀髮魅力。建立一個從幼年到老年一生都安心，全家都安心，遠離貧窮、投資未來，建立健康心靈祥和社會。

表 3-1　馬英九、蕭萬長的老人福利政策主張

範疇別	主張
社會保險	1. 籌措國民年金充分財源。 2. 推動長期照護保險立法。 3. 成立身心障礙者信託基金。
社會救助	1. 修訂《社會救助法》。 2. 中低收入戶老人提供免費裝置全口假牙。 3. 啟動積極性脫貧方案。 4. 設置急難救助基金。
福利津貼	1. 開辦照顧者津貼。 2. 發展適合身障朋友健康檢查套裝，每年一次完全免費。
福利服務	1. 落實高風險家庭預警系統。 2. 推動長期照顧制度與社區養老。 3. 發展適合老人之健康檢查套裝。 4. 提供身障者各項支持性居家服務。 5. 普設庇護商店與育成中心。 6. 建構多元心理保健資源網。 7. 應將中央社會福利主管機關提升至部級單位。 8. 建構從中央至縣市政府、鄉公所一條鞭，以社會工作專業為主軸的服務體系。 9. 檢討政府業務委託制度。

資料來源：作者整理自馬英九、蕭萬長（2008）

老人福利

參考文獻

中文部分

行政院（2004）。社會福利政策綱領。台北市：作者。

馬英九、蕭萬長（2008）。社會福利政策。2008年10月1日，取自http://2008.ma19.net/files/ma-policy4you/pdf/socialwelfare.pdf

英文部分

Esping-Andersen, G. (1990). *The three worlds of welfare capitalism*. Cambridge: Polity Press.

摘要

所謂社會政策（social policy），簡單的說就是政府處理社會問題的對策，而老人福利的政策就是政府處理老人議題的政策。世界各國的福利政策往往受意識形態影響，由於每一個國家基於不同的政治、經濟和社會發展，都有它獨特的社會福利制度。Esping-Andersen（1990）在比較各國的社會政策，歸納為：自由主義、保守主義、社會民主主義和放任主義四大類別。

　　新右派和第三條路是對「福利國家」意識形態的修正，英國的柴契爾主義（Thatcherism）和美國的雷根（Ronald Reagan），致力於削減福利國家、縮小政府的福利供給、推動國有事業民營化、公共行政改革，以及對資本家減稅等措施，就是受到新右派的意識形態影響。而第三條路則認為，政府的責任在於進行人力投資及建立基本設施發展經濟，積極性的福利為：解決危機、創造機會。政府應透過積極參與社會經濟，鼓勵民間各體系推動社會整體發展包容性的平等。

　　我國的老人福利政策法源來自於《憲法》有關的主張，另外行政院也頒布「社會福利政策綱領」做為福利政策的指導，政府在推動老人福利政策時，無論是法案的推動或福利措施的興辦，都是以其做為依據，因此，本章就其內容也有詳細的介紹。

　　馬英九在 2008 年當選總統後，對於他在總統大選時所提的政見或政策白皮書，將化為國家政策，他競選時所提出的老人福利政策，也應在其任期必須大力推動兌現的政策。

老人福利

 名詞解釋

◆社會政策

◆福利國家

◆新右派（New Right）

◆第三條路（The Third Way）

 問題習作

1. 何謂福利國家？
2. 請說明意識形態對社會政策的影響。
3. 請說明《憲法》有關老人福利的主張。
4. 請說明「社會福利政策綱領」有關老人福利的主張。
5. 請說明馬英九、蕭萬長的老人福利政策有哪些。

第四章

老人福利的相關法規

學習目標

學習者在研讀本章之後應能了解：

1. 老人福利法規的意義及功能。

2. 有關老人福利的各種相關法規的類別。

3. 《老人福利法》的特色與重點。

4. 《身心障礙者權益保障法》的特色與重點。

5. 老人福利與身心障礙者權益保障的關聯性。

老人福利

　　我國於 1980 年制定《老人福利法》迄今將近 30 年，期間雖然曾於 1997 年全面修正，但是客觀環境變化所產生之福利供需觀念也不斷的在改變，依據先進國家之主張，社會福利已不再被視為是慈善行為，而是社會風險之共同分擔與身為公民之基本權利。「社會福利政策綱領」對於國家興辦社會福利之目的，也以保障國民之基本生存、家庭之和諧穩定、社會之互助團結……等，期使國民生活安定、健康、尊嚴，為落實政策目標。

　　老人福利的相關法規，實施近 30 年來雖然日趨豐富完備，但為了配合社會客觀環境的需要，2007 年政府再次的大幅度修正《老人福利法》及與老人福利關係密切的《身心障礙者權益保障法》，以及相關的法令規章，這可謂是我國推展老人福利以來，在法令規章上最重大的變革。因此，本章除了整理相關法令名稱類別供讀者依需要查考外，對於《老人福利法》以及《身心障礙者權益保障法》也特別做簡要介紹。

第一節　老人福利法規的意義和功能

✿ 一、老人福利法規的意義

　　老人福利的推動需要有完整的法令規章才能夠進行，老人福利法規就是推動老人福利工作的法令規定。老人福利法規就廣義而言，凡是能夠增進老人福祉的各種法規，都可以稱為老人福利法規，包括：衛生、教育、勞工、建設、工務、住宅、交通、保險、信託、警政，以及其他與老人福利業務有關之政府部門所主管的法規，只要涉及老人福利的法規，都可稱之為老人福利法規。但就狹義而言，老人福利法規則是專指《老人福利法》等主管機關，為推動老人福利所訂頒的相關法令規章，這是以主管機關對於老人福利專業的角度著眼。

⚐ 二、老人福利法規的功能

老人福利法規在推動老人福利工作時，主要的功能有：

1. 落實政策理念：政府部門透過立法與執法的途徑來實踐老人福利政策目標。

2. 揭示理念目標及精神：老人福利法規的制定，符合聯合國保障老人權益的精神，讓我國的施政理念可以與國際接軌，與先進國家的立法精神一致，同擠入先進國家之林。

3. 建立制度規範：《老人福利法》第 7 條第 2 項規定：「老人福利相關業務應遴用專業人員辦理。」又例如：主管機關頒布「老人福利服務專業人員資格及訓練辦法」、「照顧管理專員及督導之進用資格」、「老人福利機構設立標準」等規章，將專業人員晉用資格以及設立標準明定，不但可以彰顯專業化的制度，也讓從事老人福利事實之機構或人員據以遵循。

4. 界定相關部門組織、職掌及權限：將主管機關與目的事業主管機關的權責明白規定，避免機關間權責混淆不清，或相互推諉造成福利輸送困境。

5. 保障老人權益：如《老人福利法》中對於老人的「經濟安全」、「服務措施」、「保護措施」等明文規定，保障老人權益。

6. 做為爭議時的處理依據。

⚐ 三、老人福利法規的類別

我國老人福利所涉及的相關法規不勝枚舉，除了社會福利主管機關所主管的方面外，也分散見於其他目的事業主管機關所主管的相關法規，包括：衛生、教育、勞工、建設、工務、住宅、交通、保險、信託、警政，以及其他與老人福利業務有關之政府部門所主管的法規，茲分類如表 4-1。

老人福利

表 4-1　老人福利相關法規一覽表

類別	法規名稱
一、基本法規	1.《老人福利法》 2.《身心障礙者權益保障法》 3.《國民年金法》 4.《敬老福利生活津貼暫行條例》（已廢止） 5.《安寧緩和醫療條例》 6.《全民健康保險法》 7.《醫療法》 8.《藥害救濟法》
二、施行細則	以下法規為各主管機關依權責所訂頒 1.《老人福利法》施行細則 2.《身心障礙者權益保障法》施行細則 3.《國民年金法》施行細則 4.《安寧緩和醫療條例》施行細則 5.《全民健康保險法》施行細則 6.《醫療法》施行細則
三、福利機構設置相關規定	1.老人福利機構設立標準 2.老人福利機構設立許可辦法（已廢止） 3.老人福利機構設施設備～參考手冊 4.私立老人福利機構設立許可及管理辦法 5.私立老人福利機構接管辦法 6.老人福利機構評鑑及獎勵辦法 7.私立老人福利機構評鑑實施要點 8.老人福利機構失智症老人照顧專區試辦計畫 9.非都市土地申請變更做為社會福利設施使用其事業計畫審查作業要點 10.申請興闢社會福利設施免受山坡地開發建築面積不得少於十公頃限制案審查原則 11.申請興闢社會福利設施免受山坡地開發建築面積不得少於十公頃限制案申請書 12.申請興闢社會福利設施免受山坡地開發建築面積不得少於十公頃限制案審查表 13.老人福利機構與護理之家功能比較表

表 4-1　老人福利相關法規一覽表（續）

類別	法規名稱
四、老人住宅相關規定	1.促進民間參與老人住宅建設推動方案 2.老人住宅綜合管理要點 3.老人住宅基本設施及設備規劃設計規範 4.建築技術規則增訂老人住宅專章 5.失智症老人團體家屋試辦計畫
五、居家服務相關規定	1.居家服務提供單位營運管理規範 2.建立社區照顧關懷據點實施計畫 3.失能老人及身心障礙者補助使用居家服務計畫 4.加強推展居家服務實施方案暨教育訓練課程內容 5.照顧服務福利及產業發展方案第二期計畫 6.全國老人福利機構必需性設施設備需求調查計畫成果報告 7.加強老人安養服務方案 8.老人福利服務提供者資格要件及服務準則
六、主管機關服務項目	1.中低收入老人特別照顧津貼試辦作業要點 2.中低收入老人生活津貼發給辦法 3.內政部老人之家院民生活輔導實施要點 4.內政部所屬老人福利機構辦理收容業務實施要點 5.內政部所屬社政機關受贈捐款及捐物處理作業規定 6.內政部〇〇老人之家（養護中心）辦理老人日間及臨時照顧實施計畫範本（草案） 7.內政部老人之家院民私有貴重財物保管注意事項
七、範本契約有關規定	1.安養定型化契約應記載及不得記載事項 2.養護（長期照護）定型化契約範本 3.直轄市、縣（市）發給中低收入老人特別照顧津貼自治條例範例

老人福利

表 4-1　老人福利相關法規一覽表（續）

類別	法規名稱
八、組織規程	直轄市（縣）市老人福利促進委員會組織規程
九、其他福利事項	1.老人健康檢查保健服務及追蹤服務準則 2.老人健康檢查保健服務及追蹤服務項目準則 3.老人服務手冊 4.老人福利服務專業人員資格及訓練辦法 5.照顧服務員訓練實施計畫 6.老人福利機構投保公共意外責任保險保險範圍及保險金額規定 7.內政部補助或委託辦理老人服務及照顧辦法 8.內政部老人福利推動小組設置要點 9.老人福利服務提供準則 10.失能老人接受長期照顧服務補助辦法 11.老人參加全民健康保險無力負擔費用補助辦法

資料來源：作者整理

〈第二節　認識《老人福利法》

　　《老人福利法》是於 1980 年 1 月 26 日公布施行，曾於 1997 年全面修正，最近一次修正是在 2007 年，迄今經過四次的修正。這期間經歷了 1993 年我國老人人口占總人口比例超過 7%，正式進入「高齡化」國家。據內政部統計 2007 年底為止，我國老年人口已達 234 萬 3 千人，占總人口比例為 10.2%，老化指數 58.1%，且有呈逐年上升的現象。另依據行政院經建會的推

估，台灣地區老人人口至 2026 年就會超過 20%，也就是說，台灣現在每 10 個人有 1 個是老人，大約在 20 年後，每 5 人中就有 1 位是老人。

面對「高齡化社會」的情況，高齡社會所引發新的需求與問題，已成為政府及民間關注的焦點，在政府方面，必須及早規劃、採取有效的對策與因應措施，相關法規也必須適時的檢討修訂，才能使立法、政策與福利輸送合一，有效落實老人福祉。在這種背景下，2007 年《老人福利法》做了大幅度的修訂。

一、法規特色

2007 年修正頒布的《老人福利法》（以下簡稱本法）係以達到促進老人尊嚴，以獨立自主老年生活為主要目標。對於老人照顧服務的需求考量其多元且複雜，具不可分割性，因此本次修法採取英、美、日等先進國家針對高齡化社會提供老人福利服務之「全人照顧、在地老化、多元連續服務」的方向，做為老人照顧服務之規劃原則，在內容上具有以下特色。

1. 權責分工、專業服務。
2. 促進經濟保障。
3. 在地老化、社區化服務。
4. 多元連續性服務。
5. 促進社會參與。
6. 強化家庭照顧支持。
7. 強化老人保護網絡等原則。

二、法規要點

1. 釐清主管機關與各目的事業主管機關間，以及中央主管機關與直轄市、縣（市）主管機關間之權責劃分，明確推動老人福利業務之權責

（第 3 條至第 5 條）。

2. 主管機關及各目的事業主管機關提供老人服務及照顧，應尊重多元文化及地理差異，並由適切之人提供原住民老人服務及照顧（第 8 條）。

3. 增訂參與主管機關整合、諮詢、協調及推動老人權益及福利相關事宜之相關學者專家、民間代表、老人代表之比例底限，並應確保原住民之發聲管道，俾使政府相關法規之訂定、政策形成及相關業務之推動，能透過制度化管道讓民間參與（第 9 條）。

4. 增訂主管機關應至少每 5 年舉辦老人生活狀況調查，出版統計報告，俾確實掌握老人需求與生活狀況，並據以規劃並推動老人福利相關政策（第 10 條）。

5. 增訂老人財產保護規定，對於心神喪失或精神耗弱致不能處理自己事務之老人，法院得因本人、配偶、最近親屬二人、檢察官或主管機關之聲請，宣告禁治產，積極維護老人財產（第 13 條）。

6. 增訂地方政府應補助對於有接受長期照顧服務必要之失能老人，不再停留在中低收入戶保障，未來地方政府對失能老人依其失能程度予以提供經費補助，並針對老人需求，提供居家式、社區式或機構式服務（第 15 條）。

7. 增訂老人照顧服務以全人照顧、在地老化、多元連續服務為規劃辦理原則，俾使老人照顧服務能以在地老化為目標，並滿足需要照顧服務老人之多元化選擇（第 16 條）。

8. 增訂居家式及社區式服務措施規定，要求直轄市、縣（市）主管機關應推動各項居家式及社區式服務，增強家庭照顧老人之意願及能力，提升老人在社區生活之自主性（第 17 條及第 18 條）。

9. 增訂機構式服務措施規定，老人福利機構應依老人需求提供各項機構式服務，以滿足居住機構之老人多元需求（第 19 條）。

10. 要求主管機關及各目的事業主管機關應推動各項老人教育措施、各種休閒、體育活動及鼓勵老人參與志願服務，俾充實老人生活，增進心理健康及社會適應（第 26 條至第 28 條）。

11. 增訂反就業歧視條文，禁止雇主對於老人員工予以就業歧視（第 29 條）。

12. 增訂家庭照顧者支持性措施規定，明定直轄市、縣（市）政府應推動臨時或短期喘息照顧服務，與其他有助於提升家庭照顧者能力及其生活品質之服務，以協助增強老人之家庭照顧者之照顧能量及意願，期使被照顧之老人獲得妥適之照顧，並提升照顧者及其家庭之生活品質（第 31 條）。

13. 直轄市、縣（市）主管機關應協助中低收入老人修繕住屋或提供租屋補助，以維持老人的居住環境品質（第 32 條）。

14. 直轄市、縣（市）主管機關應推動設置適合老人安居之住宅，並以小規模、融入社區及多機能之原則規劃辦理（第 33 條）。

15. 簡化老人福利機構之分類，以利管理（第 34 條）。

16. 增訂老人福利機構應與入住者或其家屬訂定書面契約規定，並規定中央主管機關應公告規定其定型化契約應記載或不得記載之事項，以確保入住者權益並減少消費糾紛（第 38 條）。

17. 老人福利機構投保公共意外責任險及具有履行營運之擔保能力，以保障入住老人之權益（第 39 條）。

18. 增訂相關人員執行職務時之通報責任規定，使有保護需求之老人得以及時受到適當安置及保護（第 43 條）。

19. 增訂依法令或契約有扶養照顧義務而對老人有遺棄、妨害自由、傷害、身心虐待、留置無生活自理能力之老人獨處於易發生危險或傷害之環境、留置老人於機構後棄之不理，經機構通知限期處理，無正當

理由仍不處理者，處新台幣 3 萬元以上 15 萬元以下罰鍰，並公告其姓名；涉及刑責者，應移送司法機關偵辦（第 51 條）。

20. 增訂過渡時期規定，提供本法修正施行前已許可立案之老人福利機構後續改善及轉型時間（第 53 條）。

⚐ 三、《老人福利法》施行細則修正要點

《老人福利法》施行細則隨《老人福利法》修正，於 2007 年 7 月 25 日由內政部發布全文共 16 條。要點如下：

1. 主管機關及各目的事業主管機關依本法第 8 條第 1 項規定對老人提供服務及照顧，應定期調查及評估老人需求、社會經濟狀況及其發展趨勢，訂定近程、中程、遠程計畫，據以執行（第 3 條）。

2. 本法第 14 條第 2 項所定無法定扶養義務人且經法院宣告禁治產之老人，將財產交付信託業者代為管理、處分之相關事宜，由其監護人負責執行。直轄市、縣（市）主管機關得視需要，請監護人就前項事宜辦理情形提出執行報告（第 5 條）。

3. 老人憑國民身分證或政府核發足以證明老人身分之證件，享受本法第 25 條規定之優待（第 6 條）。

4. 各機關、團體、學校，得配合重陽節舉辦各種敬老活動（第 7 條）。

5. 本法第 33 條第 1 項所定適合老人安居之住宅，其設計應符合下列規定：

(1)提供老人寧靜、安全、舒適、衛生、通風採光良好之環境與完善設備及設施。

(2)建築物之設計、構造與設備及設施，應符合《建築法》及其有關法令規定，並應具無障礙環境。

(3)消防安全設備、防火管理、防焰物品等消防安全事項，應符合《消

防法》及其有關法令規定。

　(4)本法第33條第2項所定住宅設施小規模、融入社區及多機能之原
　　則如下：

　　①小規模：興辦事業計畫書所載開發興建住宅戶數為200戶以下。

　　②融入社區：由社區現有基礎公共設施及生活機能，使老人易獲得
　　　交通、文化、教育、醫療、文康、休閒及娛樂等服務，且便於參
　　　與社區相關事務。

　　③多機能：配合老人多元需求，提供適合老人本人居住，或與其家
　　　庭成員或主要照顧者同住或近鄰居住；設有共用服務空間及公共
　　　服務空間，同一棟建築物之同一樓層須有共用通道（第8條）。

6. 本法中華民國69年1月26日公布施行前已安置收容於公、私立老人
　福利機構之人，由該機構繼續收容照顧（第9條）。

7. 60歲以上未滿65歲之人自願負擔費用者，老人福利機構得視內部設
　施情形，提供長期照顧、安養或其他服務（第10條）。

8. 老人福利機構依本法第40條第1項規定接受私人或團體捐贈時，應
　於每年6月及12月將接受捐贈財物、使用情形及公開徵信相關資料
　陳報主管機關。前項公開徵信應至少每6個月將捐贈者姓名、金額、
　捐贈日期及指定捐贈項目等基本資料，刊登於機構所屬網站或發行之
　刊物；無網站及刊物者，應刊登於新聞紙或電子媒體（第11條）。

9. 設立老人福利機構未依本法第36條第1項規定申請設立許可，經直
　轄市、縣（市）主管機關依本法第45條第1項規定限期令其改善者，
　應依限完成設立許可程序；其期間由直轄市、縣（市）主管機關定
　之，最長不得逾6個月（第12條）。

10. 主管機關依本法第47條及第48條規定通知老人福利機構限期改善
　　者，應令其提出改善計畫書；必要時，會同目的事業主管機關評估其

改善情形（第 13 條）。

11. 依本法第 52 條第 1 項規定施以家庭教育及輔導之內容，包括家庭倫理、親子溝通、人際關係、老人身心特性與疾病之認識及如何與老人相處等相關課程。前項應施以家庭教育及輔導之課程及時數，由直轄市、縣（市）主管機關定之（第 14 條）。

12. 依本法第 52 條第 2 項規定同意延期參加家庭教育及輔導者，以一次為限，最長不得逾 3 個月（第 15 條）。

〈第三節〉　認識《身心障礙者權益保障法》

　　《身心障礙者權益保障法》（以下簡稱本法）原名為《殘障福利法》，係我國為保護身心障礙者的各項權益於 1980 年制定，共計 26 條。當時身心障礙之範圍僅分七類，包括：視覺障礙、聽覺或平衡機能障礙、聲音機能或語言機能障礙、肢體障礙、智能障礙、多重障礙及其他經中央主管機關認定之障礙。

　　此後，經過多次的修正，1990 年修法為 31 條，將身心障礙之範圍擴大認定，再納入重器障、顏損者、失智症、自閉症及植物人等共 12 類。1995 年又修正第 3 條納入慢性精神障礙者。1997 年首次修正名稱為《身心障礙者保護法》計 75 條，並增訂各目的事業主管機關權責事項，以強化各目的事業單位落實條文精神。2001、2003、2004 年因配合台灣省政府功能業務與組織調整以及《行政程序法》的施行，除再將頑性癲癇症者及部分罕見疾病納入外，並增訂合格導盲犬陪同視覺障礙者，或訓練中之導盲幼犬由專業訓練人員執行訓練時可以出入公共場所等條款。

　　2007 年台灣身心障礙人口成長總人數接近 100 萬人，占總人口 4.33%，

《身心障礙者保護法》再次大幅度修改內容並更名為《身心障礙者權益保障法》（以下簡稱本法），並於 2007 年 7 月 11 日公布施行。

一、法規特色

此次修法時參酌聯合國世界衛生組織頒布之「國際健康功能與身心障礙分類系統」（ICF）之「八大身心功能障礙類別」，修正身心障礙類別，使身心障礙之類別與國際接軌。

對於直轄市、縣（市）政府受理身心障礙者鑑定及評估提供後續相關福利服務，規定應以單一窗口方式受理，分別組成專業團隊辦理科學鑑定與需求評估後，對於符合資格者發給身心障礙證明，並據以提供後續福利與服務。

降低公私立義務機關（構）之進用門檻，並提高公立義務機關（構）之定額進用比率以促進身心障礙者就業，並要求各級勞工主管機關提供身心障礙者無障礙個別化職業重建服務，針對庇護性就業及庇護工場之特殊性另予特別規定。《身心障礙者權益保障法》計九章，共 109 條，變更法案名稱為《身心障礙者權益保障法》主要是為彰顯保障身心障礙者權益。第二章名稱修正為「保健醫療權益」，第四章名稱修正為「就業權益」，第五章名稱修正為「支持服務」，內容則整併原先第五章福利服務及第六章福利機構，並新增第六章「經濟安全」及第七章「保護服務」專章。

二、法規要點

本次修法係全面翻修，由現行八章 75 條修正為九章 109 條。依內政部社會司身心障礙者福利科（2007）對《身心障礙者權益保障法》的說明，本次修法主要修正要點如下。

第一章　總則

1. 為彰顯保障身心障礙者權益，修正本法之立法宗旨及目的為：保障其平等參與社會、政治、經濟、文化等之機會，促進其自立及發展（第1條）。

2. 明定各級主管機關及各目的事業主管機關權責劃分，增列金融、法務、警政、體育、文化主管機關及採購法規主管機關權責。

   (1) 主管機關：身心障礙者人格維護、經濟安全、照顧支持與獨立生活機會等相關權益之規劃、推動及監督等事項。

   (2) 衛生主管機關：身心障礙者之鑑定、保健醫療、醫療復健與輔具研發等相關權益之規劃、推動及監督等事項。

   (3) 教育主管機關：身心障礙者教育權益維護、教育資源與設施均衡配置等相關權益之規劃、推動及監督等事項。

   (4) 勞工主管機關：身心障礙者之職業重建、就業促進與保障、勞動權益與職場安全衛生等相關權益之規劃、推動及監督等事項。

   (5) 建設、工務、住宅主管機關：身心障礙者住宅、公共建築物、公共設施之總體規劃與無障礙生活環境等相關權益之規劃、推動及監督等事項。

   (6) 交通主管機關：身心障礙者生活通信、大眾運輸工具、交通設施與公共停車場等相關權益之規劃、推動及監督等事項。

   (7) 財政主管機關：身心障礙者與身心障礙福利機構稅捐之減免等相關權益之規劃、推動及監督等事項。

   (8) 金融主管機關：金融機構對身心障礙者提供金融、商業保險、財產信託等服務之規劃、推動及監督等事項。

   (9) 法務主管機關：身心障礙者犯罪被害人保護、受刑人更生保護與收容環境改善等相關權益之規劃、推動及監督等事項。

   (10) 警政主管機關：身心障礙者人身安全保護與失蹤身心障礙者協尋之規

劃、推動及監督等事項。

⑾ 體育主管機關：身心障礙者體育活動與運動輔具之規劃、推動及監督等事項。

⑿ 文化主管機關：身心障礙者精神生活之充實與藝文活動參與之規劃、推動及監督等事項。

⒀ 採購法規主管機關：《政府採購法》有關採購身心障礙者之非營利產品與勞務之規劃、推動及監督等事項。

⒁ 通訊傳播主管機關：主管身心障礙者無障礙資訊和通訊技術及系統、通訊傳播傳輸內容無歧視等相關事宜之規劃、推動及監督等事項。

⒂ 其他身心障礙權益保障措施：由各相關目的事業主管機關依職權規劃辦理（第2條）。

3. 明確劃分中央主管機關與直轄市、縣（市）主管機關掌理事項。

(1) 中央主管機關掌理事項（第3條）：

①全國性身心障礙福利服務權益保障政策、法規與方案之規劃、訂定及宣導事項。

②對直轄市、縣（市）政府執行身心障礙福利服務權益保障之監督及協調事項。

③中央身心障礙福利經費之分配及補助事項。

④對直轄市、縣（市）身心障礙福利服務之獎助及評鑑之規劃事項。

⑤身心障礙福利服務相關專業人員訓練之規劃事項。

⑥國際身心障礙福利服務權益保障業務之聯繫、交流及合作事項。

⑦身心障礙者保護業務之規劃事項。

⑧全國身心障礙者資料統整及福利服務整合事項。

⑨全國性身心障礙福利機構之輔導、監督及評鑑事項。

⑩其他全國性身心障礙福利服務權益保障之策劃及督導事項。

(2)直轄市、縣（市）主管機關掌理事項（第4條）：

①中央身心障礙福利服務權益保障政策、法規及方案之執行事項。

②直轄市、縣（市）身心障礙福利服務權益保障政策、自治法規與方案之規劃、訂定、宣導及執行事項。

③直轄市、縣（市）身心障礙福利經費之分配及補助事項。

④直轄市、縣（市）身心障礙福利服務之獎助與評鑑之規劃及執行事項。

⑤直轄市、縣（市）身心障礙福利服務相關專業人員訓練之規劃及執行事項。

⑥身心障礙者保護業務之執行事項。

⑦直轄市、縣（市）轄區身心障礙者資料統整及福利服務整合執行事項。

⑧直轄市、縣（市）身心障礙福利機構之輔導設立、監督及評鑑事項。

⑨其他直轄市、縣（市）身心障礙福利服務權益保障之策劃及督導事項。

4.為使身心障礙之類別與國際接軌，改採聯合國世界衛生組織頒布之「國際健康功能與身心障礙分類系統」（ICF）之「八大身心功能障礙類別」替代現行以疾病名稱之分類方式（第5條）（本條5年後實施）。

5.直轄市、縣（市）主管機關受理身心障礙者鑑定時，應交衛生主管機關指定相關機構或專業人員組成專業團隊，進行鑑定並完成身心障礙鑑定報告（第6條）（本條5年後實施）。

6.直轄市、縣（市）主管機關應於取得衛生主管機關所核轉之身心障礙鑑定報告後，籌組專業團隊進行需求評估。需求評估應考量障礙類別、程度、家庭經濟情況、照顧服務需求、家庭生活需求、社會參與需求等因素。對於設籍於轄區內經評估合於規定者，應核發身心障礙證明，據以提供所需之福利與服務。身心障礙者權益保障事項與運作、身心障礙權益受損協調之處理及其他應遵行事項之辦法，由各級主管機關定之（第7條）（本條5年後實施）。

7. 各級主管機關遴聘代表成員身心障礙者或其監護人代表及民間相關機關團體代表之比例不得少於三分之一；單一性別也不得少於三分之一（第 10 條）。

8. 各級政府應至少每 5 年舉辦身心障礙者之生活狀況、保健醫療、特殊教育、就業與訓練、交通及福利等需求評估及服務調查研究（第 11 條）。

9. 對於鑑定結果有異議者未依規定期程（30 日內），以書面提出申請重新鑑定及需求評估者，相關作業費用應自行負擔；如於規定期程內，以書面提出申請重新鑑定及需求評估者，應負 40% 相關作業費用，異議成立者退還之（以 1 次為限）（第 13 條）（本條 5 年後實施）。

10. 明定身心障礙證明之有效期限及重新鑑定之相關行政作業程序（第 14 條）（本條 5 年後實施）。

　　明定身心障礙證明之有效期限最長為 5 年，並責付身心障礙者於效期屆滿前 90 日應主動申請重新鑑定與需求評估（第 14 條第 1 項）。

　　地方主管機關應於效期屆滿前 60 日針對尚未提出申請者以書面通知其辦理重新鑑定與需求評估。除非障礙類別屬於中央主管機關規定無法減輕或恢復，無須重新鑑定者，得免予書面通知，逕予核發身心障礙證明，或視個案狀況進行需求評估後，核發身心障礙證明（第 14 條第 2 項）。

　　身心障礙者如有正當理由，無法於效期屆滿前申請重新鑑定及需求評估者，應於效期屆滿前附具理由提出申請，經直轄市、縣（市）主管機關認定具有正當理由者，得於效期屆滿後 60 日內辦理（第 14 條第 3 項）。

　　身心障礙者障礙情況改變時，應自行向直轄市、縣（市）主管機關申請重新鑑定及需求評估（第 14 條第 4 項）。

　　直轄市、縣（市）主管機關發現身心障礙者障礙情況改變時，得以書面通知其於 60 日內辦理重新鑑定與需求評估（第 14 條第 5 項）。

11. 明定重新鑑定及需求評估期間，身心障礙證明效期屆滿後之暫時性權利保

護及障礙程度有變更者或障礙事實消失或死亡之處理機制（第 15 條）（本條 5 年後實施）。

辦理重新鑑定及需求評估者，於原證明效期屆滿至新證明生效期間，得經直轄市、縣（市）主管機關註記後，暫以原證明繼續享有本法所定相關權益（第 15 條第 1 項）。

經重新鑑定結果，其障礙程度有變更者，其已依前項規定以原證明領取之補助，應由直轄市、縣（市）主管機關於新證明生效後，依新證明之補助標準予以追回或補發（第 15 條第 2 項）。

身心障礙者於障礙事實消失或死亡時，其本人、家屬或利害關係人，應將其身心障礙證明繳還直轄市、縣（市）主管機關辦理註銷；未繳還者，由直轄市、縣（市）主管機關逕行註銷，並取消本法所定相關權益或追回所溢領之補助（第 15 條第 3 項）。

12. 身心障礙者人格及合法權益之保障、反歧視條款及公共設施場所營運者，不得使身心障礙者無法公平使用設施、設備或享有權利（第 16 條）。

13. 確保身心障礙者依法請領各項福利給付或補助之權利，不得作為扣押、讓與或供擔保之標的（第 17 條）。

14. 直轄市、縣（市）主管機關應建立通報系統以適時掌握身心障礙者情況，並於 30 日內主動提供協助服務或轉介。為適時提供身心障礙者療育與服務，明定各級通報系統之通報責任及 30 日主動提供協助之處理時限（第 18 條）（本條 5 年後實施）。

15. 依服務需求之評估結果，提供身心障礙者個別化、多元化之服務（第 19 條）。

第二章　保健醫療權益

1. 衛生機關應整合醫療資源，依身心障礙者個別需求，提供所需之醫療服

務、設立身心障礙者特別門診與服務窗口及出院準備計畫（第 22 條至第 24 條）。

2. 各類型之身心障礙福利機構回歸各目的事業主管機關於相關條文授權訂定及辦理（第 25 條、第 31 條、第 35 條、第 62 條及第 63 條）。

第三章　教育權益

1. 教育主管機關應依據身心障礙者人口調查之資料，規劃特殊教育學校、特殊教育班或以其他方式教育不能就讀於普通學校或普通班級之身心障礙者，主動協助正在接受醫療、社政等相關單位服務之身心障礙學齡者，解決其教育相關問題；各級學校對於直轄市、縣（市）政府鑑定安置入學或依各級學校入學方式入學之身心障礙者，不得以身心障礙、尚未設置適當措施或其他理由拒絕身心障礙者入學（第 27 條及第 28 條）。

2. 依身心障礙者之家庭經濟條件，優惠其本人及其子女受教育所需經費；獎助身心障礙者繼續接受高級中等以上學校之教育；規劃辦理身心障礙者學前教育及視覺功能障礙者可使用之圖書資源；辦理身心障礙者教育及入學考試時，依其障礙類別與程度及學習需要，提供各項必須之協助器材或措施（第 29 條至第 32 條）。

第四章　就業權益

1. 為增加庇護就業機會，各級勞工主管機關應結合相關資源，協助庇護工場營運及產品推廣（第 36 條）。

2. 為促進身心障礙者就業，提高公立義務進用機關（構）之定額進用比率由百分之二提高至百分之三，門檻由總人數 50 人以上降低至總人數 34 人以上；私立單位比率仍維持百分之一，且不得少於 1 人，門檻由總人數 100 人以上降低至總人數 67 人以上；另增列警政、消防、關務、國防、海巡、

法務及航空站等單位定額進用總人數之計算範圍，並於施行細則另定之（第38條）。公、私部門進用身心障礙員工之比率提高、進用門檻降低，為讓各義務單位了解修正後之內容並逐步增加進用人數以符合規定，訂定第38條自公布後2年施行，以2年緩衝期間降低對公私部門之衝擊（第107條）。

3. 庇護性就業者，如遇職業災害補償時，補償之標準不得低於基本工資（第42條）。

4. 直轄市、縣（市）勞工主管機關應設身心障礙者就業基金，發給超額進用獎勵金，其金額最高按超額進用人數乘以每月基本工資二分之一計算。直轄市及縣（市）身心障礙者就業基金每年提撥前一年度差額補助費百分之三十，交由中央勞工主管機關再統籌分配各地方政府，以縮小城鄉資源差距（第43條及第44條）。

5. 為求事權統一，以收整合之效，修正勞工主管機關為視覺功能障礙者從事按摩業或理療按摩業之主管機關，為許可證發放機關；非視覺障礙者，不得從事按摩業，但醫護人員以按摩為病人治療者，不在此限（第46條）。

6. 為因應身心障礙者提前老化現象，規定中央勞工主管機關應建立身心障礙勞工提早退休之機制，以保障其退出職場後之生活品質（第47條）。

第五章　支持服務

1. 身心障礙者支持服務應以多元連續性為規劃辦理原則。直轄市、縣（市）政府應自行辦理或結合民間資源，推動各項個人照顧及家庭支持服務，進而提高身心障礙者社會參與度，以符合身心障礙者生涯發展歷程之生活需求（第48條至第52條）。

2. 為解決專用停車位被占用之情形，核發專用停車位識別證須經需求評估（第56條）（本條5年後實施）。

3. 為促進聽覺或言語功能障礙者參與公共事務，明定直轄市、縣（市）政府應設置手語翻譯服務窗口，提供聽覺功能或言語功能障礙者參與公共事務所需之服務（第 61 條）。

4. 身心障礙福利機構應與接受服務者或其家屬訂定書面契約，明定其權利義務，並應投保公共意外責任保險及具有履行營運之擔保能力（第 65 條及第 66 條）。

第六章　經濟安全

1. 為保障身心障礙者之經濟安全，採生活補助、日間照顧及住宿式照顧服務補助、照顧者津貼、年金保險等方式，逐步規劃實施（第 70 條）。

2. 直轄市、縣（市）主管機關對轄區內之身心障礙者，應依需求評估結果，提供生活補助費、日間照顧及住宿式照顧費用補助、醫療費用補助、居家照顧費用補助、輔具費用補助、房屋租金及購屋、購買停車位貸款利息補貼或承租停車位補助等，並不得有設籍時間之限制（第 71 條）（本條 5 年後實施）。

第七章　保護服務

1. 傳播媒體對身心障礙者不得使用歧視性稱呼或描述，並不得有與事實不符或誤導閱聽人對身心障礙者產生歧視或偏見之報導（第 74 條）。違反本條處 10 萬元以上 50 萬元以下罰鍰（第 86 條第 2 項）。

2. 對身心障礙者不得有遺棄、身心虐待、限制自由等行為，或對身心障礙者或利用身心障礙者為犯罪或不正當行為；主管機關於知悉或接獲醫事人員、社會工作人員、教育人員、警察人員及其他執行身心障礙服務業務人員或其他任何人通報後，應於 24 小時內自行或委託其他機關、團體進行訪視、調查，並於受理案件 4 日內提出調查報告，情況緊急需立即給予保

護、安置者，則應採取緊急保護、安置或其他必要處置（第 75 條、第 76 條及第 78 條）。

3. 身心障礙者之緊急保護安置，不得超過 72 小時；非 72 小時以上之安置，不足以保護身心障礙者時，得聲請法院裁定繼續保護安置。繼續保護安置以 3 個月為限；必要時得聲請法院裁定延長。直轄市、縣（市）主管機關應視情形協助接受保護安置之身心障礙者聲請禁治產宣告或轉介適當之服務單位（第 80 條）。

第八章　罰則

配合相關條文之修正，酌修並增列罰則規定及處罰機關（第 86 條至第 104 條）。

第九章　附則

1. 為保障本法本次修正之條文全面施行前，已領有身心障礙手冊者之權益不致受到立即性之影響，得依修正條文公布前之規定，繼續享有原有身心障礙福利服務。規定其應依直轄市、縣（市）主管機關之指定期日，辦理重新鑑定或換發身心障礙證明，並適用本法之規定；於等待期間得繼續享有原有身心障礙福利服務（第 106 條第 2 項）。

無法於直轄市、縣（市）主管機關指定期日辦理重新鑑定及需求評估者，應於指定期日前，附具理由向直轄市、縣（市）主管機關申請展延，經認有正當理由者，得予展延，最長以 60 日為限（第 106 條第 3 項）。

直轄市、縣（市）主管機關應於修正條文全面施行後 5 年內，完成重新鑑定及需求評估或換發身心障礙證明等相關作業（第 106 條第 4 項）。

2. 配合修法改變鑑定及需求評估方式，需建立客觀之鑑定與福利服務評估指標，使修正後之身心障礙者類別、鑑定方式及評估需求為社會大眾、民間

福利機構及團體充分了解與適應本法修正後相關作業之執行，並儲備培訓辦理鑑定、評估之專業團隊人員，故需有一定期間做為本法過渡準備期之落日條款規定，以利各體系制度銜接本次鑑定及需求評估作業之改變、建立客觀評估指標與相關專業團隊人員之培訓以預做準備，並對社會大眾之宣導教育，俾能順利落實，明定第 5 條至第 7 條、第 13 條至第 15 條、第 18 條、第 26 條、第 50 條、第 51 條、第 56 條、第 58 條、第 59 條及第 71 條，共 14 條，自公布後五年施行（第 107 條）。

⚃ 三、《身心障礙者權益保障法》施行細則

　　配合《身心障礙者保護法》修正更名為《身心障礙者權益保障法》，為落實本法相關規定，原《身心障礙者保護法》施行細則配合本法名稱修正為《身心障礙者權益保障法》施行細則，內容如下：

1. 本細則依《身心障礙者權益保障法》（以下簡稱本法）第 108 條規定訂定（第 1 條）。

2. 主管機關及各目的事業主管機關應依本法規定之權責，編訂年度預算規劃辦理（第 2 條）。

3. 本法第 9 條第 1 項所稱專責人員，指全職辦理身心障礙福利工作，未兼辦其他業務者。第 9 條第 2 項所稱專業人員，指從事身心障礙相關福利工作，並符合身心障礙福利服務專業人員遴用訓練及培訓辦法者（第 3 條）。

4. 依本法 2007 年 7 月 11 日修正前第 10 條辦理身心障礙鑑定服務所需之鑑定費，由直轄市、縣（市）衛生主管機關編列預算支應。直轄市、縣（市）衛生主管機關應公告轄區內身心障礙鑑定之醫療機構（第 4 條）。

5. 醫療機構或鑑定作業小組依本法 2007 年 7 月 11 日修正前第 10 條第 1 項辦理鑑定時，對於可經由醫療復健或其他原因而改變原鑑定結果者，得指定期限辦理重新鑑定。身心障礙手冊原發給機關應依據前項重新鑑定期

限，註明身心障礙手冊之有效時間，並於有效時間屆滿 30 日前主動通知身心障礙者或其監護人辦理重新鑑定（第 5 條）。

6. 身心障礙者依本法 2007 年 7 月 11 日修正前第 11 條第 2 項申請複檢，應於收到鑑定結果次日起 30 日內以書面向鑑定小組提出，逾期不得再對鑑定結果提出異議（第 6 條）。

7. 依本法 2007 年 7 月 11 日修正前第 13 條第 1 項所稱障礙事實變更，指經重新鑑定障礙類別或等級已變更者；所稱障礙事實消失，指經重新鑑定已不符障礙類別或等級標準，或已逾身心障礙手冊所註明之有效時間者（第 7 條）。

8. 依本法 2007 年 7 月 11 日修正前第 13 條第 2 項所定重新鑑定之限期為 30 日（第 8 條）。

9. 直轄市、縣（市）主管機關應對轄區內身心障礙者建立檔案，並按月將其基本資料送直轄市、縣（市）戶政主管機關比對；身心障礙者基本資料比對結果，應彙送直轄市、縣（市）主管機關（第 9 條）。

10. 直轄市、縣（市）主管機關於接到各目的事業主管機關依本法 2007 年 7 月 11 日修正前第 14 條第 2 項規定通報後，應於 14 日內主動協助疑似身心障礙者申辦鑑定；合於身心障礙資格，應轉請各目的事業主管機關提供相關專業服務（第 10 條）。

11. 本法第 16 條第 2 項所定公共設施場所，包括下列場所：(1)道路、公園、綠地、廣場、游泳池、民用航空站、車站、停車場所、展覽場及電影院；(2)政府機關、學校、社教機構、體育場所、市場、醫療衛生機構；(3)郵政、電信、自來水及電力等公用事業機構；(4)其他經中央主管機關認定之場所（第 11 條）。

12. 勞工主管機關得將其依本法第 33 條所定應提供之職業重建服務事項，委任所屬就業服務機構、職業訓練機構或委託相關機關（構）、學校、團體

辦理（第 12 條）。

13. 依本法 2007 年 7 月 11 日修正前第 31 條之各級政府機關、公、私立學校、
    團體及公、民營事業機構員工總人數之計算方式，以勞工保險局、臺灣銀
    行所統計各該機關、學校、團體或機構每月 1 日參加勞保、公保人數為
    準。但下列單位人員不予計入：(1)警政單位：警察官；(2)消防單位：實際
    從事救災救護之員工；(3)關務單位：擔任海上及陸上查緝、驗貨、調查、
    燈塔管理之員工；(4)法務單位：檢察官、書記官、法醫師、檢驗員、法
    警、調查人員、矯正人員及駐衛警（第 13 條）。

14. 進用身心障礙者義務機關（構），其進用身心障礙者人數，以整數為計算
    標準，未達整數部分不予計入（第 14 條）。

15. 進用身心障礙者義務機關（構），其員工總人數之計算，因機關（構）裁
    減、歇業或停業，其人員被資遣、退休而自願繼續參加勞工保險者，得不
    予計入（第 15 條）。

16. 依本法 2007 年 7 月 11 日修正前第 31 條第 3 項進用身心障礙者之義務機
    關（構）進用人數未達法定比率時，應於每月 10 日前，向所在地直轄市、
    縣（市）勞工主管機關設立之身心障礙者就業基金，繳納上月之差額補助
    費（第 16 條）。

17. 直轄市、縣（市）勞工主管機關應建立進用身心障礙者之義務機關（構）
    名冊，通知其定期申報進用身心障礙者，並不定期抽查進用身心障礙者之
    實際狀況，義務機關（構）應予配合（第 17 條）。

18. 本法第 43 條第 1 項所定身心障礙者就業基金屬《預算法》第 4 條所定之
    特種基金，編製附屬單位預算，專款專用；其會計事務，應由直轄市、縣
    （市）政府之主計機構或人員，依相關法令規定辦理（第 18 條）。

19. 直轄市、縣（市）主管機關依本法第 48 條規定制定生涯轉銜計畫時，應
    由社會福利、教育、衛生及勞工等專業人員以團隊方式，會同身心障礙者

或其家屬，對身心障礙者人生階段定之。前項轉銜計畫內容如下：(1)身心障礙者基本資料；(2)各階段專業服務資料；(3)家庭輔導計畫；(4)身心狀況評估；(5)未來安置協助建議方案；(6)轉銜準備服務事項（第 19 條）。

20. 直轄市、縣（市）主管機關應依身心障礙者多元需求，輔導依本法第 62 條第 1 項規定設立之身心障礙福利機構提供下列服務：(1)住宿或日間生活照顧服務；(2)日間活動服務；(3)復健服務；(4)自立生活訓練服務；(5)膳食服務；(6)緊急送醫服務；(7)休閒活動服務；(8)社交活動服務；(9)家屬諮詢服務；(10)其他相關之服務（第 20 條）。

21. 本法第 62 條第 5 項所稱得綜合設立，指身心障礙福利機構得依各目的事業主管機關相關法規規定辦理身心障礙者職業訓練、就業服務、庇護工場、早期療育、醫療復健及照護等業務（第 21 條）。

22. 主管機關依本法第 69 條第 2 項規定定期公告或發函各義務採購單位，至遲應每 6 個月一次（第 22 條）。

23. 本法第 77 條所稱依法令對身心障礙者有扶養義務之人，指依《民法》規定順序定其履行義務之人（第 23 條）。

24. 直轄市、縣（市）主管機關依本法第 79 條第 3 項規定，向執行標的物所在地法院聲請強制執行時，應提出緊急安置必要費用之支出憑證影本、計算書及該機關限期催告償還而未果之證明文件，並以書狀表明當事人、代理人及請求實現之權利。前項書狀宜併記載執行之標的物、應為之執行行為或強制執行法所定其他事項（第 24 條）。

25. 本法第 80 條第 1 項所定 72 小時，自依本法第 78 條第 1 項規定緊急安置身心障礙者之時起，即時起算。但下列時間不予計入：(1)在途護送時間；(2)交通障礙時間；(3)其他不可抗力之事由所生不得已之遲滯時間（第 25 條）。

26. 本法第 84 條第 2 項所定社會工作人員，包括下列人員：(1)直轄市、縣

（市）主管機關編制內或聘僱之社會工作及社會行政人員；(2)受直轄市、縣（市）主管機關委託之社會福利團體、機構之社會工作人員；(3)醫療機構之社會工作人員；(4)執業之社會工作師（第 26 條）。

27. 主管機關依本法第 90 條或第 93 條規定通知身心障礙福利機構限期改善者，應令其提出改善計畫書；必要時，會同目的事業主管機關評估其改善情形（第 27 條）。

28. 本法第 107 條所定各條文未施行前，有關身心障礙鑑定作業與手冊核發、福利服務提供之內涵及進用義務機關（構）定額進用身心障礙者等事項，仍依本法 2007 年 7 月 11 日修正前之第 3 條、第 10 條、第 11 條、第 13 條、第 14 條、第 19 條、第 31 條、第 38 條、第 40 條、第 41 條及第 48 條至第 51 條規定辦理（第 28 條）。

29. 本細則自發布日施行（第 29 條）。

老人福利

參考文獻

內政部社會司身心障礙者福利科（2007）。身心障礙者權益保障法說明。2008
　　年 10 月 1 日，取自 http://www.enable.org.tw/upload/iss/1.pdf

摘要

　　有人說：法令多如牛毛，又有人說：牛是體健者多毛。台灣自 1993 年邁入「高齡化社會」至今十餘年，雖然算是新興的高齡化社會，但整個社會人口老化的現象也愈來愈明顯（我們比較不願意說是嚴重），高齡族群對於社會影響也愈來愈大。完備的老人福利措施，受益的不只是老人，也可以減輕年輕人的負擔。

　　依據先進國家之主張，老人福利已不再被視為是慈善行為，而是社會風險之共同分擔與老人身為公民之基本權利。2007 年，台灣的《老人福利法》做出大幅度的修訂，相關的法規也陸續檢討增加或修正，目前的老人福利相關法規雖然還沒有達到「多如牛毛」的境界，但也已經初具規模了。

　　當然，限於篇幅，我們也無法對所有的相關法規內容逐一介紹，不過本章也整理出較常用有關老人福利的各種老人福利法規，可供讀者依需要「按圖索驥」進一步去了解各種法規內容。

　　其次，因為高齡人口在老年的末期，往往有身心障礙的問題；2007 年，《身心障礙者保護法》也再次大幅度修改內容並更名為《身心障礙者權益保障法》，所以本章就以新修正的《老人福利法》與《身心障礙者權益保障法》做簡要介紹，這樣的歸類雖然有點大膽，也無非是希望有助於讀者了解較完整的福利輸送體系。

老人福利

 ## 名詞解釋

◆《老人福利法》　　　　　　　◆《身心障礙者權益保障法》

 ## 問題習作

1. 請說明老人福利法規的意義及功能。

2. 請說明有關老人福利各種相關法規的類別。

3. 請說明《老人福利法》的特色與重點。

4. 請說明《身心障礙者權益保障法》的特色與重點。

5. 請說明《老人福利法》與《身心障礙者權益保障法》有何關聯性。

第 五 章

老人福利行政

學習者在研讀本章之後應能了解：

1. 我國老人福利的主管機關和各目的事業主管機關的業務
   分工。

2. 我國老人福利中央主管機關的組織及職掌。

3. 我國老人福利直轄市主管機關的組織及職掌。

4. 我國老人福利縣市主管機關的組織及職掌。

老人福利

老人福利是社會福利的重要項目之一，我國老人福利的主管機關主要區分為中央主管機關及地方主管機關：中央為內政部；地方為直轄市政府及縣（市）政府。

另外，如涉及各目的事業主管機關職掌者，由各目的事業主管機關辦理。主管機關及各目的事業主管機關權責劃分如下（《老人福利法》第3條）：

1. 主管機關：主管老人權益保障之規劃、推動及監督等事項。
2. 衛生主管機關：主管老人預防保健、心理衛生、醫療、復健與連續性照護之規劃、推動及監督等事項。
3. 教育主管機關：主管老人教育、老人服務之人才培育與高齡化社會教育之規劃、推動及監督等事項。
4. 勞工主管機關：主管老人就業免於歧視、支援員工照顧老人家屬與照顧服務員技能檢定之規劃、推動及監督等事項。
5. 建設、工務、住宅主管機關：主管老人住宅建築管理、公共設施與建築物無障礙生活環境等相關事宜之規劃、推動及監督等事項。
6. 交通主管機關：主管老人搭乘大眾運輸工具之規劃、推動及監督等事項。
7. 保險、信託主管機關：主管本法相關保險、信託措施之規劃、推動及監督等事項。
8. 警政主管機關：主管本法相關警政、老人保護措施之規劃、推動及監督等事項。
9. 其他措施由各相關目的事業主管機關依職權規劃辦理。

由於現行社福機關分屬不同部會，常造成多頭馬車及福利資源浪費的現象，馬英九總統在2008年總統選舉時主張：將中央社會福利主管機關提升至部級單位，建構從中央至縣市政府、鄉（鎮、市、區）公所一條鞭，以社會工作專業為主軸的服務體系（馬英九、蕭萬長，2008）。

因此，台灣地區的社會福利主管機關可能在近年會有重大調整，在新的

組織架構尚未完成前，本章仍以現行的老人福利行政實際狀況做介紹。

第一節　中央的老人福利行政

　　台灣地區中央的老人福利行政由內政部社會司負責，其掌理社會福利、社會保險、社會救助、社區發展、社會服務、身心障礙重建、人民團體、社會運動、合作事業及其他社會行政事項。

一、組織架構

　　內政部組織（如圖5-1）由上至下：第一層為內政部，第二層為社會司，第三層並無老人福利相關行政組織，第四層為彰化老人養護中心及各老人之家（北、中、南、東以及澎湖等五家）。

二、中央（內政部）掌理的老人福利事項

　　《老人福利法》第4條規定：由中央主管機關（內政部）掌理老人福利事項有：

1. 全國性老人福利政策、法規與方案之規劃、釐定及宣導事項。
2. 對直轄市、縣（市）政府執行老人福利之監督及協調事項。
3. 中央老人福利經費之分配及補助事項。
4. 老人福利服務之發展、獎助及評鑑之規劃事項。
5. 老人福利專業人員訓練之規劃事項。
6. 國際老人福利業務之聯繫、交流及合作事項。
7. 老人保護業務之規劃事項。
8. 老人住宅業務之規劃事項。

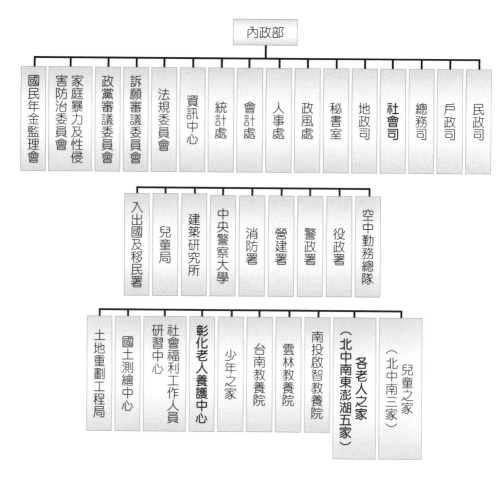

圖 5-1　內政部組織圖

資料來源：內政部（2008）

9. 中央或全國性老人福利機構之設立、監督及輔導事項。

10. 其他全國性老人福利之策劃及督導事項。

內政部係依《內政部組織法》第 4 條設社會司，社會司依同法第 13 條，負責掌理下列事項：

1. 關於社會福利之規劃、推行、指導及監督事項。
2. 關於社會保險之規劃、推行、指導及監督事項。
3. 關於社會救助之規劃、推行、指導及監督事項。
4. 關於社區發展之規劃、推行、指導及監督事項。
5. 關於社會服務之規劃、推行、指導及監督事項。
6. 關於殘障重建之規劃、推行、指導及監督事項。
7. 關於農、漁、工、商及自由職業團體之規劃、推行、指導及監督事項。
8. 關於社會團體之規劃、推行、指導及監督事項。
9. 關於社會運動之規劃、推行、指導及監督事項。
10. 關於合作事業之規劃、推行、管理、調查、指導及監督事項。
11. 關於社會工作人員之調查、登記、訓練、考核及獎懲事項。
12. 關於社會事業之國際合作及聯繫事項。
13. 關於其他社會行政事項。

1999 年 7 月 1 日起，內政部為配合台灣省政府組織調整計畫，將台灣省政府社會處業務與內政部社會司合併，內政部社會司設為 14 科，分別為：

1. 北部 7 科，分別為：綜合規劃科、老人福利科、身心障礙者福利科、社會救助科、社會保險科、社會團體科、婦女福利科。負責辦理綜合規劃、身心障礙者福利、老人福利、婦女福利、社會救助、社會保險、社會團體等業務。

2. 中興新村內政部中部辦公室（社政）設置 5 科，分別為：職業團體科、社會發展科、社區及少年福利科、老人福利機構輔導科及身心障礙福利機構輔導科，負責辦理職業團體、社會發展、社區及少年福利、身心障礙福利機構輔導及老人福利機構輔導等業務。

(1)依據「內政部處務規程」第 15 條規定，老人福利科的職掌為：

老人福利

①關於老人福利政策規劃事項。

②關於老人福利法制工作事項。

③關於老人福利研究發展事項。

④關於老人福利推動計畫事項。

⑤關於老人福利宣導事宜。

⑥關於老人福利之調查、統計、資訊系統規劃事項。

⑦關於老人福利預、決算規劃執行事項。

⑧關於老人安養服務方案推動事項。

⑨關於老人長期照護規劃及推動事項。

⑩關於社區照顧規劃及推動事項。

⑪關於居家服務規劃及推動事項。

⑫關於老人福利津貼規劃及推動事項。

⑬關於老人保護規劃及推動事項。

⑭關於老人福利專業人員訓練規劃及推動事項。

⑮關於內政部老人福利促進委員會幕僚工作事項。

⑯關於重陽節相關活動規劃及推動事項。

⑰關於老人福利國際交流事項。

⑱關於其他老人福利綜合業務及與其他部會相關事項。

(2)老人福利機構輔導科的職掌為：

①關於老人福利機構政策規劃事項。

②關於老人福利機構法制工作事項。

③關於老人福利機構研究發展事項。

④關於老人福利機構業務推動計畫事項。

⑤關於老人福利機構專業人員訓練事宜。

(6)關於老人福利機構業務宣導事項。

⑦關於老人福利機構預、決算規劃執行事項。

⑧關於老人福利機構相關統計、調查等事項。

⑨關於老人福利機構管理、輔導、評鑑、獎勵及連繫會報事項。

⑩關於老人福利機構國際交流事項。

⑪關於中低收入老人生活津貼規劃及法制事項。

⑫關於中低收入老人特別照顧津貼規劃及推動事項。

⑬關於中低收入老人重病住院看護費補助等事項。

⑭關於適合老人安居住宅之規劃及推動事項。

⑮關於老人諮詢服務中心業務委託及執行督導事項。

⑯關於老人福利機構業務相關交辦事項。

3. 中部黎明辦公室設二科，分別為：合作事業輔導科及合作行政管理科，與老人福利並無關聯。

4. 內政部所屬之彰化老人養護中心。

5. 內政部所屬之各老人之家（北、中、南、東以及澎湖等五家）。

第二節　直轄市的老人福利行政

　　台灣地區直轄市有台北市及高雄市，縣市政府則有台灣省 21 縣市及福建省連江、金門 2 縣。直轄市的社會福利為其自治事項，直轄市議會可議決市政府組織自治條例，因此台灣地區台北市政府社會局及高雄市政府社會局的組織編制並不相同。

老人福利

⚡ 一、組織架構

（一）台北市政府社會局

　　台北市政府社會局設八科五室一中心（如圖 5-2），分別為：人民團體科、社會救助科、身心障礙者福利科、老人福利科、婦女福利及兒童托育科、兒童及少年福利科、綜合企劃科、社會工作科等八科，和老人自費安養中心及秘書室、資訊室、人事室、政風室、會計室等五室。

　　負責推展老人福利的單位主要為老人福利科，至於年邁老化之老人如造成身心障礙之情形者，則與身心障礙者福利科亦有關係。

　　另外在社會局下設浩然敬老院及老人日間照顧中心、老人安置機構、老人服務中心等設施。

（二）高雄市政府社會局

　　高雄市政府社會局目前組織編制設有五科五室，附屬機關有仁愛之家、兒童福利服務中心、無障礙之家、長青綜合服務中心、家庭暴力及性侵害防治中心（如圖 5-3）；編制員額 117 人，社會工作（督導）員 22 人；附屬機關員額編制 163 人。

　　高雄市政府社會局目前組織編制之五科五室，分別為：第一科掌理人民團體、合作行政、社區發展、公益勸募等事項；第二科掌理社會救助、慈善事業基金會等事項；第三科掌理老人福利事項；第四科掌理身心障礙福利事項；第五科掌理兒少、婦女福利等事項。五室為：社會工作室掌理兒少保護、志願服務、社工專業發展等事項，其他如秘書室、會計室、人事室、政風室為幕僚單位（高雄市政府社會局，2008）。

局長		
副局長		
主任秘書		
專門委員		家庭暴力暨性侵害防治中心（2007年9月11日正式成立）
人民團體科	所屬機關	殯葬管理處
社會救助科		市立托兒所（12所）
身心障礙者福利科		浩然敬老院
老人福利科		廣慈博愛院（2007年9月11日裁撤）
婦女福利及兒童托育科		陽明教養院
兒童及少年福利科		
綜合企劃科	服務機構	遊民收容所　　　　　　1 平安居　　　　　　　　1
社會工作科		
老人自費安養中心		社會福利服務中心　　　12
秘書室		社區暨志願服務推廣中心　1
資訊室		少年福利中心　　　　　4 少年安置機構　　　　　3
會計室		
人事室		公設民營托兒所　　　　16 兒童托育資源中心　　　1 兒童安置機構　　　　　1 兒童福利中心　　　　　2
政風室		
		婦女中途之家　　　　　3 婦女及單親家庭服務中心　11
		老人日間照顧中心　　　2 老人安置機構　　　　　5 老人服務中心　　　　　12
		早期療育通報轉介中心　1 身心障礙安置機構　　　21 身心障礙福利會館　　　1
		平宅服務中心　　　　　4

註：老人日間照顧中心尚有3家附設於老人服務中心，1家附設於老人安置機構。

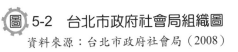

圖 5-2　台北市政府社會局組織圖

資料來源：台北市政府社會局（2008）

老人福利

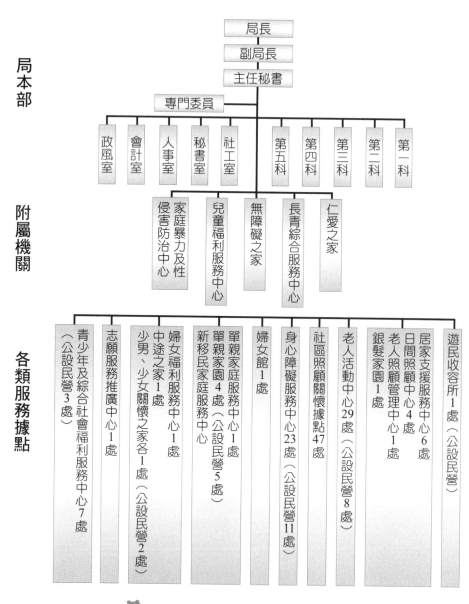

```
                    局長
                    │
                   副局長
                    │
                  主任秘書
                    │
            ┌───────┴
          專門委員
    ┌──┬──┬──┬──┬──┼──┬──┬──┬──┐
   政  會  人  秘  社  第  第  第  第  第
   風  計  事  書  工  五  四  三  二  一
   室  室  室  室  室  科  科  科  科  科
```

局本部

```
         ┌──┬──┬──┬──┐
        家  兒  無  長  仁
        庭  童  障  青  愛
        暴  福  礙  綜  之
        力  利  之  合  家
        及  服  家  服
        性  務       務
        侵  中       中
        害  心       心
        防
        治
        中
        心
```

附屬機關

各類服務據點

青少年及綜合社會福利服務中心7處（公設民營3處）

志願服務推廣中心1處

少男、少女關懷之家各1處（公設民營2處）
中途之家1處
婦女福利服務中心1處

新移民家庭服務中心

婦女館1處

單親家庭服務中心1處
單親家園4處（公設民營5處）

身心障礙服務中心23處（公設民營11處）

社區照顧關懷據點47處

老人活動中心29處（公設民營8處）

居家支援服務中心6處
日間照顧中心4處
老人照顧管理中心1處
銀髮家園1處

遊民收容所1處（公設民營）

圖 5-3　高雄市政府社會局組織圖

資料來源：高雄市政府社會局（2008）

✿ 二、直轄市、縣（市）主管機關的老人福利職掌

《老人福利法》第 5 條規定：由直轄市、縣（市）主管機關掌理的老人福利事項有：

1. 直轄市、縣（市）老人福利政策、自治法規與方案之規劃、釐定、宣導及執行事項。

2. 中央老人福利政策、法規及方案之執行事項。

3. 直轄市、縣（市）老人福利經費之分配及補助事項。

4. 老人福利專業人員訓練之執行事項。

5. 老人保護業務之執行事項。

6. 老人住宅之興建、監督及輔導事項。

7. 直轄市、縣（市）老人福利機構之輔導設立、監督檢查及評鑑獎勵事項。

8. 其他直轄市、縣（市）老人福利之策劃及督導事項。

（一）台北市政府社會局的職掌

台北市政府社會局的業務單位設有：人民團體科、社會救助科、身心障礙者福利科、老人福利科、婦女福利及兒童托育科、兒童及少年福利科、綜合企劃科、社會工作科以及老人自費安養中心，如表 5-1。

其中以老人福利科、身心障礙者福利科、社會工作科，以及老人自費安養中心與老人福利業務較為密切。

此外，秘書室辦理庶務、採購、出納、財產管理、文書管考、檔案管理及其他不屬各科、室、中心事項。資訊室負責社政資訊系統之規劃、設計、維護及管理等事項。會計室負責辦理歲計、會計事項，並兼辦統計事項。人事室負責辦理人事管理事項。政風室辦理政風事項。

老人福利

表 5-1　台北市政府社會局職掌表

單位	職掌
人民團體科	社會團體、工商業及自由職業團體、合作社、社區發展協會及社會福利相關基金會等會務輔導事項。
社會救助科	弱勢市民生活扶助、醫療補助、急難救助、災害救助、社會保險補助、以工代賑、平價住宅管理及居民輔導等事項。
身心障礙者福利科	身心障礙者有關之權益維護、福利服務及相關機構之監督與輔導等事項。
老人福利科	老人有關之權益維護、福利服務及相關機構之監督與輔導等事項。
婦女福利及兒童托育科	婦女有關之權益維護、福利服務、性別平權倡導及相關機構之監督與輔導；兒童托育業務及相關機構之監督與輔導等事項。
兒童及少年福利科	兒童及少年有關之權益維護、福利服務及相關機構之監督與輔導等事項。
綜合企劃科	社會福利政策、制度、施政計畫之規劃整合與研究發展、社會福利有關基金之管理及殯葬業務督導等事項。
社會工作科	社會工作直接服務、遊民輔導庇護、社會工作專業發展、社會工作師管理及志願服務等事項。
老人自費安養中心	老人安養中心之服務提供、老人生活照顧文康活動、健康指導及相關專業服務等事項。

資料來源：台北市政府社會局（2008）

（二）高雄市政府社會局的職掌

　　高雄市政府社會局目前組織編制設有五科五室，老人福利事項由第三科掌理，各科職掌如表 5-2。五室為：秘書室掌理採購、庶務、出納、財產管理、文書、印信、檔案、研考、公共關係、新聞聯繫、社會福利設施土地取

表 5-2　高雄市政府社會局職掌表

單位	職掌
第一科	掌理人民團體、合作行政、社區發展、公益勸募等事項。
第二科	掌理社會救助、慈善事業基金會等事項。
第三科	掌理老人福利事項。
第四科	掌理身心障礙福利事項。
第五科	掌理兒少、婦女福利等事項。
社會工作室	掌理兒少保護、志願服務、社工專業發展等事項。
仁愛之家	掌理公、自費老人收容安養事項。
無障礙之家	掌理日間托育及中重度身心障礙者日間托育、收容養護之復健、保育、訓練、語言訓練治療，以及家長、家民之心理輔導、輔導身心障礙社團、機構辦理服務及活動推廣並策劃各項身心障礙福利活動等。
家庭暴力及性侵害防治中心	掌理家庭暴力、性侵害及性騷擾防治業務。
長青綜合福利服務中心	掌理老人休閒、進修、文康、聯誼活動、學術研究、老人保護、獨居老人、失智老人關懷輔導及老人福利事項。
兒童福利服務中心	掌理兒童福利相關活動、親職教育、兒童諮詢、教保人員研習、發展遲緩兒童處遇服務等事項。

資料來源：高雄市政府社會局（2008）

得、工程發包督辦等事項。會計室依法辦理歲計、會計、並兼辦統計事項。人事室依法辦理人事管理事項。政風室依法辦理政風事項。

第三節　縣市政府的老人福利行政

縣市政府是推行老人福利的地方基層組織，縣市的社會福利亦為其自治事項。縣市議會可議決縣市政府組織自治條例，因此台灣地區各縣市政府的

老人福利

組織編制並不相同，其社政部門的編制及業務職掌也未必相同，有的縣市政府在社會處下專設老人福利科，有的縣市政府甚至於仍處於社政部門與勞政部門合併於社會處。茲以桃園縣、台中市、台南縣、屏東縣以及台東縣等，位居台灣北、中、南以及東部之縣市政府為例說明，各縣市政府均設置社會處。

☆ 一、桃園縣政府社會處

「桃園縣政府組織自治條例」第 6 條規定：社會處掌理社會行政、合作事業、兒童、少年、身心障礙者、老人與家庭等福利服務、兩性平權、社會救助、人民團體及公益慈善事業等事項。

桃園縣政府社會處設有：社會發展科、身心障礙福利科、婦女福利及綜合企劃科、社會工作及救助科、老人福利科、兒童及少年福利科等六個科，以及區域社會福利服務中心、桃園縣家庭暴力及性侵害防治中心、桃園縣家庭個案管理中心等三個中心。

其中與老人福利關係較密切的為老人福利科、身心障礙福利科及區域社會福利服務中心，其業務分工說明如下：

1. 老人福利科：負責辦理中低收入老人生活津貼、低收入戶老人公費安養、失能老人居家服務、中低收入老人重病住院看護補助、中低收入戶老人特別照顧津貼、中低收入老人日間照顧、輔導設置老人福利機構。

2. 身心障礙福利科：申請身心障礙者手冊、身心障礙者生活托育養護費用補助、身心障礙者社會保險補助、身心障礙者生活補助、身心障礙者生活輔助器具補助、身心障礙者租賃房屋租金補助、身心障礙者專用停車位識別證核發、輔導設置身心障礙福利機構。

3. 區域社會福利服務中心：對遭受虐待疏忽遺棄或失依兒童少年、老人及婦女提供法律諮詢、庇護安置、心理輔導及相關福利。急難救助案件審查重大災難及危機案件處理。

⚓ 二、台中市政府社會處

　　台中市政府社會處設置社會行政科、身心障礙科、社會救助科、婦幼福利科、老人福利科、社工科等六個科。社工科又分為性侵害防治組、家暴防治組、救助服務組、兒少保護組（如圖5-4）。

　　老人福利科的職掌為：老人福利機構輔導稽查評鑑；重陽節敬老禮金發放；低收入老人安置；居家服務支援中心輔導、管理；中低收入老人及身心

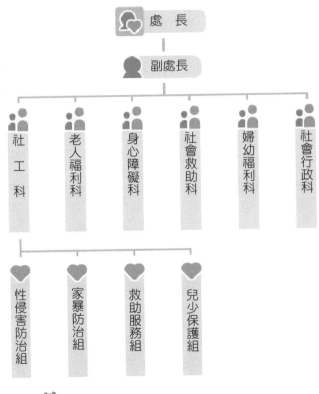

圖 5-4　台中市政府社會處組織圖

資料來源：台中市政府社會處（2008）

老人福利

障礙居家服務;照顧服務員、居家服務督導員培訓;老人福利促進委員會;推展行動式老人文康休閒巡迴服務輔導、管理;社區照顧關懷據點輔導、管理;老人保護個案緊急庇護安置;獨居老人服務;緊急救援生命守護連線服務;老人及身心障礙者營養餐食服務;老人住宅業務;老人文康休閒中心;長青服務中心長青學苑業務;百歲人瑞敬老津貼發放;老人免費健康檢查及中低收入老人健保費補助;低收入老人假牙補助;白金婚、鑽石婚、金婚紀念表揚;失智症老人團體家屋試辦計畫補助申請;中低收老人特別照顧津貼補助;中低收老人住宅修繕補助;中低收老人重病住院看護補助;老人休閒中心設施設備補助;中低收 70 歲健保費補助名單彙整。

⌕ 三、台南縣政府社會處

台南縣政府社會處設社會行政科、社會福利科、身心障礙福利科、社會救助科、社工科等五個科,如圖 5-5。

台南縣老人福利業務由社會福利科負責;老人保護由社工科負責。

⌕ 四、屏東縣政府社會處

位於南台灣的屏東縣政府社會處,設有社會行政科、社會工作科、社會福利科以及社會救助科等四科。各項老人津貼補助、相關老人福利業務、老人社區照顧、居家服務、機構照顧服務由社會福利科負責。

⌕ 五、台東縣政府社會處

台東縣政府社會處設置社會福利科、社會行政科、婦幼福利科、勞工行政科等四科。因台東縣產業與勞工人口較少,是目前少數將勞工行政與社會行政合併在社會處的縣市。老人福利由社會福利科負責。

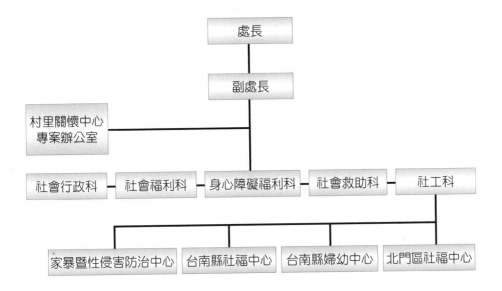

圖 5-5 台南縣政府社會處組織圖

資料來源：台南縣政府社會處（2008）

老人福利

內政部（2008）。內政部組織圖。2008 年 12 月 1 日，取自 http://www.moi.gov.tw/about_01.aspx

台中市政府社會處（2008）。台中市政府社會處組織圖。2008 年 10 月 1 日，取自 http://211.75.71.7/content/index.asp?m=1&m1=3&m2=15

台北市政府社會局（2008）。台北市政府社會局組織圖。2008 年 10 月 1 日，取自 http://www.bosa.tcg.gov.tw/a/a0101.asp

台南縣政府社會處（2008）。台南縣政府社會處組織圖。2008 年 10 月 1 日，取自 http://soc.tainan.gov.tw/CP/10001/Organization.asp

高雄市政府社會局（2008）。高雄市政府社會局組織圖。2008 年 10 月 1 日，取自 http://w5.kcg.gov.tw/socbu/02intro/intro03.asp

馬英九、蕭萬長（2008）。社會福利政策。2008 年 10 月 1 日，取自 http://2008.ma19.net/files/ma-policy4you/pdf/socialwelfare.pdf

摘要

　　隨著「高齡化」社會的來臨，老年人的人口占整體國內人口的比率也一直增加，因此，老人福利是社會福利重要的一環，負責推動國家福利政策與措施的行政部門責任日益重大。

　　本章主要介紹我國老人福利的社政部門組織和職掌。目前，我國老人福利的主管機關在中央為內政部，地方政府方面則為直轄市政府及縣（市）政府。內政部由社會司負責，直轄市政府由社會局負責，縣（市）政府則由社會處負責。

　　依照《地方制度法》規定，社會福利屬地方自治事項，老人福利的主管機關主管老人權益保障之規劃、推動及監督等事項。各地方政府在組織編制與職掌分工上並未完全一致，因此，本章也就台灣地區北、中、南及東部地區之縣市政府社政部門的組織做扼要之介紹。

老人福利

名詞解釋

◆ 主管機關 　　　　　　　　◆ 目的事業主管機關

問題習作

1. 我國老人福利的主管機關和各目的事業主管機關有哪些？
2. 請說明我國老人福利中央主管機關的組織及職掌。
3. 請說明我國老人福利直轄市主管機關的組織及職掌。
4 請說明我國老人福利縣（市）主管機關的組織及職掌。

第六章

老人福利的專業化

學習目標

學習者在研讀本章之後應能了解：

1. 老人福利的專業性。

2. 各類型老人服務提供單位。

3. 我國老人福利專業人員的類別和資格

4. 我國老人福利專業人員的培養制度和概況。

老人福利

　　所謂專業化（professionalize），依據《社會工作辭典》的定義是指：一種職業成功的取得專業地位，進而取得其報酬與特權的過程。至於一門職業朝向專業化發展，所兼具的共同特性包括有：1.專業認同，特別是證照制度的建立；2.專業知能，具有科學的知識體系與專業訓練和專業技能；3.專業哲學與信念；4.專業的組織團體或協會與文化；5.專業倫理守則。此外，落實在社會工作的實務範疇裡，理性化、專精化、常規化、標準化與制度化的專業主義，則是說明了以往的濟眾工作被轉向成為以專職或專業人員來替代志願工作者，並以目標管理來替代專業議題的界定。事實上，這種強調組織管理和科學效率的專業主義，也使得濟貧紓困的工作裡，理性專業與人道愛心正式分離，而社會工作不再是一種具有志業性的召喚。連帶的，隨著後福利國家的來臨，專業的管理主義做為一種強而有力的組織控制工具，也一併被非營利機構採借運用到組織的運作上（王順民，2000：510-511）。

　　一般沒有經過專業訓練的人員，對於高齡老人的觀念和態度上，經常會有一些負面的心態，這些較常見的負面心態與反應有：貶值化（devaluation）、邊緣化（marginalization）、內化（internalization）、標準化（normalization）等四種現象（李開敏等譯，1996：6-8），說明如下：

1. 貶值化：就是否定老人個人及社會性的意義。
2. 邊緣化：就是忽視或遺忘，對老人表現漠不關心的態度。
3. 內化：老人接受自己被扭曲的形象，將僵化與無生產力的迷失內射，而失去學習與做事的信心，一旦自信盡失，就落入刻板印象中註定挫敗的命定輪迴。
4. 標準化：以年齡因素來範定對老人的態度，通常是指負面的。

　　老人福利工作，所涉及的不只是知識和技術性的層面，由於服務的對象是人，是年長的老人，因此，就專業性而言，對於人的正確觀念與態度也成為工作人員在專業化上重要的部分。

第一節　老人福利人員的專業制度

《老人福利法》第 7 條第 2 項規定:「老人福利相關業務應遴用專業人員辦理。」同法第 20 條第 2 項規定:「……專業人員之訓練、資格取得及其他應遵行事項之辦法,由中央主管機關定之。」中央主管機關據以頒布「老人福利服務專業人員資格及訓練辦法」及「老人福利服務提供者資格要件及服務準則」,規定從事老人服務者的資格條件。

內政部曾於 1998 年 12 月 19 日頒布「老人福利專業人員資格要點」,該要點將老人福利專業人員區分為:機構之院長(主任)、護理人員、社會工作人員、服務人員,以及其他工作人員,或依規定視業務需要所置應具專業資格證照之人員。不過該要點已於 2007 年 8 月 9 日廢止,另於 2007 年 8 月 7 日新頒布「老人福利服務專業人員資格及訓練辦法」取代,將老人福利專業人員修正區分為:社會工作人員、照顧服務員、居家服務督導員、護理人員以及老人福利機構院長(主任);將照顧服務員與居家服務督導員明確的納入為老人福利專業人員,並訂定老人服務專業人員的訓練辦法。

此外,內政部、衛生署、教育部及交通部四個單位又於 2008 年 3 月 20 日連署頒布「老人福利服務提供者資格要件及服務準則」,將老人福利專業人員與服務提供者再做區隔,並將各類型的服務及提供單位做明確之規範,經整理如表 6-1。

老人福利

表 6-1　老人各類型服務提供單位

服務性質	提供單位
居家式醫護服務	1.醫事服務機構、護理機構、相關醫事團體。 2.社會福利機構、社會福利團體。
居家式復健服務	1.復健相關醫事機構、醫療機構、護理機構、醫事團體。 2.社會福利機構、社會福利團體。
身體照顧及家務服務	1.醫療機構、護理機構、醫療法人。 2.老人福利機構、身心障礙福利機構。 3.公益社團法人、財團法人、社會福利團體、照顧服務勞動合作社。 4.社會工作師事務所。
關懷訪視及電話問安服務	1.醫事服務機構、護理機構。 2.社會福利機構。 3.公益社團法人、財團法人、社會團體、照顧服務勞動合作社。 4.依法登記有案之宗教團體。 5.社會工作師事務所。
居家式餐飲服務	1.醫療機構、護理機構、醫療法人。 2.老人福利機構、身心障礙福利機構。 3.公益社團法人、財團法人、社會福利團體、社區發展協會、照顧服務勞動合作社。 4.餐館業及其他餐飲業。 除前項所定居家式餐飲服務提供單位外，遇有特殊情形者，得由直轄市、縣（市）主管機關結合當地資源提供服務。
緊急救援服務	1.醫療機構、護理機構、醫療法人。 2.老人福利機構、身心障礙福利機構。 3.公益社團法人、財團法人、社會團體。 4.保全業。
住家環境改善服務	1.社會福利機構、社會福利團體。 2.營造及工程業。

表 6-1　老人各類型服務提供單位（續）

服務性質	提供單位
保健服務	1.醫事服務機構、護理機構、相關醫事團體。 2.社會福利機構、章程明定辦理社會福利或衛生保健事項之社會團體。 3.學校。
社區式醫護服務	1.醫事服務機構、護理機構、相關醫事團體。 2.社會福利機構、社會福利團體。
社區式復健服務	1.復健相關醫事機構、醫療機構、護理機構、醫事團體。 2.社會福利機構、社會福利團體。
輔具服務	1.復健相關醫事機構、醫療機構、護理機構、醫事團體。 2.社會福利機構、社會福利團體。 3.設有輔具相關系所或研究中心之大專校院。 4.醫療器材批發業及零售業。
心理諮商服務	1.心理諮商所、心理治療所及心理相關專業團體。 2.醫療機構、護理機構、醫療法人。 3.社會福利機構、社會福利團體。 4.社會工作師事務所。
社區式日間照顧服務	1.醫療機構、護理機構、醫療法人。 2.老人福利機構、身心障礙福利機構。 3.公益社團法人、財團法人、社會福利團體、社區發展協會、照顧服務勞動合作社。 4.社會工作師事務所。
社區式餐飲服務	1.醫療機構、護理機構、醫療法人。 2.老人福利機構、身心障礙福利機構。 3.公益社團法人、財團法人、社會福利團體、社區發展協會、照顧服務勞動合作社。 4.餐館業及其他餐飲業。
家庭托顧服務	1.醫療機構、護理機構、醫療法人。 2.老人福利機構、身心障礙福利機構。 3.公益社團法人、財團法人、社會福利團體、照顧服務勞動合作社。 4.社會工作師事務所。 前項服務提供單位應依第 67 條規定，招募遴選合格之照顧服務員，並報經當地主管機關備查後輔導其提供服務。

老人福利

表6-1 老人各類型服務提供單位（續）

服務性質	提供單位
教育服務	1.老人福利機構、身心障礙福利機構。
	2.公益社團法人、財團法人、社會團體、照顧服務勞動合作社。
	3.社會教育機構。
	4.社區大學。
	5.學校。
	6.大眾傳播業。
法律服務	1.老人福利機構。
	2.公益社團法人、財團法人、社會團體。
	3.法律相關團體。
	4.大專校院法律系所。
	5.律師事務所
交通服務	1.醫療機構、護理機構、醫療法人。
	2.老人福利機構、身心障礙福利機構。
	3.公益社團法人、財團法人、社會團體。
	4.公路汽車客運業、市區汽車客運業、計程車客運業、遊覽車客運業及小客車租賃業。
退休準備服務	1.醫療機構、護理機構、醫療法人。
	2.老人福利機構、身心障礙福利機構。
	3.公益社團法人、財團法人、社會團體。
	4.退休前所屬之服務單位。
	5.社區大學。
	6.社會教育機構。
	7.學校。
休閒服務	1.老人福利機構、身心障礙福利機構。
	2.公益社團法人、財團法人、社會團體。
	3.觀光產業。
資訊提供及轉介服務	1.老人福利機構、身心障礙福利機構。
	2.公益社團法人、財團法人、社會團體、照顧服務勞動合作社。
	3.社會工作師事務所。

資料來源：內政部、衛生署、教育部、交通部（2008）

第二節　老人福利專業人員的資格及訓練

老人福利專業人員的資格條件係依照內政部所頒布的「老人福利服務專業人員資格及訓練辦法」，所需資格及訓練如下。

一、社會工作人員

資格方面：必須具有下列資格之一：

1. 領有社會工作師證照。

2. 高等考試或相當高等考試之特種考試以上社會行政職系考試及格。

3. 普通考試或相當普通考試之特種考試社會行政職系考試及格，並領有照顧服務員訓練結業證明書。

4. 具專門職業及技術人員高等考試社會工作師考試應考資格，如下：

   (1)公立或立案之私立專科以上學校或經教育部承認之國外專科以上學校社會工作科、系、組、所畢業，領有畢業證書者。

   (2)公立或立案之私立專科以上學校或經教育部承認之國外專科以上學校相當科、系、組、所畢業，領有畢業證書，曾修習社會工作（概論）或社會工作（福利）理論、人類行為（發展）與社會環境、社會個案工作、社會團體工作、社區組織與（社區）發展或社區工作、社會（工作）研究方法或社會及行為研究法或社會調查與研究、社會福利概論或社會福利通論、社會福利行政（與立法）或社會工作管理、社會政策與（社會）立法、社會工作（福利）實習或實地工作、社會工作方法或臨床社會工作或醫療社會工作、高等社會工作或高等社會個案工作或高等社會團體工作或高等社會社區工

作或進階社會工作或進階社會個案工作或進階社會團體工作或進階社會社區工作、社會工作督導、非營利組織（經營）管理或社會服務機構（行政）管理或方案規劃與評估、社會政策分析或比較社會政策、家庭政策或家庭（福利）服務或家庭社會工作、社會福利（服務）或兒童福利（服務）或青少年福利（服務）或老人福利（服務）或身心障礙者福利（服務）或婦女福利（服務）等學科至少 7 科，合計 20 學分以上，每學科至多採計 3 學分，其中須包括社會工作（福利）實習或實地工作，有證明文件者。

⑶ 2001 年 7 月 31 日前，經公立或立案之私立專科以上學校或經教育部承認之國外專科以上學校社會政策與社會工作、青少年兒童福利、兒童福利、社會學、社會教育、社會福利、醫學社會學等科、系、組、所畢業，領有畢業證書者。

⑷ 2000 年 12 月 31 日前，具有《社會工作師法》第 5 條第 2 款之資格，並領有中央主管機關審查合格之證明文件者。

⑸ 2006 年 7 月 31 日前，具有《社會工作師法》第 5 條第 3 款之資格，並領有中央主管機關審查合格之證明文件者。

⌕ 二、照顧服務員

資格方面：必須具有下列資格之一：

1. 領有照顧服務員訓練結業證明書。

2. 領有照顧服務員職類技術士證。

3. 高中（職）以上學校護理、照顧相關科（組）畢業。

老人長期照顧失智照顧型機構照顧服務員除應具前項資格外，並應取得失智症相關訓練證明文件。

✿ 三、居家服務督導員

依據「加強推展居家服務實施方案暨教育訓練課程內容」（內政部，1998），居家服務督導員應具高中（職）以上學校社會工作、醫護等相關科系（組）畢業或服務滿 5 年以上之專職照顧服務員，並領有居家服務督導員職前訓練結業證明書之資格。

1. 訓練方面：居家服務督導員的教育訓練區分為職前訓練、進階訓練與成長訓練。

2. 職前訓練：凡居家服務督導員均應參加職前訓練；訓練期滿後，經考評及格者，發給結業證明書，並取得擔任居家服務督導員之資格。

3. 進階訓練：為提升居家服務督導品質，居家服務督導員從事居家服務督導工作滿 6 個月以上者，得視實際需要規劃辦理；訓練期滿後，經考評及格者，發給結業證明書。

4. 成長訓練：為增進居家服務督導員專業知能，經督導員職前訓練及進階訓練及格，且再從事居家服務督導工作滿 6 個月以上者，得視實際需要規劃辦理；訓練期滿後，經考評及格者，發給結業證明書。

5. 居家服務督導員教育訓練的課程內容：

⑴職前訓練課程（合計 40 小時）

課程名稱	訓練時數（小時）
社會福利概述（以老人福利、身心障礙者福利為主）	（小計 3 小時）
居家服務之基本認識	（小計 13 小時）
居家服務工作倫理	2
居家服務內容暨指導方式	3
居家服務組織運作暨督導功能	3
如何指導居家服務員撰寫記錄報告及召開檢討會議	3
居家服務基本法律認知	2

老人福利

課程名稱	訓練時數（小時）
相關領域認識	（小計 14 小時）
居家環境與生活輔助器具的相關知識與操作	3
緊急急救的認識與家庭意外處理	6
居家服務督導報告撰寫	2
疾病的認識	3
實習	（小計 10 小時）

(2)進階訓練課程（合計 54 小時）

課程名稱	訓練時數（小時）
社會福利制度	（小計 6 小時）
老人福利服務發展趨勢與展望	2
身心障礙者福利服務發展趨勢與展望	2
社會資源調查與結合運用	2
居家服務的展開	（小計 16 小時）
居家服務個案工作方法	8
高齡者及身心障礙者之身心特質及照顧要領	4
高齡者及身心障礙者之家庭動力	4
相關工作技巧	（小計 22 小時）
生活輔助器具的使用技巧	2
組織管理與領導技巧	3
人際關係與溝通技巧	3
個案管理理論與實務	6
居家服務方案設計與評估	2
督導工作技巧	4
家庭評估技巧	2
實務演練	（小計 10 小時）
服務案主困難事例應對實習	2
居家服務工作小組運作業務實習	2
參觀相關社會福利機構暨團體	3
個案研討與報告撰寫	3

(3)成長訓練課程（合計 21 小時）

課程名稱	訓練時數（小時）
居家服務的再出發	（小計 6 小時）
緊急事故應對處理	3
如何提升居家服務品質	3
督導工作技巧研討	（小計 9 小時）
團體動力與督導技巧	4
家庭工作方法與技術	3
個案管理技巧	2
自我成長與心理調適	（小計 6 小時）
相關法令課程研討	4
壓力處理與自我調適	2

四、護理人員

　　護理人員應經護理人員考試及格，並領有中央衛生主管機關核發之護理師證書或護士證書。

五、老人福利機構院長（主任）

1. 老人長期照顧長期照護型機構院長（主任）除符合「老人福利服務專業人員資格及訓練辦法」第 7 條規定外，且其從事臨床護理工作護理師達 4 年以上年資，護士則需 7 年以上年資。

2. 辦理財團法人登記之老人長期照顧養護型與失智照顧型機構及安養機構院長（主任）應具下列資格之一：

(1)國內公立或已立案之私立大學以上或經教育部承認之國外大學以上社會工作相關學系、所（組）畢業，並具 2 年以上公、私立社會福利機關（構）工作經驗。

127

(2)國內公立或已立案之私立專科以上學校或經教育部承認之國外專科以上學校畢業，領有居家服務員成長訓練結業證明書、照顧服務員訓練結業證明書或曾擔任經中央主管機關評鑑成績甲等以上之社會福利機構主管職務 3 年以上，並具 4 年以上公、私立社會福利機關（構）工作經驗。

(3)高等考試或相當高等考試之特種考試以上社會行政職系或社會工作師考試及格，並具 2 年以上薦任職務或公、私立社會福利機關（構）工作經驗。

(4)普通考試或相當普通考試之特種考試社會行政職系考試及格，領有居家服務員成長訓練結業證明書或照顧服務員訓練結業證明書，並具 4 年以上薦任職務或公、私立社會福利機關（構）工作經驗。

(5)符合「老人福利服務專業人員資格及訓練辦法」第 7 條規定，且其從事臨床護理工作護理師需 2 年以上年資，護士則需 4 年以上年資。

3. 未辦理財團法人登記之小型老人長期照顧養護型與失智照顧型機構及安養機構院長（主任）應具下列資格之一：

(1)具辦理財團法人登記之老人長期照顧養護型與失智照顧型機構及安養機構院長（主任）資格。

(2)國內公立或已立案之私立專科以上學校或經教育部承認之國外專科以上學校畢業，領有居家服務員成長訓練結業證明書或照顧服務員訓練結業證明書，並具 2 年以上公、私立社會福利機關（構）工作經驗。

(3)高中（職）學校畢業，領有居家服務員成長訓練結業證明書或照顧服務員訓練結業證明書，並具 4 年以上公、私立社會福利機關（構）工作經驗。在公立老人福利機構方面如需要聘僱臨時專業人員時，也應就符合以上資格者來遴任。

✿ 六、居家服務員

1. 依據「加強推展居家服務實施方案暨教育訓練課程內容」（內政部，1998），資格方面：凡身心健康、無不良素行，有家事、照顧等相關經驗，且願接受居家服務教育訓練之 16 歲以上，國小畢業之身心健康無法定傳染疾病之社會大眾；依其服務時數分類如下：

   (1)專職居家服務員：指每週服務時數 40 小時以上者。

   (2)兼職居家服務員：指每週服務時數 18 小時以上，未滿 40 小時者。

   (3)志願居家服務員：指每週服務時數 4 小時以上，未滿 18 小時者。

2. 訓練方面：居家服務員的教育訓練區分為職前訓練、進階訓練與成長訓練，如下：

   (1)職前訓練：凡居家服務員均應參加職前訓練；訓練期滿後，經考評及格者，發給結業證明書，並取得擔任專職、兼職、志願居家服務員之資格。

   (2)進階訓練：為提升居家服務品質，居家服務員於從事居家服務滿 6 個月以上者，可依居家服務督導員之建議，並視實際需要規劃辦理；訓練期滿後，經考評及格者，發給結業證明書。

   (3)成長訓練：為增進居家服務員專業知能，經職前訓練及進階訓練及格，且再從事居家服務滿 6 個月以上者，可依居家服務督導員之建議，並視實際需要規劃辦理；訓練期滿後，經考評及格者，發給結業證明書。

3. 居家服務員教育訓練課程內容：

(1)職前訓練課程（合計 40 小時）

課程名稱	訓練時數（小時）
社會福利概述（以老人福利、身心障礙者福利為主）	1
居家服務員工作倫理	1
居家服務基本法律認識	2
緊急急救的認識	2
居家服務記錄之撰寫	1
居家服務的方法與技術	
高齡者部分	（小計 23 小時）
生命徵象認識與測量判讀	2
案主的清潔與舒適	4
特殊疾病徵兆認識與陪病注意事項	4
協助用膳與用藥安全	2
身體機轉活動與運動	3
家務處理	2
居家服務危機處理與調適	4
認識安寧照顧	2
身心障礙者部分	（小計 23 小時）
身心障礙者類別及特質	2
早期療育介入	2
健康維護（含用藥安全、身體清潔、陪同就醫）	2
如何協助案主的移動與擺位	2
家務處理技巧	2
親職教育	2
關懷訪視服務	2
協助身心障礙者進食與配膳	2
居家服務危機處理與調適	4
居家環境改善技術	3
實習	（小計 10 小時）

(2)進階訓練課程（合計 46 小時）

課程名稱	訓練時數（小時）
社會福利制度	（小計 6 小時）
老人福利服務發展趨勢與展望	2
身心障礙者福利服務發展趨勢與展望	2
社會資源調查與結合運用	2
相關領域的認識	（小計 14 小時）
認識服務案主	2
居家服務內容與工作方法	2
溝通技巧	2
營養與膳食	4
疾病的認識	4
工作技巧講習	（小計 16 小時）
生活輔助器具的使用技巧	5
特殊案例研討與經驗分享	5
居家服務員健康維護	3
如何預防職業傷害	3
實習	（小計 10 小時）

(3)成長訓練課程（合計 20 小時）

課程名稱	訓練時數（小時）
居家服務的再出發	（小計 6 小時）
緊急事故應對處理	3
如何協助家庭主照顧者	3
工作技巧研討	（小計 8 小時）
服務關係與溝通技巧	4
家庭動力與評估方法	4
壓力處理與心理調適	（小計 6 小時）

　　以上之社會工作人員、照顧服務員、居家服務督導員及老人福利機構院長（主任），每年應接受至少 20 小時在職訓練，訓練內容包括下列課程：

　　1. 老人福利概述。

2. 老人照顧服務相關法令。

3. 老人照顧服務工作倫理。

4. 老人照顧服務內容及工作方法。

5. 其他與老人照顧服務相關課程。

在職訓練由主管機關自行、委託或由經主管機關審查核定之機構、團體及學校辦理。訓練成績合格者,訓練主辦單位應發給結業證明文件,並載明訓練課程及時數。

第三節　老人福利專業人員的考選及任用

《老人福利法》第 7 條規定:「主管機關應置專責人員辦理本法規定相關事宜;其人數應依業務增減而調整之。老人福利相關業務應遴用專業人員辦理。」又「老人福利服務專業人員資格及訓練辦法」第 11 條規定:「公立老人福利機構聘僱臨時專業人員時,應就符合本辦法所定資格者遴任之。」

因此,從事老人福利工作之專業人員除了依據「老人福利服務專業人員資格及訓練辦法」及「老人福利服務提供者資格要件及服務準則」所定資格遴用外,如屬公務人員,則另需依照公務人員相關法規考選任用。

✿ 一、老人福利專業人員的考選

目前在國家考試方面,「老人福利」尚未獨立一科,而是併入社會福利工作人員項下考試,因此,有志於在政府部門從事老人福利工作者,可參加各級社會行政或社會工作師考試,除社會工作師考試之應考資格已於前節介紹,茲整理各種高、普、特考之應考資格及考試科目如下。

（一）應考資格

公務人員之考試，分高等考試、普通考試、初等考試三等。高等考試按學歷分為一、二、三級。

1. 高等考試之應考資格如下：

    (1)公立或立案之私立大學研究院、所，或經教育部承認之國外大學研究院、所，得有博士學位者，得應公務人員高等考試一級考試。

    (2)公立或立案之私立大學研究院、所，或經教育部承認之國外大學研究院、所，得有碩士以上學位者，得應公務人員高等考試二級考試。

    (3)公立或立案之私立獨立學院以上學校，或經教育部承認之國外獨立學院以上學校相當學系畢業者，或普通考試相當類、科及格滿 3 年者，得應公務人員高等考試三級考試。

2. 普通考試之應考資格為：公立或立案之私立高級中等學校以上學校相當類科畢業者，或初等考試及格滿 3 年者，得應公務人員普通考試。

3. 初等考試之應考資格為：凡國民年滿 18 歲者，得應公務人員初等考試。

4. 公務人員特種考試各等級考試應考資格，分別準用關於高等考試、普通考試及初等考試應考資格之規定。《公務人員特種考試社會福利工作人員考試規則》第 2 條規定：公務人員特種考試社會福利工作人員考試分三等考試及四等考試。三等考試相當於高等考試三級考試，四等考試相當於普通考試。

5. 公務人員特種考試社會福利工作人員考試三等考試應考資格為：

    (1)社會行政

    ①公立或立案之私立專科以上學校或經教育部承認之國外專科以上學校各所系科畢業得有證書者。

②經普通考試或相當普通考試之特種考試及格滿 3 年者。

③經高等檢定考試及格者。

⑵社會工作

①公立或立案之私立專科以上學校或經教育部承認之國外專科以上學校社會工作科、系、組、所畢業，領有畢業證書者。

②公立或立案之私立專科以上學校或經教育部承認之國外專科以上學校相當科、系、組、所畢業，領有畢業證書，曾修習社會工作（概論）或社會工作（福利）理論、人類行為（發展）與社會環境、社會個案工作、社會團體工作、社區組織與（社區）發展或社區工作、社會（工作）研究方法或社會及行為研究法或社會調查與研究、社會福利概論或社會福利通論、社會福利行政（與立法）或社會工作管理、社會政策與（社會）立法、社會工作（福利）實習或實地工作、社會工作方法或臨床社會工作或醫療社會工作、高等社會工作或高等社會個案工作或高等社會團體工作或高等社會社區工作或進階社會工作或進階社會個案工作或進階社會團體工作或進階社會社區工作、社會工作督導、非營利組織（經營）管理或社會服務機構（行政）管理或方案規劃與評估、社會政策分析或比較社會政策、家庭政策或家庭（福利）服務或家庭社會工作、社會福利（服務）或兒童福利（服務）或青少年福利（服務）或老人福利（服務）或身心障礙者福利（服務）或婦女福利（服務）或原住民福利（服務）等學科至少 7 科，合計 20 學分以上，每學科至多採計 3 學分，其中須包括社會工作（福利）實習或實地工作，有證明文件者。

③ 2001 年 7 月 31 日前，經公立或立案之私立專科以上學校或經教育部承認之國外專科以上學校社會政策與社會工作、青少年兒童

福利、兒童福利、社會學、社會教育、社會福利、醫學社會學等科、系、組、所畢業，領有畢業證書者。

④經普通考試或相當普通考試之特種考試兒童保育、保育人員科別及格滿 3 年者。

6. 公務人員特種考試社會福利工作人員考試四等考試應考資格為：

⑴具有三等考試應考資格第一款資格者。

⑵公立或立案之私立高級中等以上學校畢業得有證書者。

⑶經公務人員初等考試或相當初等考試之特種考試及格滿 3 年者。

⑷經普通檢定考試及格者。

（二）考試科目

1. 公務人員初等考試社會行政應考科目：社政法規大意、社會工作大意、國文（作文、公文與測驗）、公民與英文。

2. 公務人員普通考試社會行政應考科目：國文（作文、公文與測驗）、社會工作概要、行政法概要、法學知識與英文（包括中華民國憲法、法學緒論、英文）、社會研究法概要、社會政策與社會立法概要。

3. 公務人員高等考試三級考試社會行政應考科目：社會政策與社會立法、社會學、法學知識與英文（包括中華民國憲法、法學緒論、英文）、國文（作文、公文與測驗）、行政法、社會福利服務、社會研究法、社會工作。

4. 公務人員高等考試三級公職社會工作師考試應考科目：社會工作實務、社會福利政策與法規、法學知識與英文（包括中華民國憲法、法學緒論、英文）、國文（作文、公文與測驗）、行政法。

5. 公務人員特種考試身心障礙人員考試三等考試社會行政應考科目：國文（作文、公文與測驗）、法學知識（包括中華民國憲法、法學緒

論）、行政法、社會工作、社會學、社會福利服務、社會研究法。

6. 公務人員特種考試身心障礙人員考試五等考試社會行政應考科目：國文（作文、公文與測驗）、社會工作大意、社政法規大意。

7. 特種考試地方政府公務人員考試三等考試社會行政應考科目：國文（作文、公文與測驗）、法學知識與英文（包括中華民國憲法、法學緒論、英文）、社會工作、社會政策與社會立法、行政法、社會福利服務、社會學、社會研究法。

8. 特種考試地方政府公務人員考試四等考試社會行政應考科目：國文（作文、公文與測驗）、法學知識與英文（包括中華民國憲法、法學緒論、英文）、行政法概要、社會政策與社會立法概要、社會研究法概要、社會工作概要。

9. 特種考試地方政府公務人員考試五等考試社會行政應考科目：國文（作文、公文與測驗）、公民與英文、社政法規大意、社會工作大意。

10. 專門職業及技術人員高等考試社會工作師考試應考科目：社會工作（包括社會工作倫理、社會工作哲理與社會工作理論）、國文（作文與測驗）、社會政策與社會立法、社會工作管理、社會工作直接服務（包括個案工作、團體工作與社區工作）、人類行為與社會環境、社會工作研究方法。

⚘ 二、老人福利專業人員的任用

公、私部門在任用老人福利專業人員需依據「老人福利服務專業人員資格及訓練辦法」及「老人福利服務提供者資格要件及服務準則」來任用；在政府部門辦理老人福利業務人員，通常還須經由參加國家考試取得公務人員任用資格後任用。

依《公務人員考試法》任用之社會行政人員的薪俸、銓敘、升遷、考績、

保險、退休、撫卹等都依照政府的人事法規辦理，工作較有保障。

　　在私立機構方面，由於機構屬於社會福利之性質，而非營利單位，因此在經營成本的考量下，一般待遇並不高且沒有營利單位的分紅或入股制度，所以在選任人員方面，必須先建立良好制度，使能吸引優秀人才投入及久任。

老人福利

內政部（1998）。**加強推展居家服務實施方案暨教育訓練課程內容**。台北市：作者。

內政部、衛生署、教育部、交通部（2008）。**老人福利服務提供者資格要件及服務準則**。台北市：作者。

王順民（2000）。專業化。載於蔡漢賢等（編），**社會工作辭典**。台北市：內政部社區發展雜誌社。

李開敏、王　玠、王增勇、萬育維等（譯）（1996）。A. Monk 編著。**老人福利服務**（Handbook of Gerontological Services）。台北市：心理。

摘要

雖然我國於 1993 年邁入高齡化社會，但是台灣老人福利的專業性發展較晚，過去專業人員的養成，除了以大專校院社福系或社工系外，在專技人員社會工作師考試，也是通科的考試，沒有專屬於針對「老人福利」的專技資格考試，因此多年來，在老人福利這塊領域的專業人員培養就顯得薄弱與不足。

老人福利專業人員的素養攸關福利服務的輸送品質，近年來許多大專校院也相繼設立老人服務相關的科系，這是可喜的現象，在未來從事老人服務的人員需求很大，包括專業人員以及半專業人員。內政部於 2007 年 8 月 7 日新頒布「老人福利服務專業人員資格及訓練辦法」，對於將從事老人福利服務人員所需具備的資格和專業訓練都有明確的規範。

目前，老人服務（老人照顧）科系畢業的學生尚未有專技領域方面的資格認證，這是教育體系與主管機關必須重視配合的。老人福利專業制度能夠健全發展，老人的服務品質方能提升。

老人福利

名詞解釋

◆ 專業化　　　　　　　　　◆ 邊緣化（marginalization）

◆ 貶值化（devaluation）　　◆ 內化（internalization）

問題習作

1. 請說明老人福利的專業性。

2. 請簡述各類型老人服務提供單位。

3. 請說明我國老人福利專業人員的類別和資格。

4. 請說明我國老人福利專業人員的培養制度和概況。

第七章

居家式的老人福利服務

學習目標

學習者在研讀本章之後應能了解：

1. 居家式服務的種類。

2. 照顧管理專員及督導之進用資格。

3. 照顧服務員訓練。

4. 居家服務的作業流程。

5. 居家式的老人福利提供單位及服務內容。

老人福利

　　居家式的福利服務是長期照護的一環，主要的服務對象是居住在家庭中的失能老人或身心障礙者，行政院發布的「社會福利政策綱領」對於福利服務的提供，就以居家式服務和社區式服務做為照顧老人及身心障礙者的主要方式，再輔以機構式服務。當居住於家庭內的老人及身心障礙者，為維護其生活品質，由政府結合民間社會福利部門到家庭為失能老人或身心障礙者提供服務輸送，就是所謂居家式的福利服務。居家照護工作服務之供給是跨領域與跨專業的，包括衛生署所推動的「居家護理」亦稱「居家照護」，以及內政部所推動的「居家服務」。

　　根據內政部人口統計，台灣老年人口在 1993 年時達到人口的 7%，已進入世界衛生組織所謂的「高齡化社會」，至 2008 年 7 月底，台閩地區 65 歲以上老年人口總數更增加為 235.3 萬人，占總人口的 9.79%，估計 2020 年時將加倍為 14%，而到 2030 年時更可能增加到 30%，其成長速度僅次於日本，將成為先進國家中老化速度第二快之國家。

　　人口開始進入老化，預期大量老年夫妻將無成年子女可提供照顧，也就是缺乏家庭資源來做為老年生活的依靠。而老人患有機能障礙或慢性疾病的情形，這些老人與身心障礙者通常都需要長期照護來維持他們的生活品質。據統計，台灣地區 65 歲以上的老人中，80%患有一種或一種以上慢性疾病，其中 10%住療養機構，90%仍住在家中，住家中者大部分由家人照顧，少部分請人照顧。調查發現 75 歲以上老人中，11.8%認為居家服務乃政府應優先提供之老年福利措施。

第一節　老人居家服務

　　老人居家長期照顧服務大都係由「照顧服務員」擔任，照顧服務員又區

分為一般的「居家服務員」和「病患服務人員」，因此在主管機關方面，中央由內政部和行政院衛生署主管，地方為直轄市或縣（市）政府主管。

☆ 一、居家式服務的種類

依據《老人福利法》第17條規定，居家式服務有下列幾種：1.醫護服務；2.復健服務；3.身體照顧；4.家務服務；5.關懷訪視服務；6.電話問安服務；7.餐飲服務；8.緊急救援服務；9.住家環境改善服務；10.其他相關之居家式服務（例如：居家臨托）。

居家服務的人力可分為非專業（居家服務）、半專業（病患服務、居家照護）與專業（照顧管理專員、督導、護理）等三種，分別提供居家服務、居家照護與居家護理工作。提供老人福利服務之社會工作人員、照顧服務員、居家服務督導員及護理人員，均應符合「老人福利服務專業人員資格及訓練辦法」之規定。

☆ 二、照顧管理專員及督導之進用資格

（一）照顧管理專員

長期照顧相關之大學畢業生，包括：社工師、護理師、職能治療師、物理治療師、醫師、營養師、藥師或公共衛生碩士等長期照顧相關專業人員，且有2年以上相關照護工作之經驗。

（二）督導

1. 擔任照顧管理專員工作滿2年以上者。
2. 長期照顧相關之大學畢業生，包括：社工師、護理師、職能治療師、物理治療師、醫師、營養師、藥師等長期照顧相關專業人員，且具相

關照護工作滿 4 年以上或前述人員相關專業研究所畢業滿 2 年以上者。

　　3. 公共衛生碩士畢業具有相關照護工作滿 4 年以上者。

　　上述為行政院長期照顧制度推動小組 2007 年 11 月 15 日第三次委員會議之決議；如照管人員已納入正式組織編制內，職稱之選用依銓敘相關規定辦理。

⫸ 三、照顧服務員訓練

（一）照顧服務員的服務項目

　　1. 家務及日常生活照顧服務。

　　2. 身體照顧服務。

　　3. 在護理人員指導下執行病患照顧之輔助服務。但服務範疇不得涉及醫療及護理行為。

（二）接受照顧服務員訓練的對象

　　1. 具本國籍，或領有工作證之外國人，且年滿 16 歲以上，65 歲以下，國小以上畢業者。

　　2. 身心健康狀況良好，無不良嗜好及傳染病者。

　　3. 需有擔任照護服務工作之熱忱。

（三）訓練單位

　　由直轄市、縣（市）政府委託辦理之機構，或符合下列資格之單位且具合格實習訓練場所，或與合格實習訓練場所訂有合作計畫者，得擬具計畫，送核心課程訓練地之所在地之直轄市、縣（市）政府審查後辦理：

　　1. 依法設立之公益慈善、醫療、護理社團法人、財團法人及公益慈善、

醫療、護理人民團體，或設有醫學、護理學或社會工作相關科、系、所之大專校院。

2. 醫療機構。

3. 護理機構。

4. 經內政部或直轄市、縣（市）政府評鑑甲等以上之公立或財團法人老人福利、身心障礙福利機構。

（四）實習訓練場所

以下列能容納訓練對象完成個案實習之單位做為實習訓練場所：

1. 經直轄市、縣（市）政府督導考核成績優良之醫院。

2. 經行政院衛生署或直轄市、縣（市）政府督導考核成績優良之護理機構。

3. 經內政部或直轄市、縣（市）政府評鑑甲等以上之公立或財團法人老人長期照護機構、老人養護機構、身心障礙養護機構。

（五）訓練課程

居家照護工作服務之供給是跨領域與跨專業的，包括衛生署所推動的「居家護理」及內政部推動的「居家服務」。「照顧服務員」需受下列課程訓練：

1. 照顧服務員訓練核心課程（50小時）

課程單元	時數	課程內容	參考學習目標
緒論	2	1.照顧服務員的角色及功能。 2.照顧服務員的工作對象及服務內容。 3.工作倫理守則。	1.認識照顧服務員的工作場所及工作對象。 2.説出照顧服務員的業務範圍、角色功能與應具備的條件。 3.認識照顧服務員的工作倫理及工作守則。

老人福利

課程單元	時數	課程內容	參考學習目標
照顧服務相關法律基本認識	2	1.與案主相關之照顧服務法規。 2.涉及照顧服務員工作職責之相關法規。	1.認識《老人福利法》、《身心障礙者保護法》、《護理人員法》等。 2.了解照顧服務相關《民法》、《刑法》等概要。
照顧服務資源簡介	2	1.照顧服務領域相關資源的內容。 2.服務對象及資格限制。	1.認識社政、衛政、勞政、農政、原住民族行政體系現有照顧服務資源。 2.了解如何轉介與供給相關照顧服務資源。
家務處理	2	1.家務處理的功能及目標。 2.家務處理的基本原則。 3.家務處理工作內容及準則。	1.認識協助案主處理家務的工作內容及範圍。 2.了解協助案主處理家務的基本原則。
人際關係與溝通技巧	2	1.溝通的重要性。 2.如何增進溝通能力。 3.慢性病人及其家庭照顧者的心理社會反應。 4.與慢性病人及其家庭照顧者的溝通技巧。	1.了解溝通的重要性、目的及要素。 2.了解阻礙與促進溝通的因素。 3.描述增進溝通能力的方法。 4.說出特殊溝通情境的處理（含接待訪客、回覆病人按鈴，及電話溝通）。 5.了解受助者的心理。 6.認識慢性病人的身心特質。 7.分析慢性病人對慢性病的因應方式。 8.了解慢性病對家庭的影響。 9.說明協助慢性病人及其家庭照顧者因應慢性病的方法。 10.學習與慢性病人及其家庭照顧者的溝通技巧。

課程單元	時數	課程內容	參考學習目標
身體結構與功能	2	認識身體各器官名稱與功能。	1.列舉人體細胞、組織和器官的相關性。 2.認識人體各系統的構造。 3.說明人體各系統的功能。
基本生命徵象	2	1.生命徵象測量的意義及其重要性。 2.體溫、脈搏、呼吸、血壓的認識、測量與記錄。	1.了解體溫、脈搏、呼吸與血壓的意義。 2.了解影響體溫之各種因素。 3.認識測量體溫的工具。 4.了解影響脈搏的各種因素。 5.說明可測得脈搏的部位及正確測量脈搏。 6.了解影響血壓的因素及辨別異常的血壓數值。 7.認識測量血壓的工具。 8.學習正確測量體溫、脈搏、呼吸與血壓。 9.說明預防姿位性低血壓的方法。
基本生理需求	4	1.知覺之需要。 2.活動之需要。 3.休息與睡眠之需要。 4.身體清潔與舒適之需要。 5.基本營養之需要與協助餵食。 6.泌尿道排泄之需要。 7.腸道排泄之需要。 8.呼吸之需要。	1.了解知覺的重要性及意識評估的方法。 2.認識知覺相關的問題及照顧措施。 3.說明休息與睡眠的重要性。 4.了解睡眠的週期。 5.了解影響睡眠的因素。 6.描述促進睡眠的照顧措施。 7.認識身體清潔的目的對個人健康的重要性。 8.了解身體清潔照顧的種類與方法。 9.認識均衡飲食的意義及基本食物。 10.了解協助病人用膳的基本原則，並正確協助病人進食。 11.清楚灌食的定義、種類及注意事項，並能正確執行鼻胃灌食。

課程單元	時數	課程內容	參考學習目標
			12.認識排便的生理機轉及影響排便的因素。
			13.認識排尿的生理機轉及影響排尿的因素。
			14.了解排尿常見的問題。
			15.認識呼吸的生理機轉及影響呼吸的因素。
			16.了解呼吸功能障礙的因素、症狀及徵象。
			17.說明維持呼吸道通暢的照顧方法。
營養與膳食	2	1.營養素的功能與食物來源。 2.老年期的營養。 3.各種特殊飲食的認識。 4.疾病飲食禁忌。	1.了解影響食物攝取和營養狀態的因素。 2.辨別營養不良的臨床表徵。 3.說明滿足基本營養需要的照顧措施。 4.認識國民飲食之指標。 5.熟知營養素的功能及其主要的食物來源。 6.了解老年期的生理變化及其營養需求。 7.認識特殊飲食的種類、目的、適用對象及一般原則。 8.了解常見疾病飲食的種類、目的及適用對象。 9.說明常見疾病飲食的使用一般原則。
疾病徵兆之認識與處理	4	身體正常與異常徵象的觀察與記錄： 　1.一般外表、顏臉。 　2.排泄。 　3.輸出入量的記錄。	1.辨別一般外表、顏臉、鼻喉、口腔、聲音、皮膚、食慾、睡眠等所呈現的疾病徵兆。 2.透過觀察與病人的主觀陳述可辨別疾病的徵兆。

課程單元 時數	課程內容	參考學習目標
	4.發燒。 5.冷熱效應之應用。 6.出血。 7.疼痛。 8.感染之預防。 9.老人生病的徵兆。 10.老人用藥之注意事項。	3.了解排便常見的問題及簡易照顧措施。 4.描述噁心與嘔吐之相關簡易照顧措施。 5.認識收集尿液標本需遵循的原則。 6.分辨泌尿道感染的臨床表徵。 7.描述泌尿道感染的簡易照顧措施。 8.描述輸入輸出的途徑及輸出入量記錄的內容。 9.認識記錄輸出入量所需的用具。 10.了解輸出入量記錄的注意事項。 11.說出發燒的可能原因。 12.列出發燒的處理方法。 13.說出一般外傷的處理種類及處理原則。 14.說出疼痛及其簡易護理措施。 15.指出腹痛的簡易處理方式。 16.列舉疼痛的觀察與記錄方式。 17.描述胸痛的簡易處理方法。 18.了解牙痛的處置原則。 19.說出肌肉酸痛的處理原則。 20.認識冷熱應用的基本原則，並正確運用於病人。 21.指出感染源。 22.了解造成感染的相關因素。 23.描述易造成感染疾病的危險情況。 24.列舉感染的傳播途徑。 25.執行正確的洗手步驟。 26.認識無菌原則與常見的無菌技術。 27.說出協助服藥時的注意事項及正確協助病人服藥。

課程單元	時數	課程內容	參考學習目標
家庭照顧需求與協助	2	1.家庭主要照顧者的壓力。 2.案主之家庭主要照顧者常見的調適機轉。	1.了解家庭主要照顧者的壓力來源。 2.說明案主及其家庭主要照顧者常見的調適機轉。 3.說明協助家庭主要照顧者減輕壓力的方法。 4.學會如何協助案主及其家庭主要照顧者尋求社區資源。
意外災害的緊急處理	2	災難（火災、水災、地震）緊急處理及人員疏散。	1.說明意外災害的定義。 2.列舉火災的危害與預防方法。 3.認識燃燒必備的三個要素、滅火原理與滅火器的使用。 4.說明火場緊急逃生要領。 5.說明意外災害時個案的情緒反應。 6.學習如何預防與處理日常生活中常見的意外事件。
急症處理	2	1.肌肉骨骼系統意外之處理。 2.出血意外之處理。	1.說明肌肉、關節、骨骼損傷的種類。 2.舉例說明肌肉、關節損傷的處理。 3.說明骨折的急救處理。 4.認識出血的徵兆。 5.學習各種止血方法。
臨終關懷及認識安寧照顧	2	1.臨終關懷的精神與內容。 2.照顧瀕死病患的壓力與調適。 3.安寧照護的發展。 4.案主及其家屬面對往生心理調適的過程。 5.案主往生警政及衛政之通報。	1.明白安寧照護的起源。 2.列舉安寧照顧的照顧重點。 3.說明臨終關懷的特殊議題。 4.了解面對死亡時病人及家屬的反應。 5.說明協助病人及家屬面對死亡的技巧。 6.說明屍體護理的注意事項。 7.列舉說明相關的喪葬事宜。 8.說明照顧瀕死病患的壓力。 9.描述照顧瀕死病患的調適方式。 10.案主往生警政及衛政的通報流程。

課程單元	時數	課程內容	參考學習目標
清潔與舒適	8	個人衛生與照顧： 　1.床上洗頭。 　2.床上沐浴。 　3.口腔清潔。 　4.更衣。 　5.鋪床與更換床單。 　6.剪指甲。 　7.會陰沖洗。 　8.床上使用便盆。 　9.背部清潔與按摩。 　10.梳頭修面。	1.認識床鋪整潔維護的目的及鋪床原則。 2.學習適當維護病床的整齊清潔。 3.認識毛髮護理的目的、原則及注意事項。 4.學習適當維護病人毛髮的整齊清潔。 5.學習正確協助病人床上洗髮。 6.了解口腔清潔的重要性及目的。 7.正確提供病人口腔清潔衛教及協助病人執行口腔清潔措施。 8.認識背部護理的重要性，並正確提供背部護理促進病人的舒適。 9.學會正確協助病人床上沐浴。 10.學會正確協助病人更換衣服。 11.了解指（趾）甲護理原則及注意事項，並正確協助病人修剪指（趾）甲。 12.學習正確執行會陰護理及協助病人床上使用便盆。
活動與運動	4	1.身體姿勢。 2.病人的姿勢與支托身體的移位。 3.運動障礙與被動運動。 4.輔具之使用。 5.按摩法。 6.制動合併症的簡易處理原則。	1.說明活動及運動的重要性。 2.描述活動及運動的種類。 3.了解滯動的原因及滯動對人體的影響。 4.說明維持良好身體姿勢的原則。 5.陳述病人各種姿勢擺位的重點。 6.描述各項支托病人身體移位程序的重點。 7.了解引發運動障礙的因素。 8.說明被動運動的項目。

老人福利

課程單元	時數	課程內容	參考學習目標
			9.了解各種輔具的使用方法。
			10.學會執行各種按摩方法。
			11.說出預防長期制動合併症的方法。
			12.學會執行褥瘡傷口簡易的照顧方法。
急救概念	4	1.異物哽塞的處理。 2.心肺復甦術。	1.說明急救的定義、目的和原則。 2.說明急救的優先次序與注意事項。 3.了解異物哽塞的原因及危險性。 4.了解異物哽塞的處理方法與注意事項。 5.學習正確執行異物哽塞的急救措施。 6.了解心肺復甦術的方法與注意事項。 7.學習正確執行心肺復甦術的操作步驟。
綜合討論與課程評量	2	針對上述課程內容做一整體評估。	1.分享照顧服務員訓練課程的心得。 2.提出照顧服務員訓練課程的相關疑慮。 3.通過針對課程內容整體評估的測試。

資料來源：內政部（2008）

2. 照顧服務員訓練回覆示教（10 小時）

項目
1.鋪床及更換床單。
2.協助用便盆、尿壺及包尿布。
3.翻身及拍背。
4.協助輪椅患者上下床。
5.基本關節活動。
6.生命徵象——測量體溫、脈搏、呼吸、血壓。
7.個案運送法——單人搬運法。
8.人工呼吸。
9.胸外心臟按摩。

資料來源：內政部（2008）

3. 照顧服務員訓練臨床實習（30 小時）

項目
1.舖床及更換床單。
2.協助沐浴床上洗頭洗澡。
3.協助洗澡椅洗頭洗澡。
4.協助更衣穿衣。
5.口腔照顧（包括刷牙、假牙護理）。
6.清潔大小便。
7.協助用便盆、尿壺。
8.會陰沖洗。
9.尿管照顧。
10.尿套使用。
11.鼻胃管灌食。
12.鼻胃管照顧。
13.正確的餵食方法。
14.翻身及拍背。
15.背部按摩法。
16.協助輪椅患者上下床。
17.基本關節活動。
18.約束照顧。
19.修指甲、趾甲。
20.刮鬍子、洗臉、整理儀容。
21.測量體溫、呼吸、心跳、血壓。
22.熱敷及冰敷使用。
23.垃圾分類廢物處理。
24.感染控制及隔離措施。
25.異物哽塞的處理。
26.協助抽痰及氧氣使用。

資料來源：內政部（2008）

老人福利

其中，2005 年 2 月 14 日前已領取居家服務員職前訓練或病患服務人員訓練結業證明者，則需於 3 年內（2008 年 2 月 14 日）前至原培訓單位或直轄市、縣（市）政府委託之單位申請補訓下列課程：

病患服務員（合計 8 小時）		居家服務員（合計 20 小時）	
課程單元	時數	課程單元	時數
1.照顧服務相關法律基本認識。	2	1.人際關係與溝通技巧。	2
2.照顧服務資源簡介。	1	2.基本生理需求。	4
3.家務處理。	1	3.營養與膳食。	2
4.家庭照顧需求與協助。	2	4.家庭照顧需求與協助。	2
5.臨終關懷及認識安寧照護。	2	5.急症處理。	2
		6.臨床實習。	8

資料來源：內政部（2008）

四、居家服務的作業流程

老人居家服務的實施，通常是由需求者主動申請或是社會工作者發現個案後經過需求評估、轉介。其執行過程說明如下。

（一）接案

由需求者向福利機構申請，或者由社工員經過評估後認為有需要者，轉介給機構接案。

（二）專業人員初次家訪與需求評估

1. 了解案主家庭經濟狀況，審查資格。
2. 與案主建立良好關係，爭取案主信任。
3. 評估案家之家庭狀況及服務需求。
4. 了解案主健康情形及醫療狀況。

5.向案主說明機構立場、各項規定以及所能提供的服務事項與範圍。

（三）服務員服務提供

服務員應向案家說明工作內容、服務時間，並與案家討論服務細節以及機構的立場和規定。

（四）家訪員家訪

1. 訪視時間需事先協調。
2. 介紹案家與服務員彼此認識。
3. 告知機構的規定和立場。
4. 確實傳達居家照顧服務的各項細節及規定。

（五）提供居家照顧服務

1. 製發服務員工作登錄表，提供案家於每次服務後確認簽名。
2. 督導服務員依工作準則提供服務。

（六）訪視督導、評估

1. 督導員應能掌握服務員的服務狀況。
2. 除了對服務過程進行評估外，需納入案家及督導人員之意見，並彙整評估報告。
3. 定期重新評估，做為改進或結案之參考。

（七）結案

結案代表居家服務告一段落，這時服務員可與案主共同做一回顧，並指出以後可努力或改善的部分，做一檢討與評估。

老人福利

第二節　居家式的老人福利提供單位及服務內容

　　老人因某些疾病送醫，經過醫生處理及治療後，當病情漸趨穩定時，醫生會告知病患或家屬可以先行出院，回家照顧即可，而在家屬方面，馬上就要面對的是病患身上的各種留置管、引流管、傷口以及日常生活無法自理的肢體障礙等，這些照顧問題往往成為家屬心理上沉重的負擔，不知所措。

　　「居家照護」即是針對病患出院後，由醫院的專業醫護人員到病患家中作定期性持續性的探訪服務。其主要目的為：

　　1. 提供不需住院治療，但仍能接受持續性之醫療照護。

　　2. 保持病患與醫院之間的聯繫。

　　3. 減少家庭往返醫院所費之人力及就診之不便。

　　4. 避免因長期住院所引發之合併症。

　　5. 促進醫療資源的有效運用。

　　居家式醫護服務由醫事服務機構、護理機構、相關醫事團體、社會福利機構、社會福利團體等單位提供。以下介紹各種居家服務的類別及內容。

✄ 一、居家式醫護服務

　　居家式醫護服務是為有效運用醫療資源，以醫院為中心之居家照護，提供不需住院但須接受醫療和護理服務的患者連續性的照顧，由專業醫護人員指導居家慢性病患者及照顧者所需的照顧技能，協助患者及家屬適應疾病、重建生活。

（一）居家式醫護服務的對象

1. 出院後仍需醫療人員持續照顧的病人。
2. 長期需要繼續居家醫護照顧之個案，如：中風、脊髓損傷、癌症病患等。
3. 個案及家屬同意接受居家護理服務及付費標準者。

（二）居家照護服務內容

1. 一般傷口換藥指導及護理（如壓瘡傷口換藥）。
2. 各種導管更換或拔除留置管及護理（如鼻胃管、導尿管、氣切套管）。
3. 各種注射（包括肌肉、皮下、皮內、靜脈注射、靜脈輸液）。
4. 個案需求的護理措施（如小量灌腸、會陰沖洗、蒸氣吸入、姿位引流）。
5. 一般身體檢查（量血壓、血糖及尿糖）。
6. 抽血檢驗及代採檢體回院送檢（如血液、留尿液、痰及糞便等）。
7. 各種依個案需求的護理指導。
8. 營養指導及復健運動指導。
9. 醫師定時訪診。
10. 適當社會或醫療資源轉介。

（三）服務費用

1. 居家護理師家庭訪視：每月 2 次，每次依家訪實際所作之護理服務項目來收費。按全民健保收費標準：自付全額費用之10%；榮民、福保、重大傷病：免部分負擔，只需自付交通費用（依居家住址與醫院

　　來回計程車資收費）。

　2. 醫師家庭訪視：每兩個月一次。

（四）居家營養

（五）居家呼吸治療

　　由居家呼吸治療師至家中提供呼吸照護相關服務。其角色如下：

　1. 照護提供者：提供居家照顧及持續性照顧。

　2. 教育者：提供個案及家屬照顧所需技能。

　3. 諮詢者：提供個案及家屬照顧所需之資訊。

　4. 協調、轉介者：視個案需要轉介其他專業。

　5. 評值者：評值出院計畫成效。

居家呼吸治療師的主要服務項目：

　1. 呼吸系統理學檢查。

　2. 呼吸治療器材功能之評估（呼吸器、氧氣、濃縮機、噴霧器、各項監
　　 測器等）。

　3. 持續治療前後的評估。

　4. 治療之執行（執行藥物吸入治療、氧氣使用、設定與脫離、胸腔物理
　　 治療等）。

　5. 床邊簡易肺功能評估及測量，包括呼吸器脫離參數、吐氣最高流速
　　 等。

　6. 呼吸終止監測。

　7. 脈衝式血氧飽和度偵測。

　8. 吐氣末二氧化碳分壓偵測。

　9. 人工氣道相關處理。

10. 重新評估病患及照顧者的教育、諮詢與溝通。

11. 居家呼吸器材清潔消毒之執行正確性評估。

12. 必要時與醫師或社區醫療機構溝通聯繫及尋求協助。

居家呼吸照護是專業團隊中之一員，由居家呼吸治療師至家中提供呼吸照護相關服務。許多歐美先進國家均有完善的居家呼吸照護服務，在我國以台北市最早提供居家呼吸照護服務。台北市實施居家呼吸照護訪視服務的情形如下：台北市衛生局於 1999 年實施居家照護服務，各專業人員出診訪視服務費用補助。針對目前尚未加入健保或已加入健保但不給付之長期照護個案需求，予以專業人員訪視及出診費用補助，使個案能在社區中獲得充足之居家照護服務。

台北市的補助對象與標準：必須設籍且實際住台北市，重度失能者（日常生活活動功能二項以上需人協助或巴氏量表評估 60 分以下），且須居家照護但無健保身分或健保不給付者。其收案的條件必須為：居家長期依賴氧氣、呼吸器之個案或個案及照顧者有在家接受治療的意願。

此外，居家式醫護服務尚有居家安寧療護、居家藥事照護以及其他居家式醫護服務，服務提供單位應訂定工作內容、督導流程，以及製作病歷或個案紀錄。

二、居家式復健服務

居家式復健服務主要區分為居家式物理治療及居家式職能治療；由復健相關醫事機構、醫療機構、護理機構、醫事團體、社會福利機構、社會福利團體提供。居家式復健服務專業人員，應具有物理治療師（生）或職能治療師（生）資格。物理治療師（生）及職能治療師（生）執行業務，應依醫師開具之診斷、照會或醫囑為之。

居家式復健服務內容如下：

老人福利

（一）居家式物理治療

1. 《物理治療師法》第 12 條及第 17 條規定之業務。
2. 疼痛之物理治療、慢性傷口輔助性物理治療、環境改善評估與諮詢、照顧者及服務對象之教育及諮詢。

（二）居家式職能治療

1. 《職能治療師法》第 12 條及第 17 條規定之業務。
2. 日常活動功能與社區生活參與之促進及訓練、日常活動安排能力之促進及訓練、環境改善評估、諮詢及適用性檢測、照顧者及社區民眾之教育及諮詢。

✄ 三、身體照顧及家務服務

　　身體照顧及家務服務由醫療機構、護理機構、醫療法人、老人福利機構、身心障礙福利機構、公益社團法人、財團法人、社會福利團體、照顧服務勞動合作社或社會工作師事務所提供。

　　以上單位辦理身體照顧及家務服務應置照顧服務員及居家服務督導員，並得視業務需要，置專任或特約行政人員、醫師、護理人員或其他工作人員。

　　身體照顧及家務服務提供單位應辦理下列事項：

1. 於提供服務前，與服務對象簽訂服務契約，明定雙方之權利義務。
2. 擬定服務計畫。
3. 訂定工作內容及督導流程。
4. 製作病歷或個案紀錄。

身體照顧及家務服務內容包括：

1. 身體照顧服務：包含協助如廁、沐浴、穿換衣服、口腔清潔、進食、

服藥、翻身、拍背、簡易被動式肢體關節活動、上下床、陪同運動、協助使用日常生活輔助器具及其他服務。

2. 家務服務：包含換洗衣物之洗濯及修補、服務對象生活起居空間之環境清潔、文書服務、備餐服務、陪同或代購生活必須用品、陪同就醫或聯絡醫療機構及其他相關服務。

✧ 四、關懷訪視及電話問安服務

關懷訪視及電話問安服務由醫事服務機構、護理機構、社會福利機構、公益社團法人、財團法人、社會團體、照顧服務勞動合作社、依法登記有案之宗教團體、社會工作師事務所提供。以上單位可在專人督導下運用已接受相關服務訓練之志願服務人員來提供服務。並應訂定工作內容及督導流程、製作服務紀錄，以及提供實際服務人員在職訓練或適當訓練管道。

✧ 五、居家式餐飲服務

居家式餐飲服務就是幫老人送餐服務，並視老人的需求提供個別性飲食。
可提供居家式餐飲服務的單位有：

1. 醫療機構、護理機構、醫療法人。
2. 老人福利機構、身心障礙福利機構。
3. 公益社團法人、財團法人、社會福利團體、社區發展協會、照顧服務勞動合作社。
4. 餐館業及其他餐飲業。

居家式餐飲服務提供單位，應配備必要且合乎衛生要求之設施設備，並視需要結合營養師提供服務。

居家式餐飲服務提供單位，應訂定工作內容及督導流程、製作服務紀錄、提供衛生安全及營養均衡之飲食。

老人福利

⬥ 六、緊急救援服務

　　所謂緊急救援服務是指，意外事件及緊急事件處理單位之聯繫、緊急聯絡人之通知，以及救護車緊急救護之聯繫。緊急救援服務可由下列單位提供：

　　1. 醫療機構、護理機構、醫療法人。

　　2. 老人福利機構、身心障礙福利機構。

　　3. 公益社團法人、財團法人、社會團體。

　　4. 保全業。

　　緊急救援服務提供單位應置護理人員，並得視業務需要，置專任或特約行政人員、社會工作人員或其他工作人員。

　　緊急救援服務提供單位應配備緊急救援服務中心，以及服務對象宅端所需之下列設施設備。

（一）緊急救援服務中心

　　1. 於監控狀態下，中心及服務對象端得隨時雙向對談溝通及互動掌握現況之主機。

　　2. 系統異常時，仍能確保迅速、完整處理訊息之多重支援功能設備。

　　3. 外線狀況監控與異常警示及紀錄之設施。中心外線通訊線路狀況監控與異常警示及紀錄之設施。

（二）服務對象宅端

　　發訊主機及無線遙控隨身按鈕。緊急救援服務提供單位應辦理下列事項：

　　1. 於提供服務前，與服務對象簽訂服務契約，明定雙方之權利義務。

　　2. 建立服務對象完整資料。

　　3. 完成裝機後，對服務對象提供設備使用指導說明，並與使用者進行線

上學習指導測試。

4. 24 小時全天候監測求救訊息，並視服務對象需要，立即進行救護聯繫。

5. 訂定緊急救援處理流程、製作緊急事件處理紀錄，每月彙整警訊統計月報表，並保存 3 年。

6. 確保緊急救援系統之設備正常運作。

7. 定期舉辦服務滿意度調查。

七、住家環境改善服務

住家環境改善服務主要的工作，就是協助老人改善衛浴及廚房設施設備、入口玄關、走道、樓梯等動線，消除障礙物及高低差、改善出入口之障礙、裝置扶手等，以及其他經專業評估必須改善之項目。

住家環境改善服務可由社會福利機構、社會福利團體、營造及工程業提供。在辦理住家環境改善服務時，應顧及老人自主以及尊嚴的維護，形塑友善老人居住及生活環境，以提供符合老人個別化需求之無障礙空間。

第三節　居家照（顧）護實例

一、 台北市的居家服務（台北市政府社會局，2008）

（一）服務內容

1. 家庭及日常生活照顧服務：換洗衣物之洗濯與修補、案主生活起居空間之居家環境清潔、家務及文書服務、陪同或代購生活必須用品、陪

老人福利

同就醫或聯絡醫療機關（構）、其他相關之居家服務。

2. 身體照顧服務：協助沐浴、穿換衣服、進食、服藥、口腔清潔、如廁、翻身、拍背、肢體關節活動、上下床、陪同散步、運動、協助使用日常生活輔助器具、其他服務。

（二）服務對象

1. 設籍且實際居住台北市「65 歲以上老人」、「55 歲以上（含）山地原住民」以及「50 歲以上（含）之身心障礙者」，經巴氏量表（日常生活活動功能量表，ADLs）評估進食、移位、室內走動、穿衣、洗澡、如廁等 6 項，達 1 項以上失能者。

2. 設籍且實際居住台北市之 65 歲以上獨居老人，經工具性日常生活量表（IADLs）評估上街購物、外出、食物烹調、家務維持、洗衣服等 5 項中有 3 項需要協助，係為輕度失能。需要協助之定義係指「上街購物」1 分以下、「外出」1 分以下、「家務維持」1 分以下、「食物烹調」0 分、「洗衣服」0 分。

（三）台北市長期照顧管理中心各區服務站

1. 東區服務站（南港）：27861288 轉 1948、55582988。

2. 西區服務站（中正、萬華）：23753323、23889595 轉 8420。

3. 南區服務站（松山、信義、大安、文山）：27049114、27093600 轉 1229。

4. 北區服務站（內湖、士林、北投）：28389521、28353456 轉 6988。

5. 中區服務站（中山、大同）：25527945、25523234 轉 3270 或 3272。

⚛ 二、高雄榮民總醫院居家照護小組（高雄榮民總醫院，2008）

　　高雄榮民總醫院於 1994 年 2 月成立居家照護小組，以醫師、居家護理師、社工師、營養師、復健師形成完整醫療團隊，以疏解病患長期占用床位之問題，使病患出院能得到持續性的醫療照護，此項服務自 1995 年 4 月亦納入健保給付範圍。

　　該院為了服務地方民眾，配合當前醫療政策發展，自 1994 年 4 月成立居家照護小組辦理居家護理工作。在家庭醫學科的統籌規劃下，由醫師、護理師及其他相關人員──社工師、復健師、營養師等，形成一完整醫療團隊，共同執行照護業務。同年 8 月業經高雄市衛生局審核通過，正式立案；1995 年更與健保局簽訂合約，申請醫療給付。目前作業情形如下：

1. 服務對象：病情穩定，行動不便，且符合健保給付條例，需持續接受照護者。
2. 服務地區：居住於高雄市、高雄縣岡山、鳳山等地區。
3. 服務項目：一般身體檢查及評估，各項注射，膀胱訓練、大小量灌腸，各種留置管的更換及護理，如鼻胃管、導尿管、氣管套管等；抽血檢驗及代送檢體，一般傷口及褥瘡護理，血糖測定，造口護理，復健運動及日常生活照護方法訓練；營養指導，協助帶藥及用藥指導，轉診及返診聯繫，社會福利資源之申請運用，提供各類護理指導及健康諮詢專線。
4. 服務方式：居家護理師每二週定期家訪一次；家醫科醫師每二個月隨同護理師訪診一次。平日亦可利用諮詢專線，尋求協助及解答。
5. 收費標準：按健保局規定，需依服務項目分類，部份負擔 10%，約 100 元至 140 元不等，即訪視費；若為榮民身分、福保，或持有重大傷病卡者，可免付訪視費。另交通費需全額自付，由護理師搭計程車

前往時，由病家負擔來回計程車資。

6. 申請方式：本院住院病患，可請住院醫師申請轉介；門診或一般社區民眾可直接與本組聯絡。居家照護小組自成立以來，已接受四百餘件申請轉介個案，收案服務約二百餘名，其中以中風患者居首位；另外，已提供了約三千餘次家訪及電話諮詢。最終的目的，是使出院後復期居家病患或需長期照護的個案，能獲得持續性醫療照護，減少往返醫院花費之人力物力，提升患者健康生活品質。鑑於「癌症」長期以來居十大死因首位，故於 2008 年 7 月起經衛生署核可後，已開辦「安寧居家療護」，主要提供癌症末期病患瀕死前身體病痛的控制及心靈情緒支持；希望他們在臨終的過程中能獲安適平靜，達到生死兩無憾的目的。

7. 高雄榮民總醫院的服務聯絡專線：（07）3468337，高雄榮總門診一樓衛教室。

參考文獻

內政部（2008）。**照顧服務員相關附件**。2008 年 8 月 11 日，取自 http://sowf. moi.gov.tw/04/02/940329 照顧服務員相關附件.doc

台北市政府社會局（2008）。**居家服務**。2008 年 8 月 11 日，取自 http://www.bosa. taipei.gov.tw/i/i0300.asp?l1_code=04&l2_code=16&fix_code=0416011&group_type=1

高雄榮民總醫院（2008）。**居家照護**。2008 年 8 月 11 日，取自 http://cms03p. vghks.gov.tw/Chinese/MainSite/Medical_Service/C11/default.htm

老人福利

摘要

居家式的福利服務是長期照護的一環，主要的服務對象是居住在家庭中的失能老人或身心障礙者，當居住於家庭內的老人及身心障礙者，為維護其生活品質，由政府結合民間社會福利部門到家庭為失能老人或身心障礙者提供服務輸送，就是所謂的居家式的福利服務。

居家照護工作服務之供給是跨領域與跨專業的，包括衛生署所推動的「居家護理」亦稱「居家照護」，以及內政部所推動的「居家服務」。老人居家長期照顧服務大都係由「照顧服務員」擔任，依據《老人福利法》第 17 條規定，居家式服務有下列幾種：醫護服務、復健服務、身體照顧、家務服務、關懷訪視服務、電話問安服務、餐飲服務、緊急救援服務、住家環境改善服務、其他相關之居家式服務（例如：居家臨托）等。

提供老人居家服務之社會工作人員、照顧服務員、居家服務督導員及護理人員，均應符合「老人福利服務專業人員資格及訓練辦法」之規定。「居家照護」即是針對病患出院後，由醫院專業的醫護人員到病患家中作定期性、持續性的探訪服務，主要工作內容為：一般傷口換藥指導及護理（如壓瘡傷口換藥）、各種導管更換或拔除留置管及護理（如鼻胃管、導尿管、氣切套管）、各種注射（包括肌肉、皮下、皮內、靜脈注射、靜脈輸液）、個案需求的護理措施（如小量灌腸、會陰沖洗、蒸氣吸入、姿位引流）、一般身體檢查（量血壓、血糖及尿糖）、抽血檢驗及代採檢體回院送檢（如血液、留尿液、痰及糞便等）、各種依個案需求的護理指導、營養指導及復健運動指導、醫師定時訪診、適當社會或醫療資源轉介等，目前健保有提供部分給付。

名詞解釋

◆社會福利政策綱領　　　　◆病患服務人員

◆居家服務員　　　　　　　◆照顧服務員

 問題習作

1. 請說明居家式服務的種類。

2. 請說明照顧管理專員及督導之進用資格。

3. 照顧服務員的訓練課程有哪些？

4. 請說明居家服務的作業流程。

5. 請說明居家式的老人福利提供單位及服務內容。

老人福利

第 八 章

社區式的老人福利服務及我國長期照顧十年計畫

學習目標

學習者在研讀本章之後應能了解：

1. 福利社區化的意義。

2. 社區式照護的內容。

3. 社區式的老人福利服務的種類。

4. 社區式老人福利服務的原則。

5. 社區式老人福利服務的方法。

6. 我國長期照顧十年計畫的重要內容。

老人福利

　　台灣目前的家庭結構隨著社會的變遷，由於少子化及家戶人口數的減少，以核心家庭居多；在許多家庭無法善盡照顧老人的責任之際，由社區與機構分擔起照顧老人的責任，成為一種趨勢。

　　所謂社區式的老人福利服務，就是指動員並聯結正式與非正式的社區資源，去執行老人福利服務的輸送，讓居住在家裡的老人能夠在家庭中、在社區中得到照顧。

　　政府在我國長期照顧制度尚未完成建置完成之前，先行推動「長期照顧十年計畫」及「建立社區照顧關懷據點實施計畫」，透過縣市政府長期照顧管理中心綜合評估核定照顧計畫，民眾可依個人需求選擇居家式、社區式、機構式的長期照顧服務。

第一節　社區式老人福利服務的意涵

✿ 一、福利社區化

　　福利社區化就是將社會福利體系與社區結合起來，也就是透過社區組織和財力資源的規劃，結合社區的人力資源，提供給社區居民各種福利服務，以滿足社區居民的福利需求，並凝聚社區意識，促進社區的發展。福利社區化可以使社區居民就近得到福利服務，同時也可以使政府的福利政策落實到社區的基層組織。

　　福利社區化包括下列兩個意涵：

1. 福利在社區內：社區中需要福利服務的老人，不需要去機構接受福利輸送，而是在社區內就可以就近得到福利服務。
2. 由社區提供福利：運用社區的各種資源網絡，提供老人所需要的服

務，這些服務包括有：支持性的服務，如協助處理家務、情緒支持等；諮詢服務和參與機會服務，如法律諮詢、醫療諮詢以及參與社區活動等；或是工具性的服務，如交通服務等。

就服務網絡而言，福利社區化包括有下列三個層面：

1. 非正式的社區照顧服務，包含支持性、諮詢性、工具性服務及合作性的團體活動。
2. 機構式的社區福利活動，由各種社會福利機構，運用社區工作的方法，將福利措施落實於社區中。
3. 整合性的社區服務網絡。

二、社區照顧

社區照顧（community care）發源於 1950 年代的英國，Walker（1982）認為，社區照顧是經由親戚、朋友、鄰居與志工等非正式服務網絡，加上正式的社會服務機構來共同照顧弱勢族群。Barley（1973）則認為，社區照顧有三個理念，亦即：在社區內照顧（care in the community）、由社區來照顧（care by the community），以及由政府、專業人員和社區合力來照顧社區中的弱勢族群。

蘇景輝（1998）進一步指出：「在社區內照顧」是指將照顧機構小型化與社區化，能夠分散到各個居住社區，提供需要人士不用遠離家門即能運用服務。而「由社區來照顧」是指運用案主的鄰居、朋友、親戚與志工，甚至是由案主所組成的自助團體，共同來照顧。社區照顧要成功，需要結合「在社區內照顧」及「由社區來照顧」的理念。

萬育維（2006）指出，80 年代以後，因為去機構化及其他人道的關懷，將家庭與社區結合，發展成社區照顧。社區照顧透過建立和發展社會網絡，社會福利的提供會因而更有效。

社區照顧是動員社區資源，運用非正式支持網絡，聯合正式服務所提供

的支援與設施，讓有需要的人士在社區內的家居環境下得到照顧，過著正常生活，加強在社區內生活的能力，達到與社區融合，並建立一個具有關懷性的社區（林蘭因、羅秀華、王潔媛，2004）。

　　老人社區照顧是針對居住在家庭中的老年病患，由社區的各資源單位提供社區老人各種服務，使這些老人能夠恢復失去的功能，維持全部或部分獨立生活的能力，以延續生命及減輕家庭的負擔，所以老人社區照顧包括居家照顧與社區照顧，也是福利社區化的重要策略（黃旐濤等，2008）。

✦ 三、社區式照護

　　社區式照護係指，依社區的需求加以規劃、整合及運用各種社區資源，提供社區老人所需之長期照護服務。社區式照護的服務對象，泛指社區中所有的居民；但針對長期照護而言，則指身體功能有部分缺失或為失能、殘障患者，或因年齡與疾病需要長期照護者，有時因家庭照顧有困難者，亦屬於社區式照護之服務對象。社區式照護服務內容依照老人個案需要，而有不同的服務型態，包括了居家護理、日間照顧、個人服務、家事服務、送餐服務、電話問安與其他輔助服務等。

第二節　社區式老人福利服務的類別

　　《老人福利法》第 18 條規定：「為提高家庭照顧老人之意願及能力，提升老人在社區生活之自主性，直轄市、縣（市）主管機關應自行或結合民間資源提供下列社區式服務：1.保健服務；2.醫護服務；3.復健服務；4.輔具服務；5.心理諮商服務；6.日間照顧服務；7.餐飲服務；8.家庭托顧服務；9.教育服務；10.法律服務；11.交通服務；12.退休準備服務；13.休閒服務；14.資訊

提供及轉介服務；15.其他相關之社區式服務。」

　　從以上各社區式的老人福利服務的類別可以發現，社區式的服務提供單位並不是單指社區發展協會，而是涉及許多專業單位，由這些專業單位形成提供服務的網絡，分別對於有需求的老人來提供服務，如表 8-1。

表 8-1　社區式的老人福利服務一覽表

服務項目	服務內容	提供單位
保健服務	1.健康飲食促進。 2.健康體能促進。 3.健康諮詢、家戶健康服務。 4.衛生教育宣導。 5.事故傷害防制。 6.口腔保健服務。 7.安全用藥服務。 8.慢性病預防。 9.心理健康保健服務。 10.其他保健服務。	1.醫事服務機構、護理機構、相關醫事團體。 2.社會福利機構、章程明定辦理社會福利或衛生保健事項之社會團體。 3.學校。
社區式醫護服務	1.疾病諮詢、診療及轉介服務。 2.藥事服務。 3.其他社區醫護服務。	1.醫事服務機構、護理機構、相關醫事團體。 2.社會福利機構、社會福利團體。
社區式復健服務	1.社區式物理治療： 　(1)《物理治療師法》第 12 條及第 17 條規定之業務。 　(2)疼痛之物理治療、照顧者及服務對象之教育及諮詢、個人或團體功能性活動之訓練及指導、健康體能。 2.社區式職能治療： 　(1)《職能治療師法》第 12 條及第 17 條規定之業務。	1.復健相關醫事機構、醫療機構、護理機構、醫事團體。 2.社會福利機構、社會福利團體。

老人福利

表 8-1　社區式的老人福利服務一覽表（續）

服務項目	服務內容	提供單位
	(2)日常活動功能與社區生活參與之促進及訓練、日常活動安排能力之促進及訓練、治療性團體活動規劃及帶領、照顧者與社區民眾之教育及諮詢。	
輔具服務	1.輔具需求評估，並提供個別化服務。 2.購置輔具後之檢測評估。 3.輔具使用之專業指導或訓練服務。 4.輔具諮詢服務。 5.輔具維修服務。 6.輔具回收服務。 7.輔具租借服務。 8.輔具教育及宣導服務。 9.輔具展示服務。	1.復健相關醫事機構、醫療機構、護理機構、醫事團體。 2.社會福利機構、社會福利團體。 3.設有輔具相關系所或研究中心之大專校院。 4.醫療器材批發業及零售業。
心理諮商服務	1.心理健康宣導及教育。 2.個別諮商。 3.團體諮商。 4.家庭諮商。 5.老人自殺防治。	1.心理諮商所、心理治療所及心理相關專業團體。 2.醫療機構、護理機構、醫療法人。 3.社會福利機構、社會福利團體。 4.社會工作師事務所。
社區式日間照顧服務	1.生活照顧。 2.生活自立訓練。 3.健康促進。 4.文康休閒活動。 5.提供或連結交通服務。 6.家屬教育及諮詢服務。	1.醫療機構、護理機構、醫療法人。 2.老人福利機構、身心障礙福利機構。 3.公益社團法人、財團法人、社會福利團體、社區發展協會、照顧服務勞動合作社。

表 8-1 社區式的老人福利服務一覽表（續）

服務項目	服務內容	提供單位
	7.護理服務。 8.復健服務。 9.備餐服務。	4.社會工作師事務所。
社區式餐飲服務	1.社區定點用餐服務。 2.視服務對象需求，提供個別性飲食。	1.醫療機構、護理機構、醫療法人。 2.老人福利機構、身心障礙福利機構。 3.公益社團法人、財團法人、社會福利團體、社區發展協會、照顧服務勞動合作社。 4.餐館業及其他餐飲業。
家庭托顧服務	家庭托顧服務，指照顧服務員於住所內，提供失能老人身體照顧、日常生活照顧與安全性照顧服務，及依失能老人之意願及能力協助參與社區活動。家庭托顧服務提供內容如下： 　1.身體照顧服務：包含協助如廁、沐浴、穿換衣服、口腔清潔、進食、服藥、翻身、拍背、簡易被動式肢體關節活動、上下床、陪同運動、協助使用日常生活輔助器具及其他服務。 　2.日常生活照顧服務：包含換洗衣物之洗滌及修補、文書服務、備餐服務、陪同或代購生活必須用品、陪同就醫或聯絡醫療機構、文康休閒及協助參與社區活動等服務。 　3.安全性照顧：注意異常狀況、緊急通報醫療機構、協助危機事故處理及其他相關服務。	1.醫療機構、護理機構、醫療法人。 2.老人福利機構、身心障礙福利機構。 3.公益社團法人、財團法人、社會福利團體、照顧服務勞動合作社。 4.社會工作師事務所。

老人福利

表 8-1　社區式的老人福利服務一覽表（續）

服務項目	服務內容	提供單位
教育服務	1.代間學習教育。 2.退休前教育。 3.心理衛生教育。 4.生命關懷教育。 5.預防保健教育。 6.宗教人生教育。 7.其他教育服務。	1.老人福利機構、身心障礙福利機構。 2.公益社團法人、財團法人、社會團體、照顧服務勞動合作社。 3.社會教育機構。 4.社區大學。 5.學校。 6.大眾傳播業。
法律服務	1.老人權益法律諮詢。 2.老人保護法律服務。 3.轉介法律扶助資源。 4.宣導法律常識。	1.老人福利機構。 2.公益社團法人、財團法人、社會團體。 3.法律相關團體。 4.大專校院法律系所。 5.律師事務所。
交通服務	提供失能老人使用下列服務，所需之交通接送服務： 1.就醫服務。 2.社區保健服務。 3.社區醫護服務。 4.社區復健服務。 5.輔具服務。 6.日間照顧服務。 7.家庭托顧服務。 8.其他社區式服務。	1.醫療機構、護理機構、醫療法人。 2.老人福利機構、身心障礙福利機構。 3.公益社團法人、財團法人、社會團體。 4.公路汽車客運業、市區汽車客運業、計程車客運業、遊覽車客運業及小客車租賃業。
退休準備服務	1.財務規劃。 2.退休後之生涯規劃。 3.健康促進。	1.醫療機構、護理機構、醫療法人。 2.老人福利機構、身心障礙福利機構。

表 8-1　社區式的老人福利服務一覽表（續）

服務項目	服務內容	提供單位
	4.退休前、後之心理調適。 5.休閒生活安排。 6.居住安排。 7.社會參與。	3.公益社團法人、財團法人、社會團體。 4.退休前所屬之服務單位。 5.社區大學。 6.社會教育機構。 7.學校。
休閒服務	1.提供休閒訊息及諮詢。 2.辦理休閒活動。 3.提供休閒活動空間。 4.提供休閒設施。	1.老人福利機構、身心障礙福利機構。 2.公益社團法人、財團法人、社會團體。 3.觀光產業。
資訊提供及轉介服務	1.提供社會福利相關資訊。 2.依服務對象個別化需求，連結相關服務。	1.老人福利機構、身心障礙福利機構。 2.公益社團法人、財團法人、社會團體、照顧服務勞動合作社。 3.社會工作師事務所。

資料來源：內政部、衛生署、教育部、交通部（2008）

　　以上各服務提供單位在提供服務時，相關人員如需專業資格者，服務提供單位均應遵循專業人員的資格條件規範。

老人福利

第三節　社區式老人福利服務的方法

一、社區式老人福利服務的原則

1. 需清楚釐清及評估老人的需要，充分利用社會福利資源，也要避免浪費。

2. 福利規劃要全盤整合，各項照顧要有清楚、有計畫及有系統的統籌。

3. 不要把社區照顧視為廉價的服務，政府部門應有適當的輔導及協助。

4. 啟發社區內外的居民與組織，自動自發的普遍參與社區的福利工作，也要讓老人有更多選擇的機會，以及獨立自主的能力。

5. 針對社區特性與需求，也要尊重老人的自由及能力。

6. 對於非正式照顧者應提供適當的輔助、支援及訓練。

7. 要結合相關團體及組織，使福利推動團隊化，也要認同非正式照顧也有其一定的功能。

二、社區式老人福利服務的實施要領

1. 選定福利重點：依照社區老人的需求輕重緩急，選定服務重點項目，促使福利服務能夠逐步實施。

2. 確認福利需求：應先蒐集社區資料，了解社區老人的需求再訂定計畫，掌握服務現況。

3. 加強福利服務：協調社區各種資源分配，充實服務項目與內涵，進而擴大福利服務輸送項目與範圍。

4. 落實社區照顧：各參與團體及機構對於服務流程應詳加說明與記載，

定期評估成效，提高服務品質。

5. 結合社區資源：結合公部門、社區與各機構，對於老人服務應加強外展工作，促使社區資源有效利用。

第四節　台灣的社區發展照護服務

台灣的社區長期照顧多年以來，尚未建立完整的制度，目前的做法係以重大政策方案的方式實施，2005 年行政院推出「台灣健康社區六星計畫推動方案」以：產業發展、社福醫療、社區治安、人文教育、環保生態、環境景觀等六大面向來打造健康社區。

六星計畫執行期程初期訂為 2005 至 2008 年，在 2005 年度行政院整合了13 個部會所執行的 62 項計畫；2006 年加以修正，修正後仍然保留六大面向，但子計畫項數由 62 項修正為 33 項，亦即調整後之六星計畫，以「社區可直接參與或提出申請，或需跨部會協調、規模較大，且具整合性和示範性之計畫」為主，希望提供社區最明確的補助訊息，並創造跨領域、跨部會間更大的整合效益。

2006 年的「台灣健康社區六星計畫推動方案」項目中，「發展社區照護服務」即以內政部負責的「建立社區照顧關懷據點實施計畫」建立社區照顧關懷據點，和內政部及衛生署負責的「長期照顧服務社區化計畫」，做為推行生活照顧及長期照護服務等工作，可以就近社區化發展社區照護服務。分別說明如下。

✿ 一、長期照顧服務社區化計畫

「長期照顧服務社區化計畫」由內政部和衛生署共同負責，以「發展社

老人福利

區照護服務」為策略，實施的期間為 2005 至 2007 年。

計畫內容為：

1. 結合社會資源共同推動「失能老人及身心障礙者補助使用居家服務計畫」，由直轄市、縣（市）政府委託民間單位辦理居家服務之提供及個案評估，服務項目包含家務及日常生活照顧服務及身體照顧服務，有效減輕家庭照顧之負擔，滿足失能者居家安養需求，並結合社區照護人力，提供在地化之居家服務，落實在地老化之精神。

2. 委託縣市衛生局辦理長期照護暫托（喘息）服務計畫，提供照顧家屬將個案送機構暫托服務，並成立照顧者支持團體及辦理照顧者訓練班，以協助紓解照護者之身心壓力，提升照護者之照護能力。

⚐ 二、建立社區照顧關懷據點實施計畫

行政院 2005 年所核定的「建立社區照顧關懷據點實施計畫」（行政院，2005），自 2005 年 5 月至 2007 年 12 月止，為期 3 年，係配合台灣健康社區六星計畫之推動，以社區營造及社區自主參與為基本精神，鼓勵民間團體設置社區照顧關懷據點，透過扶植在地民間團體，運用地方之照顧管理中心資源，以幾個村里為範圍設置據點，提供關懷訪視、電話問安、諮詢轉介及營養餐飲等多元服務，做為提供在地的初級預防照護服務，再依需要聯結各級政府所推動社區照顧、機構照顧及居家服務等各項照顧措施，以建置失能老人連續性之長期照顧服務，使未來能與長期照顧制度接軌，並達成社區老人預防照顧之目的。

本實施計畫鼓勵社區自主參與初級預防照護服務工作，對於位處偏遠、福利資源缺乏的社區，可經由人力培訓進而設置據點提供服務，以縮短城鄉差距；至於原已具有辦理照顧服務基礎的單位，可經擴充服務項目成為據點。故本計畫之推動，除具初級預防功能，延緩人口老化外，遇有需正式照顧資

源協助的個案，更可協助轉介至長期照顧管理中心接受專業協助。有關社區照顧關懷據點與相關照顧服務資源的關係，如圖 8-1。

（一）計畫目標

社區照顧問題應以社區營造及社區自主參與的精神，除了需要由公部門提供資源外，開發非正式的資源更可強化社區照顧的能力，說明如下：

1. 落實台灣健康社區六星計畫，由在地人提供在地服務，建立社區自主運作模式，以貼近居民生活需求，營造永續成長、健康的社區環境。
2. 以長期照顧社區營造之基本精神，分 3 年設置 2,000 個社區照顧關懷據點，提供老人社區化之預防照護。
3. 結合照顧管理中心等相關福利資源，提供關懷訪視、電話問安諮詢及轉介服務、餐飲服務、健康促進等多元服務，建立連續性之照顧體系。

（二）執行單位

1. 指導單位：內政部。
2. 主辦單位：直轄市、縣（市）政府。
3. 承辦單位：立案之社會團體（含社區發展協會）、財團法人社會福利組織、宗教組織、文教基金會捐助章程中明訂辦理社會福利事項者；其他社區團體，如社區宗教組織、農漁會、文史團體等非營利組織。

（三）實施策略

社區照顧關懷據點之運作模式，包括以下三種：

1. 鼓勵社區自主提案申請設置據點，結合當地人力、物力及相關資源，進行社區需求調查，提供在地老人預防照護服務。

老人福利

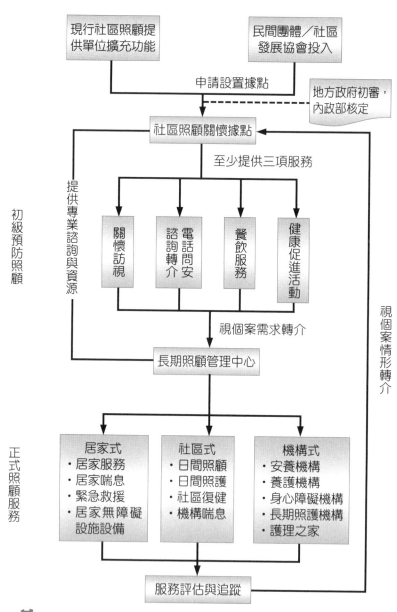

圖 8-1 社區照顧關懷據點與相關照顧服務資源關係圖

資料來源：行政院（2005）

2. 輔導現行辦理老人社區照顧服務之相關團體，在既有的基礎上，擴充服務項目至三項以上，設置據點提供服務。

3. 由地方政府針對位處偏遠或資源缺乏之社區，透過社區照顧服務人力培訓過程，增進其社區組織能力，進而設置據點提供服務。

（四）實施期程及進度

2005 年 5 月至 2007 年 12 月止，為期 3 年，如表 8-2。

（五）計畫內容

每一關懷據點應至少具備下列四項服務項目之功能：

1. 關懷訪視。
2. 電話問安、諮詢及轉介服務。
3. 餐飲服務。
4. 健康促進活動。

表 8-2　建立社區照顧關懷據點實施計畫實施期程及進度

階段	執行內容	工作項目	說明	主（承）辦單位	指導單位	預定期程
培訓社區人力階段	培訓長期照顧社區營造人才。	1.規劃設計研習課程內容。 2.開辦「長期照顧社區營造」相關研習課程。	透過培訓過程，導入社區參與，並協助社區工作者進行社區資源評估、調查，以利於研習後提送相關計畫辦理社區照顧關懷服務。	直轄市及縣市政府（民間團體）	內政部	2005 年 5 月至 2007 年 12 月

老人福利

表 8-2　建立社區照顧關懷據點實施計畫實施期程及進度（續）

階段	執行內容	工作項目	說明	主（承）辦單位	指導單位	預定期程
社區照顧關懷據點試辦階段	補助設置社區照顧關懷據點，建立未來可全面於社區推展之運作機制。	1.由試辦之地方政府進行轄內照顧資源整理與供需分析，協助並督導社區提供服務。	第一年擬邀請有意願之8個以上的地方政府為試辦對象，設置 400 個據點；第二年邀請 16 個以上的地方政府為試辦對象，增設 800 個據點。	直轄市及縣市政府（民間團體）	內政部	2005 年 5 月至 2006 年 12 月
		2.擔任單一窗口彙整社區照顧關懷據點之設置需求，報部審核。				2005 年 5 月至 2006 年 12 月
		3.示範觀摩及經驗分享。				2005 年 12 月及 2006 年 12 月
社區關懷據點全面推廣階段	補助設置社區照顧關懷據點。	1.依補助規定進行相關補助及考核。	邀請各地方政府全面實施本計畫，再增設 800 個據點，合計 2000 個據點。	直轄市及縣市政府（民間團體）	內政部	2007 年 1 月至 2007 年 12 月
		2.辦理本計畫總執行成果檢討會議。				2007 年 12 月

資料來源：行政院（2005）

（六）預期效益

1. 設置 2,000 個社區照顧關懷據點，落實預防照護普及化及社區化目標。
2. 發揚社區營造及社區參與之基本精神，發展在地社區生活特色。
3. 發揮長期照顧社區化之預防功能，建立社區之照顧支持系統。
4. 透過在地化之社區照顧，使失能老人留在社區生活。

5. 減緩家庭照顧者負擔，提供適當之喘息服務。

第五節　我國長期照顧十年計畫

繼六星計畫之後，行政院於 2007 年 4 月核定「我國長期照顧十年計畫」，規劃於 10 年內挹注新台幣 817.36 億元經費，目的在於要建構一個符合多元化、社區化（普及化）、優質化、可負擔及兼顧性別、城鄉、族群、文化、職業、經濟、健康條件差異之長期照顧政策。其主要內容如下（行政院，2007）。

☆ 一、計畫目標

該計畫的基本目標為「建構完整之我國長期照顧體系，保障身心功能障礙者能獲得適切的服務，增進獨立生活能力，提升生活品質，以維持尊嚴與自主」。

六項子目標如下：

1. 以全人照顧、在地老化、多元連續服務為長期照顧服務原則，加強照顧服務的發展與普及。

2. 保障民眾獲得符合個人需求的長期照顧服務，並增進民眾選擇服務的權利。

3. 支持家庭照顧能力，分擔家庭照顧責任。

4. 建立照顧管理機制，整合各類服務與資源，確保服務提供的效率與效益。

5. 透過政府的經費補助，以提升民眾使用長期照顧服務的可負擔性。

6. 確保長期照顧財源的永續維持，政府與民眾共同分擔財務責任。

老人福利

⚘ 二、服務對象、原則及項目

（一）服務對象

　　參考國內外長期照顧政策或計畫方案，對於長期照顧服務對象之探討，長期照顧的服務對象主要是指，日常生活功能受損而需要由他人提供照顧服務者，但考量我國人口老化趨勢之快速性、資源開發的有限性、儘速推動的急迫性，以及特殊群體之老化經驗不同，本計畫服務對象包含：

　　1. 65 歲以上老人。

　　2. 55 至 64 歲的山地原住民。

　　3. 50 至 64 歲的身心障礙者。

　　4. 僅 IADLs 失能且獨居之老人。

　　依據上述服務對象之界定，推估長期照顧服務需求人口數，2007 年為245,511 人，2010 年為 270,325 人，2015 年為 327,185 人，2020 年為 398,130人。

（二）服務原則

　　1. 給付型態以實物給付（服務提供）為主，現金給付為輔，並以補助失能者使用各項照顧服務措施為原則。

　　2. 依民眾失能程度及家庭經濟狀況，提供合理的補助；失能程度愈高者，政府提供的補助額度愈高。

　　3. 失能者在補助額度內使用各項服務，需部分負擔經費；收入愈高者，部分負擔的費用愈高。

4. 失能程度分為以下三級：

　　⑴輕度失能：一至二項 ADLs[1] 失能項目者；僅 IADLs[2] 失能之獨居老人。

　　⑵中度失能：三至四項 ADLs 失能項目者。

　　⑶重度失能：五項（含）以上 ADLs 失能項目者。

5. 依家庭經濟狀況提供不同補助標準：

　　⑴家庭總收入未達《社會救助法》規定最低生活費用 1.5 倍者：由政府全額補助。

　　⑵家庭總收入符合《社會救助法》規定最低生活費用 1.5～2.5 倍者：由政府補助 90%，民眾自行負擔 10%。

　　⑶一般戶：由政府補助 60%，民眾自行負擔 40%。

　　⑷超過政府補助時數者，則由民眾全額自行負擔。至於每小時的補助經費則是以每小時 180 元計（隨物價指數調整）。

（三）服務項目

　　本計畫涵蓋的服務項目以日常生活活動服務為主，包括：居家服務、日間照顧、家庭托顧服務；另為維持或改善個案之身心功能，也將居家護理、社區及居家復健納入；其次為增進失能者在家中自主活動的能力，故提供輔具購買、租借及住宅無障礙環境改善服務；而老人營養餐飲服務則是為協助經濟弱勢失能老人獲得日常營養之補充；喘息服務則用以支持家庭照顧者。此外，為協助重度失能者滿足以就醫及使用長期照顧服務為主要目的交通服

---

1. ADLs（Activities of Daily Life）在本計畫中包含的項目有：進食、移位、如廁、洗澡、平地走動、穿脫衣褲鞋襪等六項。
2. IADLs（Instrumental Activities of Daily Life）則包含：上街購物、外出活動、食物烹調、家務維持、洗衣服等五項中有三項以上需要協助者即為輕度失能。

務需求，特補助重度失能者使用類似復康巴士之交通接送服務。本計畫各項服務之補助內容詳如表 8-3。

⚑ 三、計畫特色

1. 提高補助經費額度，並擴展服務項目，培養服務使用者付費的觀念，以發揮照顧資源之有效運用。
2. 增補全民健保給付不足之居家護理服務，以提升照顧品質。
3. 全面辦理社區及居家復健服務，以支持失能者自主生活之能力。
4. 輔具購買、租借及住宅無障礙環境服務之補助對象，從中低收入者擴展到一般戶。
5. 創新補助失能者，使用長期照顧服務所需之交通接送服務。

表 8-3　我國長期照顧十年計畫服務項目

服務項目	補助內容
照顧服務 （包含居家服務、日間照顧、家庭托顧服務）	1.依個案失能程度補助服務時數： 　輕度：每月補助上限最高 25 小時；僅 IADLs 失能且獨居之老人，比照此標準辦理。 　中度：每月補助上限最高 50 小時。 　重度：每月補助上限最高 90 小時。 2.補助經費：每小時以 180 元計（隨物價指數調整）。 3.超過政府補助時數者，則由民眾全額自行負擔。
居家護理	除現行全民健保每月給付 2 次居家護理外，經評定有需求者，每月最高再增加 2 次。補助居家護理師訪視費用，每次以新台幣 1,300 元計。
社區及居家復健	針對無法透過交通接送使用健保復健資源者，提供本項服務。每次訪視費用以新台幣 1,000 元計，每人最多每星期 1 次。

表 8-3　我國長期照顧十年計畫服務項目（續）

服務項目	補助內容
輔具購買、租借及住宅無障礙環境改善服務	每 10 年內以補助新台幣 10 萬元為限，但經評估有特殊需要者，得專案酌增補助額度。
老人餐飲服務	服務對象為低收入戶、中低收入失能老人（含僅 IADLs 失能且獨居老人），每人每日最高補助一餐，每餐以新台幣 50 元計。
喘息服務	1.輕度及中度失能者：每年最高補助 14 天。 2.重度失能者：每年最高補助 21 天。 3.補助受照顧者每日照顧費以新台幣 1,000 元計。 4.可混合搭配使用機構及居家喘息服務。 5.機構喘息服務另補助交通費每趟新台幣 1,000 元，一年至多 4 趟。
交通接送服務	補助重度失能者使用類似復康巴士之交通接送服務，每月最高補助 4 次（來回 8 趟），每趟以新台幣 190 元計。
長期照顧機構服務	1.家庭總收入按全家人口平均分配，每人每月未達《社會救助法》規定最低生活費 1.5 倍之重度失能老人：由政府全額補助。 2.家庭總收入按全家人口平均分配，每人每月未達《社會救助法》規定最低生活費 1.5 倍之中度失能老人：經評估家庭支持情形如確有進住必要，亦得專案補助。 3.每人每月最高以新台幣 18,600 元計。

資料來源：行政院（2007）

6. 將家庭總收入按全家人口平均分配，每人每月未達《社會救助法》規定最低生活費 1.5 倍之經濟弱勢且重度失能老人，納入機構式照顧服務補助範疇。

7. 增加喘息服務補助天數，並得以彈性運用居家式或機構式服務，以有效支持家庭照顧者。

8. 發展新型服務項目，如家庭托顧、交通接送服務……等，以滿足失能者多元之需求。

⇡ 四、整合長期照顧管理制度

　　長期照顧個案的需求十分多元，且在有效的獲得資源或使用服務方面上，容易遭遇困難；在服務體系層面，長期照顧服務的提供，牽涉到公、私部門的服務提供者，以及跨專業團隊的合作，導致服務輸送流程更加複雜。因此需要透過照顧管理制度，以民眾多元需求為導向，聯結其所需的服務體系與資源，並強化個案的自主與選擇權，以及與照顧者及服務提供者間的夥伴關係，以提高服務的品質、效率與責任。

（一）執行單位

　　目前各縣市均已設有長期照顧管理中心，且照顧管理的權責涉及政府資源的管控和配置，照顧管理專員宜具備行政上的法定權威，爰由縣市政府的長期照顧管理中心來擔任長期照顧管理制度之執行單位，以提供失能者及其家庭單一窗口整合性服務。

（二）核心任務

　　包括需求評估、服務資格核定、照顧計畫擬訂、聯結服務、監督服務品質以及定期複評等，即以密集式模式為發展主軸（服務流程詳如圖 8-2）。

（三）照顧管理專員的員額配置與任用

　　為促使長期照顧需要者獲致最大的滿足，並使服務提供的品質與效率達到極大化的效果，將由具備社工、醫學、護理、職能治療、物理治療或公共衛生與相關專業背景之照顧管理專員（care manager）擔任，扮演需要照顧者

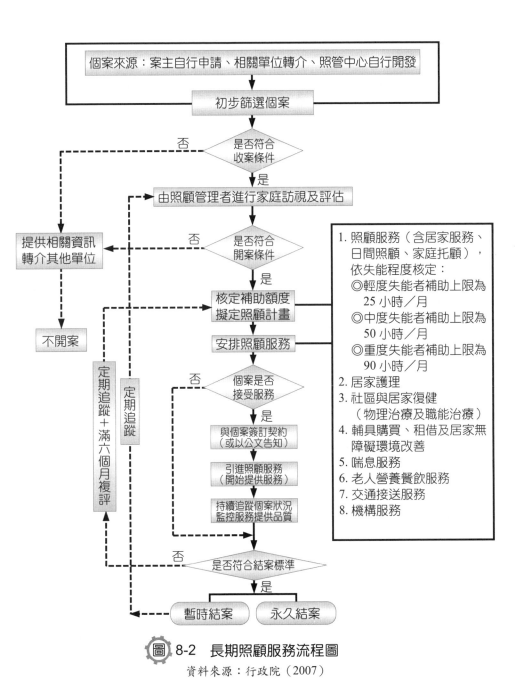

圖 8-2　長期照顧服務流程圖

資料來源：行政院（2007）

老人福利

與照顧體系間的橋樑,承擔協調的責任。因採密集式照顧管理模式,每位照顧管理專員的個案負荷量設定為 200 人;以我國 2007 年失能人口 24 萬 5 千多人計算,假設服務對象中有 20%在第一年會申請服務,則應配置 246 位照顧管理專員(低推估);另每 5～7 位照顧管理專員配置一名督導。

(四)照顧管理制度規劃與現行制度之差異

1. 大幅增加現有長期照顧管理中心照顧管理專員角色,強調需求評估、資格核定及照顧計畫訂定等任務,均需由照顧管理專員親自執行。
2. 照顧管理制度肩負聯結「醫療照護」與「長期照顧」二大體系功能,並積極與醫療機構「出院準備服務」聯結。
3. 為促使照顧管理制度健全發展,有關「聘僱外籍看護工之綜合評估及就業媒合」與「本國長期照顧服務照顧管理」等作業,於地方政府長期照顧管理中心按專業分工(組)執行。

⌁ 五、發展人力資源及財務制度規劃

(一)發展人力資源

　　老人之健康及社會照顧,包含醫療、個人照顧與社會照顧等三個主要層面,服務需求範圍相當廣闊,需要來自醫學、護理、社工、職能治療、物理治療等專業的服務,以及不同專業等級人力的投入,方能提供完整且連續的照顧,滿足被照顧者的需求。但長期照顧服務實屬新興且勞力密集的服務,而目前我國長期照顧政策,並未依據長期照顧人力的需求來訂定全面人力培育計畫,跨專業間人力的分工合作模式仍然模糊未定,照顧服務員人力嚴重欠缺,本國照顧人力與外籍照顧人力彼此的定位不清,有礙政策的推動和服務品質的提升。

　　檢視我國長期照顧各類人力實際從業人員，與未來推估所需人力之差距，顯示照顧服務員之供需差距最為顯著，主要因素為參加訓練及領有丙級技術士證照之照顧服務員，多數並未投入勞動市場；為降低高達九成之人力流失率，未來將強化照顧服務人力之工作保障，建立照顧服務員照顧能力分級制度，並將照顧服務員之訓練納入正規高職、專技體系，因應未來高齡化社會所需之大量照顧服務人力。

　　其次，專業人力之供需差距情形，目前學生投入長期照顧領域的意願偏低，分析主因為該專業人力師資有待補充，且學生並未將老人或長期照顧領域列為優先選項，未來將積極鼓勵大專校院社工、護理、職能治療、物理治療等科系，增加長期照顧相關課程之開授。

（二）財務制度規劃

　　我國目前還沒有全面性完整的長期照顧制度，現行照顧服務系統主要是由政府重大法案或計畫主導，並分由不同主管機關訂定相關法規予以規範及推動；本計畫乃採用普及式（全民式）的稅收制長期照顧制度，只要國民有長期照顧需求，符合接受服務資格即可申請，其財務來源主要為中央與地方政府的稅收及使用者所支付的部分負擔。

　　若以 2007 年 10 月至 2016 年我國長期照顧十年計畫期程來看，推估政府需編列的預算總額為 817.36 億元，如表 8-4。

表 8-4　政府補助經費總金額推估　　　　　　　　（單位：億元，2007 年幣值）

	2007	2008	2009	2010	2011	2012	2013	2014	2015	2016	總計
補助服務使用者	17.18	34.82	38.15	41.53	46.49	51.44	56.40	61.36	66.32	84.19	497.89
補助服務提供者	7.82	16.79	18.92	21.02	23.66	26.31	28.95	31.60	34.24	47.33	256.63
建構照顧管理制度	1.51	3.11	3.83	4.54	5.59	6.65	7.71	8.76	9.82	11.32	62.84
合計	26.51	54.72	60.90	67.08	75.74	84.40	93.06	101.72	110.38	142.84	817.36

資料來源：行政院（2007）

老人福利

☆ 六、引進民間參與長期照顧服務

　　本計畫採「引進民間參與」之實施策略來辦理，也就是透過民營化策略中的購買服務方式鼓勵民間參與，並透過補助方式鼓勵相關資源之建置，加強民間對相關照顧服務之參與，以發揮擴展服務提供單位的數量，及多元化服務模式之功能。透過政府提供社區服務營運所需的財源基礎，藉此引進民間資源，建構多元且完整的社區照顧網絡。預計完成的資源建置如下所述：

1. 居家服務：推估 2010 年至多建置 229 個居家服務單位，至 2020 年有 308 個。

2. 日間照顧服務：預定 2012 年至少有 191 個單位提供日間照顧服務（約占全國 368 個鄉鎮之 52%），2016 年每一鄉鎮市至少有一個單位提供服務。

3. 新型服務設施：自 2007 年起 5 年內，每縣市至少有一個單位提供失智症老人日間照顧服務；此外，未來 5 年內，每一縣市有一個家庭托顧服務支持系統。

4. 機構式服務資源：未來 3 年優先補足雲林縣、澎湖縣及金門縣等機構式資源，預計設定 790 床；另為因應 2015 年後，戰後嬰兒潮世代老化，導致老年人口遽增，未來再逐步增加機構式資源。

☆ 七、實施進度及後續規劃

（一）近程之工作項目

　　考量計畫需依實際執行狀況配合修正，實施進度以 3 年奠基為近程，預定於執行 3 年後全面檢討修正。具體工作項目如下：

1. 統合行政部門推動組織：

(1)中央成立跨部會推動小組，規劃並監督計畫執行。

(2)地方政府設跨局室推動小組，研提整合計畫至中央審查。

2. 統整照顧管理制度：

(1)整合照顧管理制度，訂定需求評估量表、照顧管理流程及人員培訓課程等。

(2)釐清地方長期照顧管理中心之組織地位、人事制度及薪資待遇。

3. 發展長期照顧服務資源：

(1)訂定服務標準及服務提供單位資格要件。

(2)地方政府依據中央審核通過之整合性計畫內容，完成服務提供單位委託事宜。

4. 發展長期照顧專業人力：

(1)鼓勵高職、專技設置照顧服務相關科系，並加強辦理照顧服務員培訓。

(2)鼓勵大專校院設立跨領域「老人學學程」或「高齡社會相關服務學程」，以及相關研究所設置「長期照顧管理學程」。

5. 建立長期照顧財務體系：

(1)近程內以稅收制支付建構長期照顧制度所需費用。

(2)對民眾使用服務行為及影響進行統計分析。

6. 整合與發展長期照顧資訊系統：

(1)中央建置照顧管理資料庫系統。

(2)整合各縣市資訊系統。

7. 規劃並建立預防性照顧體系：

(1)預防及延緩民眾身心功能的退化，俾減少長期照顧的需求。

(2)發展綜合性的疾病管理策略，建立地區性復健醫療體系。

(3)促進老人社會參與等相關方案，以建立高齡者的正面生活態度。

8. 教育宣導：

(1)第一階段以政府部門及服務提供單位為宣導對象。

(2)第二階段加強對社會大眾宣導。

9. 進行長期照顧使用成效研究：

迅速且準確蒐集服務個案有關資料，利於未來研究分析，並結合大溫暖社會福利套案之「人口、健康及社會保障研究中心」規劃，以長期照顧做為建置之基礎工作，俾利政策修正。

（二）中長程規劃重點

1. 推展失智症者照顧服務。

2. 研議長期照顧與健保制度之銜接。

3. 研擬長期照顧法及評估辦理長期照顧保險制度之可行性。

4. 研議與身心障礙者政策整合之問題。

5. 結合照顧與住宅，研議多元化的居住服務。

6. 形塑友善失能者的居住與生活環境，建立互助關懷的社區。

7. 檢討近程實施的結果，並據以修正。

八、預期效益

本計畫之預期效益如下：

1. 以專有穩健之財源，建構可長可久之長期照顧制度。

2. 引進民間資源，建構多元且完善的社區照顧網絡。

3. 提高服務提供的質與量。

4. 創造本國照顧服務人員、長期照顧相關專業人員之就業機會。

5. 減緩國人對外籍看護工的依賴。

6. 建立單一窗口的照顧管理制度，提供民眾快速方便的服務。

7. 藉由長期照顧基礎服務人力與設施的舖設，並將有助於照顧服務科技的發展。

老人福利

參考文獻

中文部分

內政部、衛生署、教育部、交通部（2008）。老人福利服務提供者資格要件及服務準則。台北市：作者。

行政院（2005）。**建立社區照顧關懷據點實施計畫**。台北市：作者。

行政院（2007）。**我國長期照顧十年計畫**。台北市：作者。

林蘭因、羅秀華、王潔媛（2004）。照顧老人的外展服務。**社區發展季刊，106**，187-188。

黃旋濤、戴章洲、黃梓松、辛振三、徐慶發、官有垣、黃志隆（2008）。**社會福利概論——以老人福利為導向**（第二版）。台北市：心理。

萬育維（2006）。**社會福利服務——理論與實踐**。台北市：三民。

蘇景輝（1998）。社區照顧——原理與方法。載於社會福利社區化論文集（頁97-124）。台北市：中華民國社區營造學會。

英文部分

Barley, M. (1973). *Mental handicap and community care*. London: Routledge and Degan Paul.

Walker, A. (Ed.) (1982). *Community care: The family, the state,and social policy*. London: Basil Blackwell.

摘要

　　社區式的老人福利服務是針對居住在家庭中的老人，由社區提供多種支持性的福利服務，使老人在晚年的生活品質得以提升並減輕家庭的負擔。社區式的老人福利服務的觀念源於福利社區化的理念，福利社區化就是將社會福利體系與社區結合起來，也就是透過社區組織和財力資源的規劃，結合社區的人力資源，提供給社區居民各種福利服務，以滿足社區居民的福利需求，並凝聚社區意識，促進社區的發展。福利社區化可以使社區居民就近得到福利服務，同時也可以使政府的福利政策落實到社區的基層組織。

　　社區式的服務種類繁多，包括有：保健服務、醫護服務、復健服務、輔具服務、心理諮商服務、日間照顧服務、餐飲服務、家庭托顧服務、教育服務、法律服務、交通服務、退休準備服務、休閒服務、資訊提供及轉介服務，以及其他相關之社區式服務。各種服務的提供者，包括社區組織、機構、專業組織，甚至民營事業。

　　政府在我國長期照顧制度尚未完成建置之前，「發展社區照護服務」即以內政部負責的「建立社區照顧關懷據點實施計畫」建立社區照顧關懷據點，和內政部及衛生署負責的「長期照顧服務社區化計畫」，做為推行生活照顧及長期照護服務等工作，可以就近社區化發展社區照護服務。

老人福利

名詞解釋

◆福利社區化
◆社區照顧（community care）
◆社區式照護

◆六星計畫
◆長期照顧服務社區化計畫
◆建立社區照顧關懷據點實施計畫

問題習作

1. 請說明福利社區化的意義。
2. 請說明社區式照護的內容。
3. 請說明社區式老人福利服務的種類。
4. 請說明社區式老人福利服務的原則。
5. 請說明社區式老人福利服務的實施要領。
6. 請說明我國長期照顧十年計畫的重要內容。

第 九 章

機構式的老人福利服務

學習者在研讀本章之後應能了解：

1. 台灣現有的老人福利機構概況及服務類別。

2. 《老人福利法》對於機構的相關規定。

3. 機構式服務的內容。

4. 老人福利機構設立、管理、評鑑及獎勵辦法。

5. 機構老人社會工作。

6. 如何選擇機構式照護服務。

老人福利

　　2007 年新修正的《老人福利法》第 16 條規定：「老人照顧服務應依全人照顧、在地老化及多元連續服務原則規劃辦理。直轄市、縣（市）主管機關應依前項原則，並針對老人需求，提供居家式、社區式或機構式服務，並建構妥善照顧管理機制辦理之。」

　　前述老人照顧服務以全人照顧、在地老化、多元連續服務為規劃辦理原則，是為了讓有需要受照顧服務的老人能夠有多元化選擇。所謂「全人照顧」（total care）原則，是指對老人之照顧係包含其身體、心理、社會參與之整體照顧，而非局限於單一面向，也就是聯合國世界衛生組織對緩和醫療照顧模式之全人照顧觀念；「在地老化」（aging in place）是指，個人於年老時能持續住在居住多年之熟悉住處，無需於年老時因健康等因素，而必須進住到機構，或搬到陌生地方；「多元連續服務原則」則指老人福利服務措施的提供，應該以多樣化、可選擇且服務不中斷為原則。

　　另外，「社會福利政策綱領」將照顧老人之方式分為居家式、社區式及機構式服務三種；同時也宣示老人照顧服務應以在地老化為目標，滿足需要照顧服務老人之多元化選擇，並建立多元化連續照顧服務體系，以建立照顧專業評估及管理機制。

　　依內政部統計，到 2007 年底止，台灣 65 歲以上老人計有 234 萬 3,092人，占總人口 10.21%，老化指數 58.13%，仍呈持續增加之現象。隨著高齡人口的增加，對於老人長期照護、養護及安養機構就養之需求亦隨之增加。到 2007 年底止，我國老人安養護長期照護機構，除內政部及縣市政府主管之1,016 所外，加上行政院國軍退除役官兵輔導委員會主管之榮譽國民之家 14所（安養機構）及 4 所自費安養中心，合計 1,034 所；進住人數合計 46,699人（其中榮民之家有 9,571 人），使用率為 74.27%，占老年人口之 1.99%。

　　目前台灣雖然已經進入「高齡化」社會，但進住老人福利機構的比例仍然偏低，隨著家庭結構的改變以及高齡人口的增加，未來老人對於老人長期

照護、養護及安養機構就養之需求，勢必也會增加。機構式服務並非單純的在機構內服務，機構式服務可以和家庭及社區生活結合，也應以機構的專業支援居家式或社區式服務。

第一節　機構式服務

一、 台灣現有的機構概況

目前我國老人長期照護、養護及安養機構的情形如下（含榮民之家）：到 2007 年底止，我國老人長期照護、養護及安養機構計有 1,034 所，可供進住人數為 62,881 人，實際進住者有 46,699 人，使用率為 74.27%，分別較 2006 年底增加 4.1%、4.3% 及提高 0.1%。

（一）依公私立別分

以免辦財團法人登記、不對外募捐、接受補助或享受租稅減免之小型老人機構計 870 所，占 84.14% 最多；其餘依序為財團法人機構 107 所、公立機構 43 所、公設民營 14 所。

（二）依機構類別分

以養護機構 922 所，占 89.17% 最多，可供進住人數為 39,135 人，使用率為 73.65%；安養機構 61 所次之，可供進住人數為 20,610 人，使用率 78.57%；長期照護機構 37 所第三，可供進住人數為 1,932 人，使用率只有 62.37%。

老人福利

（三）依縣市別分

1. 機構數方面：台灣地區各縣市老人長期照護、養護及安養機構數，以台北縣 199 所最多，台北市 172 所次之，高雄市 73 所居第三，澎湖縣、金門縣、連江縣僅 1 所最少；可供進住人數以台北縣 10,119 人最多，台北市 6,805 人次之，台南縣 4,262 人居第三。

2. 使用率方面：以新竹市 91.79%最高，嘉義縣 85.32%次之，台北市 83.37%居第三，而以連江縣 25.00%最低。

3. 2007 年底，老人長期照護、養護及安養機構（不含榮民之家） 各級工作人員共 16,615 人，工作人員平均服務人數為 2.21 人，較 2006 年底之 2.32 人減少 0.11 人。各縣市以基隆市 2.99 人最多，屏東縣 2.89 人次之，台南縣 2.70 人居第三；以台東縣 1.54 人最少，連江縣 1.67 人次少（內政部，2008）。

機構式服務應以結合家庭及社區生活為原則，並得支援居家式或社區式服務。機構式照護則是提供老人全天候的住院服務，服務內容包括醫療、護理、復健、住宿等綜合性服務。由於機構式照護能為需要密集照護者提供完整且高密度專業照護，因此，可以減輕病患家屬在體力與精神上的負擔。凡身心功能障礙，日常生活無法自理，缺乏家庭照顧資源或無家庭照顧資源，並且無法以社區或居家方式照顧的老人，均為機構式照護的主要服務對象。

⚐ 二、《老人福利法》對於機構的相關規定

內政部關於規範老人福利機構的法令主要有：

1. 《老人福利法》（2007 年 1 月 31 日修正）。
2. 「私立老人福利機構接管辦法」（2007 年 7 月 9 日修正）。
3. 「老人福利機構評鑑及獎勵辦法」（2007 年 7 月 24 日修正）。

4. 《老人福利法》施行細則（2007 年 7 月 25 日修正）。

5. 「私立老人福利機構設立許可及管理辦法」（2007 年 7 月 27 日修正）。

6. 「老人福利機構設立標準」（2007 年 7 月 30 日修正）。

✧ 三、老人福利機構的類型及照顧對象

《老人福利法》以及「老人福利機構設立標準」為利於管理，將老人福利機構的分類，簡化如下：

1. 長期照顧機構：又再分為下列三種類型：

　(1)長期照護型：以罹患長期慢性病，且需要醫護服務之老人為照顧對象。

　(2)養護型：以生活自理能力缺損需他人照顧之老人或需鼻胃管、導尿管護理服務需求之老人為照顧對象。

　(3)失智照顧型：以神經科、精神科等專科醫師診斷為失智症中度以上、具行動能力，且需受照顧之老人為照顧對象。

2. 安養機構：以需他人照顧或無扶養義務親屬或扶養義務親屬無扶養能力，且日常生活能自理之老人為照顧對象。

3. 其他老人福利機構：提供老人其他福利服務。

目前台灣地區因老人長期照護的需要而存在的機構式照護，有隸屬醫療服務體系管理的醫院慢性病床和護理之家，其中護理之家有醫院附設者，也有獨立型態者。另外還有隸屬社會福利體系管理的安養機構和養護機構，其中養護機構有安養機構附設者，也有獨立型態者。

此外，還有隸屬於榮民體系管理的榮民醫院慢性病床及榮民之家安養床。而沒有主管機關管理的未立案之安養機構與養護機構，也是屬於機構式照護之老人福利機構之新設、擴充、遷移，應依新法之規定；若依舊法許可立案且未符最新標準之老人福利機構，應自新標準修正施行之日起 5 年內完成改善。

老人福利

《老人福利法》對於機構的其他相關規定重點為：

1. 居家式服務、社區式服務與機構式服務提供者資格要件及服務之準則，由中央主管機關會同中央各目的事業主管機關定之。服務之提供，於一定項目，應由專業人員為之；其一定項目、專業人員之訓練、資格取得及其他應遵行事項之辦法，由中央主管機關定之（第 20 條）。

2. 主管機關應依老人需要自行或結合民間資源辦理下列老人福利機構：(1)長期照顧機構；(2)安養機構；(3)其他老人福利機構。老人福利機構之規模、面積、設施、人員配置及業務範圍等事項之標準，由中央主管機關會同中央目的事業主管機關定之。各類機構所需之醫療或護理服務，應依《醫療法》、《護理人員法》或其他醫事專門職業法等規定辦理。各類機構得單獨或綜合辦理，並得就其所提供之設施或服務收取費用，以協助其自給自足；其收費規定，應報由當地直轄市、縣（市）主管機關核定（第 34 條）。

3. 私立老人福利機構之名稱，應依規定標明其業務性質，並應冠以私立二字。公設民營機構名稱不冠以公立或私立。但應於名稱前冠以所屬行政區域名稱（第 35 條）。

4. 私人或團體設立老人福利機構，應向直轄市、縣（市）主管機關申請設立許可。經許可設立私立老人福利機構者，應於三個月內辦理財團法人登記。但小型設立且不對外募捐、不接受補助及不享受租稅減免者，得免辦財團法人登記。未於三個月內辦理財團法人登記，而有正當理由者，得申請當地主管機關核准延長一次，期間不得超過三個月；屆期不辦理者，原許可失其效力。申請設立之許可要件、申請程序、審核期限、撤銷與廢止許可、自行停業與歇業、擴充與遷移、督導管理及其他相關事項之辦法，由中央主管機關定之。小型設立之規模、面積、設施、人員配置等設立標準，由中央主管機關會同中央目

的事業主管機關定之（第 36 條）。

5. 老人福利機構不得兼營營利行為或利用其事業為任何不當之宣傳。主
管機關對老人福利機構應予輔導、監督、檢查、評鑑及獎勵。老人福
利機構對主管機關之檢查不得規避、妨礙或拒絕，並應提供必要之協
助。評鑑對象、項目、方式及獎勵方式等事項之辦法，由主管機關定
之（第 37 條）。

6. 老人福利機構應與入住者或其家屬訂定書面契約，明定其權利義務關
係。前項書面契約之格式、內容，中央主管機關應訂定定型化契約範
本及其應記載及不得記載事項。老人福利機構應將中央主管機關訂定
之定型化契約書範本公開並印製於收據憑證交付入住者，除另有約定
外，視為已依第一項規定與入住者訂約（第 38 條）。增訂老人福利
機構應與入住者或其家屬訂定書面契約規定，並規定主管機關應公告
規定其定型化契約應記載或不得記載之事項，以確保入住者權益並減
少消費糾紛。2007 年行政院消費者保護委員會會議通過下列四種養護
（長期照護）定型化契約（定有期限）範本，由內政部於 2008 年 1
月 4 日公告施行，提供做為機構與當事人訂立契約的參考。
(1)委託養護（長期照護）定型化契約（定有期限）範本。
(2)委託養護（長期照護）定型化契約（未定期限）範本 。
(3)自費養護（長期照護）定型化契約（定有期限）範本。
(4)自費養護（長期照護）定型化契約（未定期限）範本。

7. 老人福利機構應投保公共意外責任保險及具有履行營運之擔保能力，
以保障老人權益。前項應投保之保險範圍及金額，由中央主管機關會
商中央目的事業主管機關定之。第一項履行營運之擔保能力，其認定
標準由所在地直轄市、縣（市）主管機關定之（第 39 條）。

8. 政府及老人福利機構接受私人或團體之捐贈，應妥善管理及運用；其

屬現金者,應設專戶儲存,專作增進老人福利之用。但捐贈者有指定用途者,應專款專用。所受之捐贈,應辦理公開徵信(第40條)。

⚐ 四、機構式服務的內容與提供單位辦理事項

為使需照顧的老人能有多元化的選擇,除居家式及社區式服務外,老人福利機構可依照老人的需求提供各項機構式服務,以滿足居住機構之老人多元需求。為使辦理機構式服務有所依據,給予老人福利機構依收案對象之需求決定提供機構式服務之彈性,《老人福利法》第19條規定:「為滿足居住機構之老人多元需求,主管機關應輔導老人福利機構依老人需求提供下列機構式服務:1.住宿服務;2.醫護服務;3.復健服務;4.生活照顧服務;5.膳食服務;6.緊急送醫服務;7.社交活動服務;8.家屬教育服務;9.日間照顧服務;10.其他相關之機構式服務」,詳如表9-1。

表9-1 老人機構式服務的項目內容及提供單位應辦理事項

服務項目	服務內容	提供單位應辦理事項
住宿服務	1.提供整潔衛生、採光及通風良好之居住空間。 2.提供寢具、被服、個人置物櫃、衛浴設備、水電設備及其他必要生活配備。 3.提供住宿環境清潔維護服務。 4.提供緊急呼叫安全系統、門戶安全服務與管理及其他安全維護服務。	1.設立規模、樓地板面積、設施設備及人員配置符合「老人福利機構設立標準」規定。 2.建立緊急安全事件處理流程及應變機制。 3.空間設備及器具之設置,應考量老人使用及操作之便利性。 4.注重居住安全設施維護,定期依消防防護計畫執行有關防火管理上必要業務及水、電安全之檢查維護。 5.兼顧家庭生活氣氛,並使住民參與擺設布置。

表 9-1　老人機構式服務的項目內容及提供單位應辦理事項（續）

服務項目	服務內容	提供單位應辦理事項
機構式醫護服務	1.評估住民身心狀況，依其需求擬定個別化照顧計畫，並定期評估修正。 2.提供直接及間接照顧，並督導照顧服務員執行日常照顧計畫。 3.協助住民就醫，並視住民需要，照會、轉介相關之醫療服務。 4.指導住民正確使用藥物及藥品安全管理。 5.協助住民參加老人健康檢查及疫苗注射。 6.提供住民相關衛生、保健及健康生活方式養成相關資訊。 7.協助照護品質管理與監測。 8.住民健康狀況建檔管理。 9.提供醫師定期巡診服務。 10.其他機構式醫護服務。	1.訂定工作內容及督導流程。 2.製作個案紀錄。 機構式醫護服務提供單位應依「老人福利機構設立標準」規定設置必要之設施設備及相關醫護人力。
機構式復健服務	1.機構式物理治療： 　(1)《物理治療師法》第 12 條及第 17 條規定之業務。 　(2)疼痛之物理治療、照顧者與住民之教育及諮詢、個人或團體功能性活動訓練及指導。 2.機構式職能治療： 　(1)《職能治療師法》第 12 條及第 17 條規定之業務。 　(2)日常活動功能與社區生活參與之促進及訓練、日常活動安排能力之促進及訓練、治療性團體活動	1.訂定工作內容及督導流程。 2.製作住民復健紀錄。 機構式復健服務提供單位應置專任或特約物理治療師（生）或職能治療師（生），必要時並得結合醫療機構、物理治療所或職能治療所等單位；並配備必要之設施設備。物理治療師（生）或職能治療師（生）執行業務，應依醫師開具之診斷、照會或醫囑為之。

老人福利

表 9-1　老人機構式服務的項目內容及提供單位應辦理事項（續）

服務項	服務內容	提供單位應辦理事項
	之促進及訓練、治療性團體活動之規劃及帶領、照顧者與住民之教育及諮詢。	
生活照顧服務	1.協助進食。 2.協助更衣梳洗、被服及個人衣物清洗。 3.協助身體清潔、翻身拍背、簡易被動式肢體關節活動。 4.服藥提醒、住房及環境清掃。 5.疾病送醫、陪同就醫照顧。 6.提供代理購物、郵電服務。 7.老人自我照顧能力之協助及促進。 8.提供其他生活上必要事務之處理等服務。	1.依個案需求，訂定個別照顧計畫。 2.訂定工作內容及督導流程。 3.製作住民服務紀錄。 生活照顧服務提供單位應依「老人福利機構設立標準」規定設置必要之設施設備及照顧服務員。
膳食服務	1.提供住民營養狀況與需求之篩檢及評估。 2.視住民個別狀況與需求，設計及提供個人化飲食。 3.提供營養諮詢及飲食衛教。 4.提供營養、衛生且多變化之菜色。 5.對於進食能力不佳住民，提供輔助器具或協助進食。	1.負責膳食人員應領有餐飲技術士證照，每年並應定期接受健康檢查。 2.定期實施供膳人員營養及衛生教育之訓練。 3.每餐每樣食物至少留 100 公克檢體一份，並於攝氏 7 度以下冷藏保存 48 小時。 4.不定期進行膳食滿意度調查，做為供膳改進之依據。 5.餐廳與廚房應每日清潔及定期消毒，並符合衛生原則。

表 9-1　老人機構式服務的項目內容及提供單位應辦理事項（續）

服務項目	服務內容	提供單位應辦理事項
		6.設置食物儲藏及冷凍設備，食物冷藏於攝氏 7 度以下及冷凍於零下 18 度以下。 7.定期執行工作環境及人員之供膳衛生檢查表，檢查項目包括工作人員衛生、調理場所衛生、食物處理過程、食物及餐具儲存等項目；廚工自行檢查每日至少一次，管理人員稽查每週至少一次。 膳食服務提供單位應配備必要且合乎衛生要求之設施設備，並視業務需要，置專任或特約營養師。
緊急送醫服務	1.送醫前之檢視及必要急救措施。 2.醫療機構與家屬之緊急聯繫服務。 3.送醫所需之交通工具服務。 4.協助就醫服務。	1.建立明確之緊急送醫流程及緊急醫療資源網絡。 2.製作服務紀錄，並完成醫囑事項。
社交活動服務	1.依住民體能與興趣提供休閒及娛樂活動之指導。 2.舉辦文康活動或團體工作，增加住民人際互動。 3.協助住民積極參與社區活動，加強與社區居民互動。	1.社交活動具多元化，涵蓋動態及靜態活動。 2.結合運用社區資源，及建立社區相關服務網絡。 3.製作團體活動紀錄。

表 9-1　老人機構式服務的項目內容及提供單位應辦理事項（續）

服務項目	服務內容	提供單位應辦理事項
家屬教育服務	1.提供老人及家屬支持性服務。 2.協助家屬運用社會資源等服務。 3.定期召開住民家屬座談會或聯誼活動。 4.提供家屬參與老人進住機構調適服務。	家屬教育服務提供單位應定期辦理滿意度調查。
機構式日間照顧服務	1.生活照顧。 2.生活自立訓練。 3.健康促進。 4.文康休閒活動。 5.提供或連結交通服務。 6.家屬教育及諮詢服務。 7.護理服務。 8.復健服務。 9.備餐服務。	1.訂定工作內容及督導流程。 2.製作服務紀錄。 機構式日間照顧服務提供單位應依「老人福利機構設立標準」規定配備必要之設施設備，且置照顧服務員及相關護理人力。

資料來源：內政部、衛生署、教育部、交通部（2008）

第二節　老人福利機構設立、管理、評鑑及獎勵

✿ 一、老人福利機構設立標準

　　2007 年修正頒行的「老人福利機構設立標準」，主要是整併內政部主管之「老人福利機構設立許可辦法」及「老人長期照護機構設立標準及許可辦法」，並依照《老人福利法》第 34 條規定及「公共安全管理白皮書」實施計

畫內容，配合檢討老人福利機構之規模、面積、設施、人員配置及業務範圍等事項之標準來訂定。

　　「老人福利機構設立標準」的架構包括：總則、長期照顧機構、安養機構、其他老人福利機構、附則等 5 章，合計 38 條。其重點如下：

1. 總則部分係各類機構共同標準條列，其中第 2 條增訂本法第 34 條所稱老人福利機構之機構類型及定義（第 2 條）。

2. 第 3 條係有關老人福利機構建築物之設計、構造與設備；消防安全設備、防火管理、防焰物品等消防安全事項；機構用地；飲用水供應及環境衛生應符合之規範，修正重點包括：飲用水應充足，並應符合飲用水水質標準；應維持環境整潔與衛生，並應有妨害衛生之病媒及孳生源防治之適當措施（第 3 條）。

3. 第 4 條係有關長期照顧機構及安養機構內部空間設計之規範，修正重點包括：在寢室部分，為避免院民互相干擾及保有個人空間，加強維持院民隱私，增訂每床床邊與鄰床之距離至少 80 公分、寢室間之隔間高度應與天花板密接、住民應可從走廊直接進入寢室，而不須經過其他寢室；衛浴設備增列照顧區應配置緊急呼叫系統，並應有適合臥床或乘坐輪椅老人使用之衛浴設備；增列廚房應配置食物加熱設備；增列公共設施如有提供公用電話者，應有適合身心障礙者或行動不便老人使用之設計；增列應有被褥、床單存放櫃與用品雜物、輪椅等之儲藏設備（第 4 條）。

4. 第 7 條係規範機構收容人數規模，修正重點包括：修正各級政府設立及辦理財團法人登記之老人長期照顧機構或安養機構收容人數上限為 200 人以下，以落實在地老化、小型化、社區化精神；刪除文康及服務機構相關規定；增列長期照顧機構辦理養護型業務者，其收容需鼻胃管、導尿管護理服務需求之老人人數不得逾原許可設立規模二分之

老人福利

一（第 7 條）。

5. 增訂老人長期照顧及安養機構應配置之各類專業人員、工作內容及任用方式，釐清各類專業人員業務範圍（第 8 條）。

6. 修正第二章章名為長期照顧機構，並分為長期照護型機構、養護型機構及失智照顧型機構等三節，修正重點包括：為配合未來機構簡併計畫之一致性，增加機構入住老人活動空間，參照養護型機構樓地板面積之規定，修正長期照護型機構平均每位老人應有 16.5 平方公尺以上（第 9 條）。

7. 隨著社會經濟環境改變，高齡者對福利品質的要求逐漸提高，每一寢室設 8 床實不符人性化，修正長期照護型機構及養護型機構每一寢室最多設 6 床（修正條文第 10、15、17 條）。

8. 為提升機構社工及照顧服務專業品質，修正社會工作人員人力配置比例，增列 49 人以下長期照護型機構、公立及財團法人養護型機構與安養機構應配置社工人員及其提供服務時間規定 （第 11、16、24條）。

9. 增列長期照顧型機構、養護型機構及安養機構照顧服務員夜間人力配置比例，並規定夜間應置人力應有本國籍員工執勤（第 11、16、18、24、27 條）。

10. 為鼓勵養護及安養老人自立、延緩退化，須有較寬敞活動空間，增列公立及財團法人養護機構院民日常活動場所平均每人應有 4 平方公尺以上，公立及財團法人安養機構平均每人應有 6 平方公尺以上（第15、26 條）。

11. 增訂失智照顧型機構應有之照顧模式（第 22 條）。

12. 為落實「連續性照顧」及「在地老化」之精神，輔導業者多元化經營，並利地方政府之審核，明確定出綜合辦理之相關條件與限制（第

34 條）。

13. 增訂長期照護型機構對病歷摘要及護理紀錄，應妥善保存並指定專人管理（第 13 條）。

14. 鑑於須插管照護者，其護理時數需求遠超過毋須插管照護者，為確保服務品質，增列養護型機構收容有需鼻胃管、導尿管護理服務需求之老人者，應依長期照護型機構規定配置工作人員（第 11、18 條）。

15. 為增進養護老人如廁之方便性，增列小型養護型機構每照顧 16 位老人至少應設男廁 1 間及女廁 2 間；未滿 16 人者，以 16 人計（第 17 條）。

16. 為提升需插管照顧者之服務品質，增列養護型機構收容有需鼻胃管、導尿管護理服務需求之老人者，比照長期照護型機構，對新受理服務對象，應由醫師予以診察及病歷摘要、護理紀錄保存規定（第 18 條）。

17. 增訂失智照顧型機構相關條文，包括：增訂失智照顧型機構每位老人應有之面積按收容老人人數計算，平均每人應有 16.5 平方公尺以上（第 21 條）。

18. 增訂失智照顧型機構應設置之空間及設施設備（第 23 條）。

19. 增訂失智照顧型機構應配置之專業人員（第 24 條）。

20. 增訂第四章其他老人福利機構相關條文，包括可提供之服務項目、應有之設施設備及服務人力（第 31、32、33 條）。

21. 修正老人福利機構於新設、擴充、遷移、復業、負責人變更時，應依本標準規定辦理（第 35 條）。

22. 基於信賴保護原則，增列 2007 年 1 月 31 日以前已依規定申請許可設立、擴充、遷移、復業、負責人變更而其處理程序尚未終結之案件，得適用本標準 1998 年 6 月 17 日修正公布之規定繼續辦理（第 37 條）。

老人福利

23. 增列 2007 年 2 月 1 日前已許可立案之老人福利機構，未符合本標準者改善期限（第 37 條）。

二、私立老人福利機構設立許可及管理辦法

《老人福利法》第 36 條第 4 項規定，中央主管機關應訂定申請設立之許可要件、申請程序、審核期限、撤銷與廢止許可、自行停業與歇業、擴充與遷移、督導管理及其他相關事項之辦法。因此，內政部將原有的「老人福利機構設立許可辦法」納入《老人福利法》施行細則及「老人長期照護機構設立標準及許可辦法」，重新整理訂定「私立老人福利機構設立許可及管理辦法」，共 27 條，其主要內容重點如下：

1. 辦法名稱修正。

2. 私立老人福利機構之設立地點跨越不同直轄市、縣（市）時，由受理申請之直轄市、縣（市）政府為主管機關（第 2 條）。直轄市、縣（市）主管機關受理之申請案件有籌設許可及設立許可二種情形。

3. 界定申請設立或籌設私立老人福利機構之申請人之應符合資格（第 3 條）。明定自然人之資格，俾確保老人權益並利主管機關之督導管理。第 2 款規定，明定私法人應不以營利為目的者，俾符合《老人福利法》第 37 條第 1 項不得兼營營利行為規定。

4. 規定申請設立許可、籌設許可案件之應備文件（第 5、7 條）。

5. 用地符合土地使用分區管制規定之同一地號土地，其使用強度符合相關規定者，直轄市、縣（市）主管機關無正當理由，不得駁回私立老人福利機構設立許可申請（第 7 條）。

6. 明定直轄市、縣（市）主管機關審核設立許可、籌設許可申請案件之期限規定（第 8 條）。

7. 明定直轄市、縣（市）主管機關得駁回設立許可、籌設許可申請案件

之事由（第 9、10 條）。

8. 規定未經直轄市、縣（市）主管機關許可設立前，不得以機構籌備處（會）名義對外洽辦各項事務（第 11 條）。申請老人福利機構設立許可者，於向直轄市、縣（市）主管機關提出設立許可申請書前，即應完成設立籌備會議並取得產權，其經許可設立財團法人老人福利機構者，應於 3 個月內辦理財團法人登記，因故未辦理財團法人登記前，不得以未成立之老人福利機構籌備處（會）名義對外洽辦各項事務；已設立財團法人者，因已具法人資格，其於申請附設老人福利機構時，自得以法人名義對外洽辦各項事務，乃無先籌組籌備處（會）之必要。私立小型老人福利機構，應比照辦理。

9. 明定設立許可證書應載明之事項、應於明顯處所揭示、申請補發或換發等規定（第 12 條）。

10. 經直轄市、縣（市）主管機關許可設立之機構，其營運方式應為自行營運並得結合相關資源提供服務，不得委託他人營運（第 13 條）。

11. 明定機構申請縮減、擴充業務規模、遷移、變更之相關規定（第 14、15 條）。

12. 明定申請停業、復業規定（第 16 條）。參酌「私立兒童及少年福利機構設立許可及管理辦法」第 13 條、「私立就業服務機構許可及管理辦法」第 26 條，以及「民宿管理辦法」第 19 條規定訂定停業、復業規定。

13. 規定歇業、解散應報請主管機關核准（第 17 條）。參酌「私立兒童及少年福利機構設立許可及管理辦法」第 13 條、「私立就業服務機構許可及管理辦法」第 27 條規定，明定機構歇業或解散時應行之作為。

14. 明定撤銷、廢止規定，財團法人經撤銷、廢止處分者，主管機關應通

知法院（第 19 條）。

15. 明定機構年度應報主管機關備查文件及期限（第 20 條）。

16. 明定私法人附設之老人福利機構，其財務、會計及人事，均應獨立；機構對外行文應以負責人名義為之；董事、監察人、理事或監事，均不得兼任機構之專業人員或行政人員（第 22 條）。

17. 機構年度決算金額在新台幣三千萬元以上者，應建立會計簽證機制，明定機構採行之會計制度（第 22 條）。

18. 主管機關為了解私立老人福利機構之狀況，得隨時通知其提出業務及財務報告，有缺失者，主管機關應糾正並通知限期改善（第 23、24 條）。

19. 主管機關以外之機關、公立機構或公立學校申請附設老人福利機構者，準用本辦法規定辦理（第 26 條）。

三、 老人福利機構評鑑及獎勵辦法

2007 年《老人福利法》修正後，依據第 37 條第 2 項規定：「主管機關對老人福利機構應予輔導、監督、檢查、評鑑及獎勵」、第 4 項「第 2 項評鑑對象、項目、方式及獎勵方式等事項之辦法，由主管機關定之」，內政部據以將「私立老人福利機構獎勵辦法」及「私立老人福利機構評鑑實施要點」整併修訂為「老人福利機構評鑑及獎勵辦法」共 11 條，主要內容如下：

1. 說明本辦法係依《老人福利法》第 37 條第 4 項規定訂定之法源依據（第 1 條）。

2. 明確規範評鑑及獎勵對象為中央主管之公立、公設民營、財團法人老人福利機構，以及經直轄市、縣（市）主管機關初評達一定成績以上之公立、公設民營及財團法人老人福利機構（第 2 條）。

3. 明確規定中央主管機關每 3 年至少舉辦 1 次老人福利機構評鑑（第 3

條）。

4. 明確規定辦理老人福利機構評鑑，評鑑委員人數及應具之資格（第4條）。

5. 明確規定老人福利機構評鑑項目內容及實施計畫公告時間（第5條）。

6. 明確規定老人福利機構評鑑程序及方式（第6條）。全國性、省級公立、公設民營及財團法人老人福利機構，實施計畫自行評定後，送中央主管機關辦理複評。經直轄市、縣（市）主管機關初評達一定成績以上之直轄市、縣（市）公立、公設民營及財團法人老人福利機構，評鑑程序及方式如下：

(1)自評：由受評機構依前條實施計畫自行評定，送直轄市、縣（市）主管機關初評。

(2)初評：由直轄市、縣（市）主管機關依前條實施計畫採書面審查及實地訪視方式辦理評選，並依中央主管機關指定日期函報初評結果。

(3)複評：由中央主管機關之評鑑小組採書面審查及實地訪視方式辦理。

直轄市、縣（市）主管機關於中央主管機關實施評鑑前一年所辦之老人福利機構評鑑，如其評鑑項目內容報經中央主管機關同意者，其評鑑結果為前項第二款之初評。

7. 明確規定評鑑結果等第，評鑑績優機構之獎勵方式、評鑑成績不佳機構之後續處理及獎金之運用（第7、8、9條）。評鑑結果分為以下等第：(1)優等；(2)甲等；(3)乙等；(4)丙等；(5)丁等。經評定為甲等以上者，由中央主管機關表揚及發給獎牌，並酌給獎金。但公立老人福利機構經評鑑為優等者，主管機關應對首長及相關人員予以行政獎勵。評鑑列為優等或甲等之老人福利機構，得優先接受政府補助或委託辦

理業務；評鑑成績為丙等或丁等者，由主管機關輔導限期改善，中央主管機關應於 3 個月內辦理複評；複評成績未達乙等以上者，應停止政府補助或委託辦理業務，並依《老人福利法》第 46 條至第 49 條規定辦理。私立老人福利機構依本辦法取得之獎金，應專作辦理老人福利業務、充實設施、設備或工作人員獎金之用，並應詳細列帳。

8. 明確規定本項評鑑得委託民間專業團體、機構或學校辦理；評鑑所需費用，由中央主管機關編列預算支應（第 10 條）。

第三節　機構老人社會工作

機構的社會工作，是實施於機構領域的一種專業服務，此一專業服務雖然是以機構內老人為服務的焦點，但也應該與機構的目的互相配合，始能達成機構設立的宗旨。

✍ 一、機構老人社會工作的要點

社會工作人員是機構的重要成員，其主要任務是處理住在機構中之老人的社會心理問題，並協助機構對外的專業溝通，其功能如下：

1. 對機構提供諮詢服務：社會工作人員的任務是服務機構內的老人，以及協助機構達成設立宗旨，因此應該在服務的過程中，做為住民與機構的溝通橋樑，提供專業意見給機構，促進其發展。

2. 處理老人與機構之間的關係：老人離開家庭，生活在機構中，面對陌生的環境以及其他的住民，生活上沒有像在原有家庭中的單純，社會工作人員在此時不但是專業人員，也扮演部分家人的角色，擔任老人或其家屬與機構間的中間者角色。

3. 協助老人處理個人問題：對於需要協助或者生活上有困擾的老人，社會工作人員協助老人探索原因，然後給予適當的處遇，包括協助老人處理不良的家庭關係以及轉介問題，擔任老人的照顧者、勸告者、支持者、協助者的角色。

4. 協助老人適應機構環境：擔任增能者、教育者、倡導者的角色，包括對老人或其家屬說明機構相關規定，協助老人使用機構設備，說明各種收費問題等。

5. 其他相關服務：包括處理申訴事件、疏導機構與老人或其家屬間的糾紛問題、協助老人尋求社會資源等。

二、機構老人社會工作的方法

社會工作人員在機構中的服務主要是以直接服務為主，間接服務為輔，其可運用的方法包括個案工作、團體工作及社區工作三大方法：

1. 社會個案工作：對於住在機構內的老人個案進行評估、診斷、諮商、輔導，以及引入資源等。

2. 社會團體工作：運用團體討論的方式，透過團體思考、團體分享，協助老人在團體過程中可以交換意見、相互支持，並調適自己來改善老人與社會的關係。

3. 社區工作：結合社區資源，將機構的資源提供給社區成員了解，進而鼓勵其參與，規劃社區服務方案，發動志願服務人員，促進機構與社區的關係，拓展社區資源。

老人福利

〈第四節　選擇機構式照護服務的技巧

　　當家庭無法照顧失能老人時，讓老人到機構接受長期照顧是替代性的作法。一般人由於平常與機構互動不多，對於機構了解有限，因此在考慮機構照顧時，心情上往往忐忑不安，不知道如何選擇適合老人的機構。雖然一個「好的機構」需要具備有非常多的條件，但有些條件並不是一般人於短期間就可以評估出來，因此我們用最簡單易解的方式，提出下列考量因素。

☌ 一、老人方面的因素

1. 尊重當事人意見：在為家中長者選擇機構時，應尊重當事人的意願及需求，在考慮此家庭重大決定前，能做好與老人的溝通，尊重他們的感受，減少老人的抗拒和壓力。

2. 老人的需求：如失能老人住院，可以請教醫院的醫護人員，有關後續照護應注意的事項；亦可請教社會工作人員有關相關社會福利服務措施，以及後續照顧的相關服務及資源。

3. 如果失能的老人已回家，可以請教原來的醫療院所，有關失能老人需要的相關醫療照護，或請教當地的社會福利單位或衛生所，有關相關的照護服務資源；在有成立縣市長期照護管理示範中心（台北市、大台中、嘉義市、高雄市、宜蘭縣等縣市）的地方，亦可直接電洽中心的個案管理師，請其協助評估老人的照顧需求。

4. 專業人員的意見：目前我國長期照護的相關服務其實相當多元，機構及服務的類別，可以有多元化的選擇。在資訊的取得方面，可以透過專業人員，如醫院的醫師、護士、出院準備護士、居家服務單位、社

會工作人員等等、政府部門（如社會處、衛生局）及相關民間團體（如中華民國長期照護專業協會、中華民國老人福利推動聯盟）等提供諮詢服務，並請教有類似經驗的親友，相關的照顧技巧與經驗。

5. 現在使用者的意見：也可以觀察現在機構中老人的外觀，表情是否平靜喜悅還是苦惱，甚至可與他們或他們的家屬交談，了解他們在機構裡的情形。

6. 如果已選擇機構照顧，應協助失能老人送至機構後，適應新的機構生活。

⚐ 二、家庭方面的因素

1. 機構與家庭的距離：機構如果距離家屬家庭較近或交通方便，有利於家屬前往探視。

2. 選擇照顧的方式：應先評估家人照顧的可行性，家人照顧在當失能狀況較輕微，照顧需求較低時，不失為可行方案，而且對失能的老人會是較好的安置。但當失能狀況嚴重及照顧需求較多，且家人照顧無法負荷時，才考慮其他服務，如日間照護、日間托老或機構式（養護機構、長期照護機構或護理之家機構）的照護。

3. 家人的負擔能力：長期照護的時間可能長達幾十年，而照顧上的費用，如果是家人照顧，其人力的照顧費用可能較為節省，親人的照顧也較為貼心。如果是機構式照顧，其照顧費用一個月少則 2 萬多元，多則甚至可達 6 萬元以上，對有需要長期照護的家人，其負擔實在不輕，宜仔細考量。

老人福利

⚘ 三、機構方面的因素

（一）是否合法立案

1. 合法立案之養護、安養機構，應有直轄市、縣（市）政府核發之立案證明或中華民國立案老人福利機構標誌。
2. 合法立案之護理之家及日間照護機構，應有衛生單位（如當地衛生局）核發之合法立案執照。

（二）服務內容及限制

1. 住民服裝、儀容需乾淨整齊，並顯出氣色健康、精神愉快。
2. 餐飲、穿衣沐浴、排泄等生活活動時，能提供適時的協助。
3. 會經常舉辦娛樂性（如慶生會或節慶活動）、宗教或體能等活動，使住民可以活動筋骨或增加住民互動機會。
4. 能為住民提供協助閱讀書報、收發及書寫信件、代聯絡家人等個人事項。
5. 若有身體不適或急需急救時，能即時獲得醫療服務。
6. 需復健治療或特殊飲食時，能適時提供物理治療、職能治療與營養師服務。
7. 若有經濟困難或家庭問題時，機構能適當提供協助。
8. 外籍勞工人數不超過全部照顧人員比例的半數，且照顧的外籍勞工有經過訓練，了解住民的需要。
9. 對於住民的需要或建議，機構能有管道協助處理或改善。
10. 合理的收費，並在訂定契約時清楚說明收費標準和收費項目，如自費項目、保證金、急病儲備金等，以及短期離院收、退費問題（台灣失智症協會，2008）。

（三）專業素質

1. 院長（主任）、護理人員、社會工作人員、服務人員等，應接受適當訓練，並取得其資格。

2. 服務人員比例需充足，無論白天或晚上皆能有適當人力照護。

3. 護理人員能每日檢查住民的生理徵象並做紀錄，適時的提供住民必要的護理照護。

4. 服務人員的態度禮貌，尊重住民。

5. 有合適的醫院或診所，提供醫療支援，包括急診或一般門診。

6. 服務人員需親切有禮，具有服務老弱者之熱忱與耐心。

（四）設施設備

1. 房間配置：房間不宜設於地下室，與老人有關的臥室、衛浴應在同一樓層，衛浴盡量接近臥室，採光良好。

2. 扶手：樓梯、電梯、走道兩側均應有扶手；浴廁的扶手應考量水平及垂直移動，設置 L 型的扶手，並設置在適當的高度。

3. 通道寬度：走道、各入出口的寬度，扣除扶手後至少要有 90 公分以上的寬度。

4. 門窗設計：窗戶應使用安全強化玻璃，設置在 120 公分以上高度；入出門以旋轉門或電動門為佳，避免使用旋轉把手。

（五）安全設施

1. 照明亮度充足，使用安全開關及夜燈指示，具備消防安全系統、滅火器及各項逃生設備，緊急出口保持暢通。

2. 住房、浴廁備有緊急呼叫系統或護士通報系統。

3. 地板有防滑設備，尤其是樓梯、走道及浴廁部分。

4. 牆壁、地板、天花板、裝潢等採用防火構造或耐火建材。

5. 毛毯、窗簾、布簾、衣被等使用防焰質料。

6. 各樓層出口標示燈及避難方向指示燈及禁菸燈示。

7. 有設置緊急通報廣播系統。

8. 各樓層房間需設有適當及緊急的照明設備。

9. 兩層樓以上高樓層應設逃生平台及逃生設備，如緩降機。

（六）環境衛生

1. 室內是否有異味（如尿騷味或消毒藥水味）、室外環境清潔，是否有蚊、蠅、蟑螂等。

2. 廚房應注意清潔衛生及食物儲存，應有冷凍設備。

3. 飲食、用水、通風、自然光線設施及健身器材應保持良好狀態。

4. 寢室設計人性化，與鄰床間之區隔應考量隱私設置屏障物（如屏風或隔簾）及擁有私人的衣櫃與雜物櫃，讓老人能有在家安養氣氛。

5. 應設置無障礙空間（如斜坡道、扶手及防滑地板等），便利老人活動及進出。

6. 應設置會客室，讓訪客及家屬能於會客時與老人單獨相處。

7. 應設置休閒或固定用餐空間，鼓勵老人多做活動。

8. 配膳空間，應設有冰箱儲放食物；廚房衛生注意清潔。

9. 需依老人特殊需要，安排及調配有特殊需要老人的膳食。

10. 需備急救設備、換藥車，消毒設備應完善。

老人或其家屬可親自前往機構參觀，並依照以上所列重點進行初步評估，來選擇適當的機構。

參考文獻

內政部（2008）。內政部統計資訊服務網。九十七年第十週內政統計通報。
　　2008 年 10 月 1 日，取自 http://www.moi.gov.tw/stat/

內政部、衛生署、教育部、交通部（2008）。老人福利服務提供者資格要件
　　及服務準則。台北市：作者。

台灣失智症協會（2008）。如何選擇機構式照護服務。2008 年 10 月 1 日，取
　　自 http://www.tada2002.org.tw/index_news.php?ncid=4&nc2id=40&nid=63

老人福利

摘要

老人照顧服務應針對老人需求，依全人照顧、在地老化及多元連續服務原則規劃，並提供居家式、社區式或機構式服務，建構妥善照顧管理機制來辦理。目前台灣雖然已經進入「高齡化」社會，但進住老人福利機構的比例仍屬偏低；未來，隨著家庭結構的改變以及高齡人口的增加，老人對於長期照護、養護及安養機構就養之機構需求勢必也會增加。

為使需照顧的老人能有多元化的選擇，除居家式及社區式服務外，老人福利機構可依照老人的需求提供各項機構式服務，以滿足居住機構之老人多元需求。

機構式服務類別主要有：1.住宿服務；2.醫護服務；3.復健服務；4.生活照顧服務；5.膳食服務；6.緊急送醫服務；7.社交活動服務；8.家屬教育服務；9.日間照顧服務；10.其他相關之機構式服務等。

內政部於 2007 年修正頒行的「老人福利機構設立標準」，主要是整併「老人福利機構設立許可辦法」及「老人長期照護機構設立標準及許可辦法」，並依照《老人福利法》第34條規定及「公共安全管理白皮書」實施計畫內容，配合檢討老人福利機構之規模、面積、設施、人員配置及業務範圍等事項之標準來訂定。內政部也將「私立老人福利機構獎勵辦法」及「私立老人福利機構評鑑實施要點」整併修訂為「老人福利機構評鑑及獎勵辦法」。

機構的社會工作，是實施於機構領域的一種專業服務，此一專業服務雖然是以機構內老人為服務的焦點，但也應該與機構的目的互相配合，始能達成機構設立的宗旨。機構老人社會工作的要點有：1.對機構提供諮詢服務；2.處理老人與機構之間的關係；3.協助老人處理個人問題；4.協助老人適應機構環境，以及 5.其他相關服務。

最後，本章提供老人或其家屬在選擇機構服務的參考指標，供需要者參考運用，以利其覓得良好適合的機構。

名詞解釋

◆ 全人照顧　　　　　　　　◆ 社會福利政策綱領

◆ 機構式服務　　　　　　　◆ 長期照顧機構

◆ 在地老化　　　　　　　　◆ 安養機構

◆ 多元連續服務原則

問題習作

1. 請說明老人福利機構服務的類別。

2. 請說明《老人福利法》對於機構的相關規定。

3. 請說明機構式服務的內容。

4. 請說明老人福利機構如何設立。

5. 請說明老人福利機構如何管理。

6. 請說明機構老人社會工作。

7. 如何選擇機構式照護服務。

老人福利

第十章

老人保護

學習者在研讀本章之後應能了解：

1. 老人虐待的意涵。

2. 受虐待老人的評估指標。

3. 老人保護的步驟。

4. 老人保護相關法律種類及內容。

5. 老人保護工作信念及指標。

老人福利

　　關於老人保護問題，首先我們來看幾則新聞：

案例一：「失智老人失蹤　高市上半年近百件」

　　社會高齡化效應，加上道德觀轉變，失蹤老人逐年攀升，高雄市上半年近百件，尤以失智老人居多，衍生治安問題。警方呼籲民眾多關心長輩，避免造成家庭遺憾。根據市警局統計，高雄市失蹤老人日益增多，今年1至6月失蹤人數近百人，各分局尋獲達70人，以失智老人通報協尋占大多數。警方表示，失智者一旦走失，外表看不出異狀，因語言表達有困難，姓名、住址等說不清楚，以致於流落街頭，民眾不仔細觀察，難以察覺異狀，家屬尋人更是如大海撈針，困難重重。市府社會局表示，近年來社會道德淪喪，老人「無故失蹤」案例有增無減，社福機構好不容易協助尋獲後，子女竟無意接回老人扶養，甚至發生老人遭子女故意棄養。苓雅警分局日前接獲路人通報，在四維、福安路口有一名迷途失智老婦，年齡約60多歲，身材瘦小約158公分，穿著白衣、藍長褲、紅白拖鞋，因迄今未聯絡上家屬，先交由社會局協助安置。警方說，走失老人多半身體狀況不佳，容易身陷險境，若不慎發生意外喪命，難以辨別真正身分，恐被當成無名屍處理，成為家庭遺憾。走失老人也易遭人利用，淪為人頭戶、遊民，過去還曾發生不肖集團誘騙老人自殘身體，淪落街頭行乞，充當集團賺錢工具。警方呼籲家屬平時應多留意長輩特徵，身高、體重、疤痕等，為長輩配戴刻有姓名、地址及電話的項鍊、平安符，方便尋獲時聯絡。警方並建議整合協尋機制，建立老人指紋檔，避免浪費社會資源（資料來源：陳文嬋，2008）。

案例二：「劣子逼賣屋　持木劍打老父」

　　41歲吳姓男子酗酒成性，經常酒後毆打父母，日前吳又酒後返家，質問老父為何不把房子賣給建商，吳父罵他不孝，吳竟持木劍攻擊父親，且朝父

親頭部丟瓷杯，造成吳父頭部撕裂傷，吳父傷心氣憤下控告兒子傷害及家暴。今年6月間，吳姓男子醉醺醺地回到台北市八德路住處，進門就對年近70歲的父親發脾氣，質問父親為何不賣掉房子，吳父反問：「你平時就未善盡孝道，如果我把房子賣了，將來我和你媽要住哪裡？」吳嫌認為被爸爸羞辱，拿出一把木劍攻擊老爸，吳父伸手抓住木劍，吳嫌竟拿起桌上瓷杯往父親頭部砸下，吳父當場頭破血流，被送往醫院縫了7針。吳嫌過去就有毆打雙親的紀錄，但父母都選擇原諒，無奈吳嫌仍不知悔改，吳父這次決定提出告訴。中山警分局事後傳喚吳嫌到案，吳嫌坦承毆打父親，訊後被依《家庭暴力防治法》及傷害直系血親尊親屬罪嫌函辦（資料來源：王述宏，2008）。

案例三：「棄置病患致死　醫院院長送辦」

今年5月，高雄縣旗山發生醫院人球事件，一名老人住院，家屬不願接他出院，院方就直接把老人家載到寺廟丟了就跑，老翁後來不幸死亡，警方調查發現，老人被遺棄前沒有吃藥、沒有進食，在戶外整整躺了一整夜，引發器官衰竭致死，醫院院長最後被依業務過失致死罪移送。罹患肝硬化和糖尿病的劉姓老翁，只因為家屬表示再過兩天後接人出院，醫院卻等不及就在晚上派醫院行政人員，帶著病患坐上計程車，接著就把人丟在廟門口，不但沒有給藥，連飯也沒有餵食。雖然醫院喊冤，不過警方調查之後發現老人死亡和遭遺棄有直接關係，因此將醫院李姓院長，以及丟棄病患的助理，依業務過失致死移送，而這名院長涉及業務過失，已經不是第一次（資料來源：潘潔瑩、許文男，2008）。

從以上的案例中我們可以發現，在老年人口遽增的社會，面對一件件怵目驚心的個案，老人如果無法安渡晚年，不但是家庭的悲劇也是社會的問題，老人保護已是現代社會所必須正視、嚴肅的課題。

老人福利

第一節　老人虐待與疏忽的定義與形式

　　老人虐待是指一切對於老人的疏忽及暴力行為，包含故意或過失的疏忽和虐待行為。除了《老人福利法》第 5 章的保護措施中有所規定外，其他有關老人保護的法令也將是本章討論的範圍。

　　一般專業人員所稱的老人虐待，主要有：身體虐待（physical abuse）、性虐待（sexual abuse）、情緒或心理虐待（emotional or psychological abuse）、疏忽（neglect）、財務或物質上的剝削（financial or material exploitation），以及遺棄（abandonment）、違反基本人權（violation of basic human rights）等。

　　老人受虐待的原因，可從下列幾個面向來探討：首先是文化與社會因素，分別為孝道觀念以及文化規範的轉變；其次是家庭和互動關係的因素，分別為代間傳遞觀點、家庭系統理論，以及家庭壓力論以及個人和人格因素，這些因素又可再細分為：與老人有關之因素、與施虐者有關之因素，以及酗酒及藥物濫用之因素等。

　　至於老人虐待與疏忽的類型與形式，說明如下：

1. 身體虐待與疏忽：包括肢體虐待、妨害自由、重傷害、傷害等行為皆是。虐待的動作包含：打、捶、踢、推、拉、扯、咬、扭、捏、撞牆、揪髮、扼喉、使用武器或工具等皆是。這些侵害所造成的傷害有時候可以看得見，如瘀傷、挫傷、割傷或脫臼，有時候是內傷，一時無法以肉眼判斷察覺，如腦震盪。

2. 心理虐待與疏忽：心理的傷害、精神上不法之侵害行為：

   (1)言詞攻擊：以言詞或語調威脅、恐嚇或企圖損傷老人自尊的行為。

例如：辱罵三字經、謾罵老人無能、愚蠢、遲鈍、髒臭等，惡性傷害自尊的語言。

(2)心理或情緒虐待：以羞辱、瞪眼、不實指控、跟蹤、監視、冷漠、鄙視、忽略、破壞物品等，使對方心生痛苦或恐怖的行為。

3. 性侵害或性騷擾：例如違反性自主、開黃腔、展示色情圖片等。

4. 財務的虐待（financial abuse）與財務的剝奪（financial exploitation）：例如不給生活費、過度控制家庭財務、偷財產、強迫擔任保證人、強迫贈與或移轉財產、強迫借貸等。

5. 遺棄（abandonment）：《老人福利法》第 51 條規定：「依法令或契約有扶養照顧義務……而對老人遺棄……留置無生活自理能力之老人獨處於易發生危險或傷害之環境，或留置老人於機構後棄之不理，經機構通知限期處理，無正當理由仍不處理者。」另外《民法》上所稱的遺棄與《刑法》上的遺棄罪不同，《刑法》上的遺棄罪是被害人已經達到生命危險之虞；而《民法》上則是指未盡扶養的義務，但不以有立即的危險以及危害到生命安全之虞為條件。《刑法》規定的主要有第 293 條：「遺棄無自救力之人者」、第 294 條為有義務者之遺棄罪，規定：「對於無自救力之人，依法令或契約應扶助、養育或保護而遺棄之，或不為其生存所必要之扶助、養育或保護者」，以及第 295 條：「對於直系血親尊親屬遺棄者」等三種情形。

6. 騷擾：指任何打擾、警告、嘲弄或辱罵他人之言語、動作，或製造使人心生畏怖情境之行為。

7. 跟蹤：指任何以人員、車輛、工具、設備或其他方法，持續性監視、跟追之行為。

8. 違反基本人權：也就是對於老人有違反自由權（有人身自由、居住遷徙自由、言論自由、通訊自由、宗教自由與集會結社自由等）、受益

權、參政權以及平等權等行為。

受虐待對老人可能產生下列影響,分別為:

1. 心理層面方面:可能造成老人恐懼再受虐、精神焦慮、沮喪、憤怒與認命的情緒反應或者內心愧疚、被背叛而有厭世的想法。

2. 健康方面:將造成老人身體傷害以及精神疾病。

3. 家庭生活方面:由於受虐待老人會感覺缺乏關懷、愛與尊重、孤單寂寞、缺乏照顧生活不便與不安。

4. 老人在社會生活上可能會因為感到孤立無援,反而需要依賴施虐者而生存,同時也喪失在社會上應有的地位。

第二節　受虐待老人的評估指標

現行的《老人福利法》及施行細則均未明訂受虐待老人的評估指標,通常社會工作人員在評估虐待行為時,都會以該行為的發生次數、持續性、嚴重性及所發生之結果做為依據,同時也需考量社會文化背景、老人對該項行為之認知,以及行為發生因素等背景;因此,老人虐待及疏忽的定義,有時候會因時空環境而有不同的解釋(Wold, 2000)。為了進一步了解老人虐待的意涵,我們引用 Alan Kemp 的指標來做觀察。

✍ 一、行為指標

如同正常人身陷苦惱,老人也可能有沮喪和焦慮的徵兆與症狀,例如:

1. 睡眠的困擾(睡太多或太少)。

2. 飲食的困擾(食量遽增或驟減)。

3. 失去活力、昏昏欲睡。

4. 沮喪、焦慮及困擾的主觀感受。

5. 喪失對人與事的樂趣。

6. 孤獨與退縮。

其他的行為指標還包括：

1. 經常到醫院急診。

2. 經常更換主要的照顧者。

3. 延誤醫療。

4. 易受驚嚇。

5. 顫慄發抖。

6. 說話遲疑。

7. 解釋問題語焉不詳或不真實。

⚘ 二、可疑的身體虐待指標

老人虐待中，身體虐待的指標所出現的徵兆與症狀有如兒童虐待。一旦明顯的指標出現時，則需更進一步判斷是老人虐待、忽視或財務剝削，當有虐待情況發生，即會出現下列情況：

1. 手腕、腳踝、頭部或腋下有局部傷痕（極有可能是照顧者限制老人行動而引發所造成）。

2. 有毆打、推撞、摑打、踢打的瘀傷。

3. 皮膚上有斑點、變色、褪色。

4. 燒燙傷。

5. 骨折、扭傷、割傷、擦傷。

不論老人的傷勢復原至何種程度，主要照顧者在說明老人受傷之原因若有前後不一致時，則通常該質疑老人是否已受虐。如下硬腦膜出血（subdural hematomas）及視網膜出血，可能係嚴重晃動所造成的傷害。

老人福利

⟳ 三、疏忽的身體指標

疏忽與虐待最大之區別為，虐待是因故意而發生的行為，疏忽是雖非故意，但按其情節應注意，並能注意，而不注意者，為過失之行為，而虐待猶如《刑法》之犯罪構成要件，行為人首先對於客觀的構成犯罪事實有所認識或有所預見，而後基於這種主觀的認識或預見，進而決定使其所認識的成為事實，或者容任其所預見的成為事實。這種有認識或有預見而決意使其發生，或容任發生的心理狀態即為故意，疏忽有一些生理指標，常見者為：

1. 嚴重的營養不良或脫水現象。
2. 有血壓的問題但未依照醫囑服藥。
3. 有褥瘡但未得到適當的照顧。
4. 衛生不良。
5. 皮膚疹。
6. 臉色蒼白、下陷的雙眼。
7. 欠缺眼鏡、助聽器、假牙等。
8. 受傷但未獲得適當的治療。
9. 住宅環境不良且不衛生。

⟳ 四、財務或物質剝削指標

1. 銀行帳戶有不尋常的進出帳目。
2. 銀行帳戶綜合對帳單開始未送達老人住家。
3. 提供給老人的服務遠少於老人經濟能力所能負擔。
4. 要求老人簽署一些難於理解的文件。
5. 缺乏一些老人經濟負擔得起的家庭設備。
6. 照顧者過度關心老人的財務狀況。

7. 初見面者卻表現出與老人非常熟識的樣子。

8. 承諾給老人終生的照顧。

9. 簽名筆跡不符。

10. 對於老人財務管理的相關說明不切實際。

有些並非老人的照顧者，但能取得老人的重要文件之人，也可能是詐取老人的財物者，老人的受害經驗大部分是嫌犯想從老人身上獲取經濟利益，例如竊盜、偷車等案例（張英陣、彭淑華等譯，1999）。

老人虐待的類型十分繁複，而各種不同類型虐待也會造成不同的影響，有些相同的症狀也有不同的因素，因此指標（indications）雖然可以提供評估的重要參考，但也不能做為處遇的唯一依據。

第三節　老人保護的服務體系

老人保護體系主要是由相關法律與主管機關的服務措施所構成。本節介紹老人保護（障）之相關法律與老人保護的步驟。

一、老人保護（障）之相關法律

社會福利政策透過法律的規定來落實，行政措施也需遵循法律規定來實施，法律是保障人民權益的最後防線，老人保護是老人的公民權利，就法律層面而言，老人保護之相關法律，主要可從《老人福利法》、《民法》、《刑法》、《家庭暴力防治法》及《就業服務法》等相關法律來探討，分述如下。

（一）《老人福利法》

1. 在就業保障方面，隨著高齡化社會來臨及平均壽命延長，老人持續於

職場工作之情形將亦趨普遍，為避免其因年齡因素受到雇主就業歧視，於第 29 條規定：「雇主對於老人員工不得予以就業歧視。」可惜此規定僅為宣示性質，並無罰則。

2. 老人因直系血親卑親屬或依契約對其有扶養義務之人有疏忽、虐待、遺棄等情事，致有生命、身體、健康或自由之危難，直轄市、縣（市）主管機關得依老人申請或職權予以適當短期保護及安置。老人如欲對之提出告訴或請求損害賠償時，主管機關應協助之（第 41 條第 1 項）。

3. 依法令或契約有扶養照顧義務而對老人有下列行為之一者，處新台幣 3 萬元以上 15 萬元以下罰鍰，並公告其姓名；涉及刑責者，應移送司法機關偵辦：(1)遺棄；(2)妨害自由；(3)傷害；(4)身心虐待；(5)留置無生活自理能力之老人獨處於易發生危險或傷害之環境；(6)留置老人於機構後棄之不理，經機構通知限期處理，無正當理由仍不處理者（第 51 條）。

4. 老人之扶養人或其他實際照顧老人之人違反第 51 條情節嚴重者，主管機關應對其施以 4 小時以上 20 小時以下之家庭教育及輔導。無故不接受前項家庭教育及輔導或時數不足者，處新台幣 1,200 元以上 6,000 元以下罰鍰，經再通知仍不接受者，得按次處罰至其參加為止（第 52 條）。

5. 老人因無人扶養，致有生命、身體之危難或生活陷於困境者，直轄市、縣（市）主管機關應依老人之申請或依職權，予以適當安置（第 42 條）。

6. 醫事人員、社會工作人員、村（里）長與村（里）幹事、警察人員、司法人員及其他執行老人福利業務之相關人員，於執行職務時知悉老人有疑似第 41 條第 1 項或第 42 條之情況者，應通報當地直轄市、縣

（市）主管機關（第 43 條）。主管機關接獲通報後，必要時得進行訪視調查。進行訪視調查時，得請求警察、醫療或其他相關機關（構）協助，被請求之機關（構）應予配合（第 43 條第 3 項）。

7. 老人福利機構應與入住者或其家屬訂定書面契約，明定其權利義務關係（第 38 條）。老人福利機構應投保公共意外責任保險及具有履行營運之擔保能力，以保障老人權益（第 39 條）。

8. 老人福利機構有下列情形之一者，處新台幣 6 萬元以上 30 萬元以下罰鍰，再限期令其改善：

   (1)虐待、妨害老人身心健康或發現老人受虐事實未向直轄市、縣（市）主管機關通報。

   (2)提供不安全之設施設備或供給不衛生之餐飲，經主管機關查明屬實者。

   (3)經主管機關評鑑為丙等或丁等或有其他重大情事，足以影響老人身心健康者（第 48 條）。

9. 為發揮老人保護功能，應以直轄市、縣（市）為單位，並結合警政、衛生、社政、民政及民間力量，建立老人保護體系，並定期召開老人保護聯繫會議（第 44 條）。

（二）《民法》

1. 子女應孝敬父母（第 1084 條第 1 項）。

2. 第 1114 條規定：「直系血親相互間、夫妻之一方與他方之父母同居者，其相互間、兄弟姊妹相互間、家長家屬相互間，互負有扶養義務。」如有遺棄他方之行為，除有刑事責任外，亦有民事侵權行為損害賠償問題。

3. 第 1081 條第 1 項規定：「養父母、養子女之一方，有下列各款情形

之一者，法院得依他方、主管機關或利害關係人之請求，宣告終止其收養關係：

(1)對於他方為虐待或重大侮辱。

(2)遺棄他方。

(3)因故意犯罪，受 2 年有期徒刑以上之刑之裁判確定而未受緩刑宣告。

(4)有其他重大事由難以維持收養關係。」

（三）《刑法》

1. 遺棄

(1)遺棄無自救力之人者（第 293 條）。

(2)對於無自救力之人，依法令或契約應扶助、養育或保護而遺棄之，或不為其生存所必要之扶助、養育或保護者，處 6 個月以上、5 年以下有期徒刑。因而致人於死者，處無期徒刑或 7 年以上有期徒刑；致重傷者，處 3 年以上 10 年以下有期徒刑（第 294 條）。

(3)對於直系血親尊親屬遺棄者，加重其刑至二分之一（第 295 條）。如未達發生生命危險之程度，被遺棄之一方如不能維持生活（如為子女，尚須無謀生能力），得向對方訴請給付扶養費。

2. 傷害：第 277 條至第 281 條，包括普通傷害、加重傷害、義憤傷害、傷害直系血親尊親屬，加暴行於直系血親尊親屬等罪。

3. 妨害自由：第 302 條至第 303 條，包括剝奪他人行動自由、剝奪直系血親尊親屬行動自由等罪。

此外，第 18 條規定：「滿 80 歲人之行為，得減輕其刑。」此條之規定乃由於高齡老人因年齡及健康因素，來日無多，犯罪能力也降低，如強以刑罰約束的話實益不多，所以在刑事責任上得以減輕。

（四）《家庭暴力防治法》

《家庭暴力防治法》的立法目的，主要是為防治家庭暴力行為及保護被害人權益。重要條文如下：

1. 直轄市、縣（市）主管機關應整合所屬警政、教育、衛生、社政、民政、戶政、勞工、新聞等機關、單位業務及人力，設立家庭暴力防治中心，並協調司法相關機關，辦理下列事項：

   (1)提供 24 小時電話專線服務。

   (2)提供被害人 24 小時緊急救援、協助診療、驗傷、採證及緊急安置。

   (3)提供或轉介被害人心理輔導、經濟扶助、法律服務、就學服務、住宅輔導，並以階段性、支持性及多元性提供職業訓練與就業服務。

   (4)提供被害人及其未成年子女短、中、長期庇護安置。

   (5)轉介被害人身心治療及諮商。

   (6)轉介加害人處遇及追蹤輔導。

   (7)追蹤及管理轉介服務案件。

   (8)推廣各種教育、訓練及宣導。

   (9)其他家庭暴力防治有關之事項。

   前項中心得與性侵害防治中心合併設立，並應配置社工、警察、衛生及其他相關專業人員；其組織，由直轄市、縣（市）主管機關定之（第 8 條）。

2. 被害人得向法院聲請通常保護令、暫時保護令；被害人為未成年人、身心障礙者或因故難以委任代理人者，其法定代理人、三親等以內之血親或姻親，得為其向法院聲請之。檢察官、警察機關或直轄市、縣（市）主管機關得向法院聲請保護令。保護令之聲請、撤銷、變更、延長及抗告，均免徵裁判費，並準用《民事訴訟法》第 77 條之 23 第

4 項規定（第 10 條）。

3. 保護令之聲請，應以書面為之。但被害人有受家庭暴力之急迫危險者，檢察官、警察機關或直轄市、縣（市）主管機關，得以言詞、電信傳真或其他科技設備傳送之方式聲請緊急保護令，並得於夜間或休息日為之。前項聲請得不記載聲請人或被害人之住居所，僅記載其送達處所。法院為定管轄權，得調查被害人之住居所。經聲請人或被害人要求保密被害人之住居所，法院應以秘密方式訊問，將該筆錄及相關資料密封，並禁止閱覽（第 12 條）。

4. 聲請保護令之程式或要件有欠缺者，法院應以裁定駁回之。但其情形可以補正者，應定期間先命補正。法院得依職權調查證據，必要時得隔別訊問。前項隔別訊問，必要時得依聲請或依職權在法庭外為之，或採有聲音及影像相互傳送之科技設備或其他適當隔離措施。被害人得於審理時，聲請其親屬或個案輔導之社工人員、心理師陪同被害人在場，並得陳述意見。保護令事件之審理不公開。法院於審理終結前，得聽取直轄市、縣（市）主管機關或社會福利機構之意見。保護令事件不得進行調解或和解。法院受理保護令之聲請後，應即行審理程序，不得以當事人間有其他案件偵查或訴訟繫屬為由，延緩核發保護令（第 13 條）。

5. 法院於審理終結後，確認有家庭暴力之事實且有必要者，應依聲請或依職權核發包括下列一款或數款之通常保護令：

(1)禁止相對人對於被害人或其特定家庭成員實施家庭暴力。

(2)禁止相對人對於被害人為騷擾、接觸、跟蹤、通話、通信或其他非必要之聯絡行為。

(3)命相對人遷出被害人之住居所；必要時，並得禁止相對人就該不動產為使用、收益或處分行為。

⑷命相對人遠離下列場所特定距離：被害人之住居所、學校、工作場所或其他被害人或其特定家庭成員經常出入之特定場所。

⑸定汽車、機車及其他個人生活上、職業上或教育上必需品之使用權；必要時，並得命交付之。

⑹定暫時對未成年子女權利義務之行使或負擔，由當事人之一方或雙方共同任之、行使或負擔之內容及方法；必要時，並得命交付子女。

⑺定相對人對未成年子女會面交往之時間、地點及方式；必要時，並得禁止會面交往。

⑻命相對人給付被害人住居所之租金或被害人及其未成年子女之扶養費。

⑼命相對人交付被害人或特定家庭成員之醫療、輔導、庇護所或財物損害等費用。

⑽命相對人完成加害人處遇計畫。

⑾命相對人負擔相當之律師費用。

⑿禁止相對人查閱被害人及受其暫時監護之未成年子女戶籍、學籍、所得來源相關資訊。

⒀命其他保護被害人或其特定家庭成員之必要命令。

法院為前項第 10 款之裁定前，得命相對人接受有無必要施以處遇計畫之鑑定（第 14 條）。

6. 法院核發暫時保護令或緊急保護令，得不經審理程序。法院為保護被害人，得於通常保護令審理終結前，依聲請核發暫時保護令。法院核發暫時保護令或緊急保護令時，得依聲請或依職權核發第 14 條第 1 項第 1 款至第 6 款、第 12 款及第 13 款之命令。法院於受理緊急保護令之聲請後，依聲請人到庭或電話陳述家庭暴力之事實，足認被害人

有受家庭暴力之急迫危險者,應於4小時內以書面核發緊急保護令,並得以電信傳真或其他科技設備傳送緊急保護令予警察機關。聲請人於聲請通常保護令前聲請暫時保護令或緊急保護令,其經法院准許核發者,視為已有通常保護令之聲請。暫時保護令、緊急保護令自核發時起生效,於聲請人撤回通常保護令之聲請、法院審理終結核發通常保護令或駁回聲請時失其效力。暫時保護令、緊急保護令失效前,法院得依當事人或被害人之聲請或依職權撤銷或變更之(第16條)。

7. 命相對人遷出被害人住居所或遠離被害人之保護令,不因被害人同意相對人不遷出或不遠離而失其效力(第17條)。

8. 保護令除緊急保護令外,應於核發後24小時內發送當事人、被害人、警察機關及直轄市、縣(市)主管機關。直轄市、縣(市)主管機關應登錄法院所核發之保護令,並供司法及其他執行保護令之機關查閱(第18條)。

9. 法院應提供被害人或證人安全出庭之環境與措施。直轄市、縣(市)主管機關應於所在地地方法院自行或委託民間團體設置家庭暴力事件服務處所,法院應提供場所、必要之軟硬體設備及其他相關協助。但離島法院有礙難情形者,不在此限(第19條)。

10. 關於保護令之裁定,除有特別規定者外,得為抗告。保護令之程序,除本章別有規定外,準用《非訟事件法》有關規定;《非訟事件法》未規定者,準用《民事訴訟法》有關規定(第20條)。

(五)在就業保障方面《就業服務法》規定

除了《老人福利法》於第29條規定:「雇主對於老人員工不得予以就業歧視」外,《就業服務法》規定如下:

1. 國民具有工作能力者,接受就業服務一律平等(第4條)。

2. 為保障國民就業機會平等，雇主對求職人或所僱用員工，不得以種族、階級、語言、思想、宗教、黨派、籍貫、出生地、性別、性傾向、年齡、婚姻、容貌、五官、身心障礙或以往工會會員身分為由，予以歧視……（第 5 條第 1 項規定）。違反本項規定者處新台幣 30 萬元以上 150 萬元以下罰鍰。

♫ 二、老人保護的步驟

（一）舉發通報

《老人福利法》第 43 條規定：「醫事人員、社會工作人員、村（里）長與村（里）幹事、警察人員、司法人員及其他執行老人福利業務之相關人員，於執行職務時知悉老人有疑似第 41 條第 1 項或第 42 條之情況者，應通報當地直轄市、縣（市）主管機關。」

舉發通報就是讓需要保護的老人迅速脫離危險情境，快速取得保護資源，除了法律規定有通報責任的專業人員外，受虐老人本身或其他民眾如有發現可疑，也可以向主管機關舉發通報。

另外，內政部自 1999 年起，補助地方政府，針對身心障礙中低收入之獨居老人，提供所謂的「緊急救援連線」服務，運用生命連線緊急求援系統（LI-FELINE）。所謂生命連線緊急求援系統，包含了一組連在用戶電話上的主機及一個無線遙控防水防塵的隨身按鈕，可當項鍊配戴，也可配掛在老人腰帶上，老人隨時需要幫忙時，只要按下這隨身按鈕，訊號將可透過主機傳送到 LIFELINE 生命連線控制中心，專業的護理人員將立刻與用戶透過語音系統溝通，和老人取得聯繫，如需要幫忙時，將立即聯絡老人所指定的緊急聯絡人或救護車前往，確保老人的安全。

全國老人保護專線 113，提供受虐老人或一般民眾可以及時舉發通報，是

進入保護體系的重要入口。

（二）調查確認

　　地方主管機關接獲通報後，必要時得進行訪視調查。進行訪視調查時，得請求警察、醫療或其他相關機關（構）協助，被請求之機關（構）應予配合。調查內容應包括老人受虐類型、嚴重程度、身心狀況、施虐者的身心狀況、前科紀錄、家庭動力與結構、資源體系等資料，彙整所有資料後再評估個案的危機程度擬定處遇計畫。

（三）處遇計畫

1. 緊急處遇：當老人身上有明顯傷害或者表達受到虐待時，保護人員應徵詢老人意見，協助前往醫院驗傷、就診，除了協助採證做筆錄外，應評估是否需要提供緊急安置。

2. 安置處遇：安置處遇又可區分為緊急安置與委託安置兩種。《老人福利法》第 42 條規定：「老人因無人扶養，致有生命、身體之危難或生活陷於困境者，直轄市、縣（市）主管機關應依老人之申請或依職權，予以適當安置。」

3. 醫療處遇：受虐老人如身體有明顯傷害，或因長期受虐導致身心創傷、情緒障礙，提供診療與復健服務。

4. 家庭處遇：提供施虐者個別諮商治療、家庭治療等，改善老人家庭成員的互動模式，協助其恢復家庭功能。

（四）個案管理

　　各地方政府之老人保護網絡體系，提供法律諮詢服務、協助驗傷醫療、諮商輔導、評估處遇、委託安置等，應有專人來負責個案的評估、處遇、結

案與追蹤，使整個服務流程能夠確保服務的完整性。

（五）司法涉入

在考慮受虐待老人之最佳利益及尊重老人意願下，保護機構可代（協助）案主尋求司法協助。《老人福利法》第51條也規定：「依法令或契約有扶養照顧義務而對老人如有遺棄、妨害自由、傷害、身心虐待、留置無生活自理能力之老人獨處於易發生危險或傷害之環境、留置老人於機構後棄之不理，經機構通知限期處理，無正當理由仍不處理者處新台幣3萬元以上，15萬以下罰鍰，並公告其姓名；有涉及刑責者，應移送司法機關偵辦」，或予以法律諮詢協助老人提出告訴。

第四節　老人保護的未來

老人在退休後經濟收入減少，健康逐漸退化，在社會及家庭中的角色也從主動主導的角色退居被動幕後的角色；因此，如果老人本身經濟薄弱或健康情況不佳的話，可能處處需要仰賴家庭或子女的供給與支持。而當家庭功能失調時，老人可能得到的照顧相對減少，老人的生活受到影響，被子女疏忽、遺棄與虐待的事件便會層出不窮，老人保護工作成為未來高齡化社會中，社會福利的重要工作。

最新（2007年1月）修訂的《老人福利法》雖然較以前頒布的《老人福利法》在內容上更為充實，但是老人保護工作應該依照社會的現況，由政府跨部門的合作引導才能夠聯結成較完整的服務網絡。我們可以從下列一些較常見的現象來觀察未來須加強努力的方向。

老人福利

⚘ 一、居高不降的老人自殺率

老人的高自殺率顯示，許多老人對於晚年生活的無助、失望、挫折而沒有適時的獲得援助，也顯示老人保護工作網絡未盡完善，尚有很大的努力空間。

衛生署公布 1996 年國人死亡原因，自殺排名第 11。至 2007 年十大主要死因，國人自殺死亡數為 3,933 人，居第 9 順位，其中 6 成 7 為男性，3 成 3 為女性，男性死亡數為女性死亡數之 2.1 倍，國人自殺率居高不下。而在 2007 年，老人自殺死亡有 841 人，占老人死亡 0.9%，居第 12 順位，亦處於國人死亡原因的高檔（行政院衛生署，2008）。

因此，要如何建立老人完整的照顧網絡，充實老人精神生活，降低老人自殺率，讓老人有一個快樂的晚年，是迫切需要正視與努力的議題。

⚘ 二、受虐老人的服務

《老人福利法》第五章設有老人保護措施專章（第 41 條至 44 條），但僅以老人被疏忽、虐待、遺棄、無人扶養等致有生命、身體、健康或自由之危難，或生活陷於困境者為範圍，在保護措施有需要仰賴公權力介入的特性，各地方政府之老人保護網絡體系，已提供法律諮詢服務、協助驗傷醫療、諮商輔導、委託安置等服務。

實務工作上較常面對的問題是，老人受虐待定義的界定與評估標準尚缺乏一致的準則；其次是在政府公權力介入時，應尊重當事人自由意志，但卻常涉及如何兼顧法律與倫理抉擇的兩難問題；再者，受虐老人的保護如涉及司法機關，在程序進行上往往曠日費時、緩不濟急，以及專業機構不足，對於需要特殊安置之老人，其安置期間過短等等問題，皆有待加強。

✍ 三、失智老人的問題

　　失智症（老年癡呆）已成為 21 世紀的「流行病」和夢魘。近年來國內的研究報告指出，65 歲以上的老人約有 3%至 4%出現明顯的失智症。據劉景寬（2002）對於我國失智症發生率之研究，結果顯示每 100 名 65 歲以上老人，每年有 1.3 人會罹患失智症而變成失智老人，這個發生率也是隨著年齡增加而比率會明顯升高。台灣地區的失智老人每年將近有三分之一會死亡，遠高於歐美先進國家，顯示國人對失智症的認識不足與照顧不周。

　　失智症照顧成本高於非失智個案，且愈嚴重成本愈高，亟需整合醫療及社會資源，預防失智症的發生及其退化，同時提升生活品質。近來藥物研究亦有新成果，需依最新實證重新檢討藥物之健保給付標準，照顧者的評估與支持也應納入照顧計畫中，避免家屬成為另一個需要被照顧的個案（劉景寬，2002）。

　　因此，失智老人的日增，因智能障礙者無法主張權益，財產容易被有心人士變更；另外，龐大的照顧醫療費用以及老人走失問題，是失智老人家庭的隱憂，也將是未來重要的社會問題，亟待及早推動信託監察人制度，確實保障失智老人的權益以及檢討醫療資源的供給。在社會福利措施方面，除了經濟上的補助外，照顧者的評估與支持以及協尋網絡的建全，均可減少失智老人流落街頭，也是未來應努力的方向。

老人福利

中文部分

王述宏（2008，7月24日）。劣子逼賣屋　持木劍打老父。**自由時報**。

行政院衛生署（2008）。**老年人口主要死亡原因**。2008 年 10 月 1 日，取自
　　http://www.doh.gov.tw/CHT2006/DisplayStatisticFile.aspx?d=61570

陳文嬋（2008，8月8日）。失智老人失蹤　高市上半年近百件。**自由時報**。

張英陣、彭淑華等（譯）（1999）。A. Kemp 原著。**家庭暴力**（Abuse in the
　　family: An introduction）。台北市：洪葉。

潘潔瑩、許文男（2008，8月7日）。棄置病患致死　醫院院長送辦。**華視新
　　聞**。

劉景寬（2002）。親友「相見不相識」──認識老年失智症。**高醫醫訊月刊，
　　22**（1）。

英文部分

Wold, R. (2000). Introduction: The nature and scope of elder abuse. *Generation, 24*,
　　6-12.

摘要

在人生晚年的階段，老人最理想的生活是享受家庭生活的樂趣，平安愉快的頤養晚年，也就是〈禮運大同篇〉的「老有所終」的境界。這個看似平凡的理想，在工商社會裡許多家庭因為功能失調，許多老人被疏忽甚至被虐待的事件層出不窮，這不啻是人倫悲劇也是社會問題。因此，老人保護工作也成為老人福利議題的重要環節。

本章先說明老人虐待的意涵，從實務面探討受虐待老人的評估指標以及老人保護的步驟。其次介紹老人保護相關法律種類及內容，以及老人保護工作信念及指標。

隨著「高齡化社會」的來臨，老人保護的範疇不應局限於消極的疏忽、虐待防治，而應針對老人的需要做更積極性的發展，例如：老年人自殺問題、失智老人的協尋問題等，與老人安全有關的議題，都應列入「老人保護」的範疇，也是未來值得重視的問題。

 老人福利

 名詞解釋

◆ 身體虐待與疏忽

◆ 心理的傷害、精神上不法之侵害
　行為

◆ 性侵害或性騷擾

◆ 財務或物質上的剝削

◆ 遺棄

◆ 基本人權

◆《家庭暴力防治法》

◆ 保護令

 問題習作

1. 試說明老人虐待的意涵。

2. 試說明受虐待老人的評估指標。

3. 試說明老人保護的步驟。

4. 簡述說明老人保護相關法律種類及內容。

5. 試說明老人保護工作信念及指標。

第十一章

台灣主要的老人年金制度

學習目標

學習者在研讀本章之後應能了解：

1. 社會保險的定義、內涵、意義、功能、目的

2. 社會保險的特質、類別、對象

3. 我國現行各項老人相關年金制度

4. 各類老人年金的現況、差異

5. 對老人福利年金制度未來的展望與建議

老人福利

〈第一節 社會保險——年金保險的意義、功能與目的

　　吳祥輝（2006）在其所著的《芬蘭驚艷》一書中記載：福利制度的起源有各式各樣的「文化決定論」。照顧弱勢、追求社會公平正義、落實獨立自主的人權，都是福利制度的目的。它的最原始動機無非是一種「制度化的救貧或消費政策」，集合所有人的共同力量，讓所有的人都能平穩的活下去，直到終老。

☆ 一、社會保險的基本概念

　　「安全」一詞來自拉丁文的 securus，其意義是「不用擔憂」（without-care），故安全可視為個人心靈的平靜與免於不確定性的自由。人是一種社會性的動物，團體間的互助合作是人類與生俱來的，不論人類尋求安全的本能從何而來，顯然與其需要（needs）與慾望（wants）有關，故個人的「不安全」乃由於其能力喪失或不確定性，導致其需要或慾望無法獲得滿足。根據美國人本主義心理學家亞伯拉罕・馬斯洛（Abraham Maslow, 1908-1970）的需求理論，人類尋求經濟安全的方法屬第二層次的需求，藉互助自助的保險方式來達成保障的目的，並以第四層次的被尊重需要，利用社會連帶責任觀念來減輕中低收入者的負擔，而構成社會保險的理念架構（柯木興，2007）。

　　我國的社會安全系統主要可區分四類，包括：社會保險（social insurance）、年金制度（pension system）、福利服務（benefit service）及社會救助（social relief）。社會保險是透過徵收保險費為財源，當被保險人遭受疾病、老年、生育、傷殘、死亡及失業等情況，給付被保險人或遺族的制度（柯木興，2007）。

　　人類社會是一個互助的社會，主要的方式有：互助組織（含商業保險）、社會救助與社會保險三種型態。社會保險建立的目的是取代社會救助，將事後的救濟轉變為事前的預防，其內容既然容許高度的彈性，其未來可致力於規劃一個完整的社會保險（社會安全）體系，逐漸取代社會救助。例如希臘於四千多年前的喪葬給付社團（Greek societies burial benefits），以繳費或特定貢獻（contribution）為會員資格取得條件；不過其給付的財源多來自於補貼，會員所繳的費用只占一小部分。而後繳費與給付之間的對等性愈來愈強，例如在西元二、三世紀時期，羅馬的喪葬社團（burial clubs），乃逐漸發展出相互保險（mutual insurance）的制度，其不以營利為目的，利潤為所有會員共享（楊靜利，2000）。而社會保險的意義即將需負擔的風險強制集中，而轉移於某一隸屬政府之機構的一種社會安全措施。由法律規定，在特定條件下，於某種預定損失發生時，提供金錢或實物給付予被保險人或其利益關係人。社會保險的特質，大致可區分如下（HOYA 雜貨舖網站，2008）。

（一）強制原則

　　由於社會保險是一種政策性的保險制度，需考慮大多數人的利益及費用負擔能力，且由國家制定法律，把在特定範圍內的國民均列入參加保險，以獲得基本的保障；又基於大數法則，人愈多風險分擔愈平均，且結合風險性高的與風險性低的，可以避免逆選擇，且都獲得保障，防止健康國民遭受疾病、老年及死亡時喪失其收入，而導致貧窮的發生。

（二）最低收入保障原則

　　社會保險旨在提供最低收入保障，以對抗特定的風險事故損失，傳統上認為個人應為自己的經濟不安全，擔負大部分的責任。但對於最低收入的保障，難有較明確的界定。

老人福利

（三）給付與所得無直接關係原則

1. 因個人努力而有較高收入的勞工，在保險制度上，應有較高的給付額。

2. 一般由其所得來決定個人生活水準及退休後的所得水準。

3. 對於部分雇主而言，或許會以支付保費當作部分薪水的支出。

（四）給付權利原則

在這種原則下，被保險人享有領受保險給付的權利，不需任何證明：

1. 在被保險人與保險人間，並沒有正式的契約關係存在，而保險契約並不需經保險人同意就可修改之。

2. 社會保險給付應是一種應得的權利，在於保險已繳納者。

3. 係指法令所規定的權利而言，依法令制定的特定給付，必須給予合格的領受者。

（五）自給自足原則

1. 讓保險人了解給付來自於其所繳納的保險費，可避免保險人疏忽的態度，且更注意保險制度的健全發展。

2. 可使社會保險經營更具有效率，也可避免政府無所謂的超額預算支出。

3. 由於社會保險是經由國家立法而產生，大部分民眾均有參加，將有助於保險的推廣，也因如此，政府也需因應現況而加強社會保險制度，以圖民眾最大利益。

（六）不必完全提存基金準備原則

由於社會保險為一種開放式的永久性互助福利制度，透過強制方式，新加入者源源不斷，並藉世代間移轉作用，採「隨收隨付」基礎，保險人所繳

納的保險費，只要足以支應整個制度的當期財物支出即可，以減輕當代勞資費用負擔，而採逐期調整保險費率方式來解決其財物問題。

（七）給付依法律訂定原則

各種保險制度的給付標準、給付方式、給付條件及給付項目等，均依法有明文規定，保險給付標準及條件，並非一成不變，需配合社會經濟變動及民眾反應加以修改，以符合實際需要。

社會保險制度起源於德國。德國於 1883 至 1889 年間，先後頒布有關工人的疾病醫療保險、老年殘障保險等法律，成為世界上實施強制性社會保險制度的開端，不僅為當時落後的德國奠定了完整的社會保險制度的基礎，社會連帶責任思想也彌滿了整個歐洲思想界，而刺激了歐洲國家建立社會保險制度的勃興（柯木興，2007），也為世界其他國家建立自己的社會保險制度提供了示範。現在，世界上先後已經有 170 多個國家或地區建立了自己的社會保險制度（中國銅仁綜合門戶網，2008）。

有關社會保險的定義方面，由於國家的文化、觀念與實務上的差別，故要將之定義是複雜而困難的。以柯木興（2007）之研究，以及綜合各個國家於社會保險的定義、特性、原則與共同性予以歸納，通常由政府依照政策性、強制性、保險性、危險性、開放性、福利性及永久性等特性做為界定，故社會保險從廣泛的界說下定義為：「所謂社會保險係由政府為推行社會政策，應用保險技術，採用強制方式，對於全體國民或多數國民遭遇生、老、病、死、傷、殘及失業等特定危險事故時，所提供的保險給付，以保障其最低收入安全及基本醫療照顧為目的的一種社會福利措施」。

社會保險的另類意涵為一種社會安全且為政策性的強制保險制度，係屬權利義務相對的社會福利措施。其主要目的在提供國民的基本經濟安全與醫

老人福利

療照顧，基於連帶理念的共識，透過大數法則的應用與費用相互分攤的方式，來達成預期的保障目標。社會保險的財源並非以政府的一般稅收為主，其財源大部分是由雇主及勞工雙方共同分攤，或部分費用由政府負擔或補助。

我國近代社會福利政策發展的過程，起初是以在大陸時期中國國民黨所提出的「社會政策綱領」為依據，其主要內涵為「平均地權」與「節制資本」兩大項。台灣在日本統治時期亦設立相當多的社會救助機構，日本政府為了與西方殖民主義一別苗頭，也引進了諸多具備現代理念的社會福利措施。然由於民族情緒的影響，日據時期的若干建設基礎在第二次世界大戰之後並未能得到有效的接續。國民政府接管台灣後，由於民主政治實施不彰，社會福利制度與立法始終是以「由上而下」的方式，而且還經常受到國內、外政治情勢所左右，其發展歷程大致可區分為以下三個階段（郭明政，1997；蔡文輝，2003；鍾秉正，2005）。

（一）第一階段為福利虛設期（約 1950～1960 年代）

此階段為政府遷台初期，主要以強化軍事、穩定政治、安定社會為主軸，政府因以軍事及國防建設為主，社會福利並未為政府所注意，此階段社會福利行政仍然以「民生主義」為最高指導原則。其中的社會福利措施主要是以軍、公、教的福利與勞工保險為重心，另外再輔之以在大陸時期就已經頒行的《社會救濟法》。而此期間真正為台灣地區量身訂做的福利政策，則是 1965 年的「民生主義現階段社會政策」。

在此時期通過的主要法案有：「軍人保險條例」、《勞工保險法》、《公務人員保險法》。

（二）第二階段為成長陣痛期（約 1970～1980 年代中葉）

此階段由於台灣經濟逐漸繁榮，國際貿易上的競爭能力逐漸增加，也引

起國際競爭對手國的注意，我國政府為了撫平貿易競爭國對我國所施加的政治壓力，同時國內也在工業發展上衍生了不少新的社會問題，使政府開始制訂及實施較大規模的社會福利政策，以因應人民之要求與改善社會問題現況。

此時期通過的主要法案有：《退休人員保險辦法》、《兒童福利法》、《傷殘福利法》、《社會救助法》、《勞動基準法》、《老人福利法》、《身心障礙者保護法》，及另以行政命令頒行的「學生平安保險」等。

（三）第三階段為福利成熟期（約 1980 年～）

自 1980 年代晚期，政府與民間財力充裕，且民主運動如工運、農運、身心障礙及婦運團體的相繼向政府爭取，其中較具代表性的是 1980 年所制定的「社會福利三法」——《老人福利法》、《殘障福利法》、《社會救助法》，與解嚴以後民意高漲下的政治轉型，提供了全民福利，亦成為歷次各項選舉中的有力標的與競選主軸，以及各政黨競相號召以福利國家為主的政治訴求。

此時期通過的主要法案有：《青少年福利法》、「農民健康保險條例」、「社區發展簡則」、《全民健康保險法》、《性侵害犯罪防制法》、《家庭暴力防制法》、《國民年金法》等，以及將在 2009 年 1 月 1 日施行的「勞保年金」。

社會保險為社會安全制度的重心，是最重要的公共所得維持計畫，旨在對國民個人及其家屬提供基本的經濟安全與醫療照顧（柯木興，2007）。目前，我國的社會保險體系採以職業別為主、分立型的制度，不同職系的保險制度有不同的主管機關，現行的主要社會保險計有：勞工保險（勞委會）、公務人員保險（銓敘部）、軍人保險（國防部）、全民健康保險（衛生署）、農民健康保險（內政部）、學生團體保險、國民年金（內政部）等七大項（HOYA 雜貨舖網站，2008），各項相關保險及業管主管權責機關如圖 11-1 所示（內政部社會司，2008）。

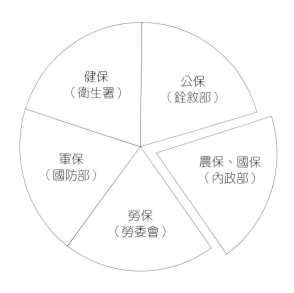

圖 11-1　我國現行各類社會保險及業管主管機關
資料來源：引自內政部社會司（2008）

　　現行內政部所主管的主要社會保險業務，可分為「農民健康保險」、「國民年金保險」，以及透過保險費補助，讓參加各類社會保險的弱勢族群，獲得經濟上之協助等三大類（內政部社會司，2008）。說明如下。

（一）農民健康保險的制度沿革

　　長期以來，除了自 1985 年所開辦的「農民健康保險暫行試辦要點」外，台灣並未有針對農民的老年安全制定特別的社會保障制度。由於農民是生產工具的所有人，因此農民的老年福利需求相對少於工業勞工。但隨著社會經濟之變遷，農民一方面由於農業所得有限及其以「子女為養老手段」之不可期待，遂導致農民老年福利需求之出現，當然也是我國提出農民年金的主要訴求（郭明政，1997）。

　　農民健康保險制定宗旨為——增進農民福利、維護農民健康，政府於 1989 年 7 月 1 日開始實施農民健康保險。保險對象除《農會法》第 12 條所定之農會會員外，將年滿 15 歲以上從事農業工作之農民均納為投保對象。農保之月投保金額為 10,200 元，保險費率為 2.55％，被保險人負擔 30％，農民僅需負擔每月 78 元，攤提比例如表 11-1 所示。

表 11-1　農民保險月投保薪額及個人、政府攤提金額與比例

月投保薪資	保險費費率	保險費	負擔比例			
			被保險人部分	政府部分		
				70%（182 元）		
				直轄市部分		縣（市）部分
10,200 元	2.55%	260 元／月	30%（78 元）	內政部補助 40%（104元）	直轄市補助 30%（78 元）	內政部補助 60%（156 元）　直轄市補助 10%（26 元）

資料來源：引自內政部社會司（2008）

　　農民健康保險制度之沿革，大致可區分為以下幾個階段：

1. 試辦階段：為增進農民福利，維護農民健康，前台灣省政府以行政命令訂頒「台灣省農民健康保險暫行試辦要點」，自 1985 年 10 月 25 日起試辦農民健康保險。試辦期間原定一年，嗣奉行政院核准延長一年。

2. 擴大試辦：由於農民健康保險對於試辦地區農民提供生活保障和醫療照護，因此廣受農民的歡迎與接納，未參加試辦地區則咸盼早日實施。經奉行政院核定，自 1987 年 10 月 25 日起第二期試辦農民健康保險，將投保對象與地區擴大至台北市、高雄市及福建省的金門縣、連江縣等地區，比照「台灣省第二期試辦農民健康保險暫行要點」之規定，試辦農民健康保險。

3. 全面試辦：前台灣省政府為貫徹照顧農民之政策目標，復報奉行政院核准，自 1988 年 10 月 25 日起，全面試辦農民健康保險，嘉惠普及所有農民。

4. 立法施行：農民健康保險試辦期間，由前台灣省政府選定組織健全、財務結構良好、人員配置適當及其轄區醫療資源充足的基層農會為投保單位，參加試辦農民健康保險。農民健康保險的被保險人以依《農會法》第 12 條規定入會的會員為限，不包括贊助會員。嗣中央根據此項試辦成效，以農民健康保險涉及農民權利義務，亟宜立法以落實制度，於是制定「農民健康保險條例」，經立法院三讀通過，於 1989 年 7 月 1 日開始實施，本條例為使保險範圍普及，除《農會法》第 12 條所定之農會會員外，將年滿 15 年以上從事農業工作之農民均納為投保對象。

農民健康保險業務之組織、管理機關與作業內容如下：

1. 農民健康保險業務之主管機關及其組織：農民健康保險的主管機關，在中央為內政部，在直轄市為省直轄市政府，在縣（市）為縣（市）政府，業務委託勞工保險局辦理。為監督本保險業務及審議保險爭議事項，由有關機關代表、農民代表及專家各占三分之一為原則，組織農民健康保險監理委員會行之。

2. 農民健康保險業務之保險費率及保險費補助：農民健康保險的保險費率為月投保金額 6%至 8%，原核定為 6.8%。月投保保險金額係依勞工保險前一年度實際投保薪資之加權平均金額擬訂，報請中央主管機關核定之。

3. 農民健康保險業務之保險給付項目：農民健康保險之保險事故，分為生育、傷害、疾病、殘廢及死亡五種；並分別給予現金給付與醫療給付，目前給予生育、殘廢給付及喪葬津貼。

為建立更完善之社會安全體制，我國已於 1995 年 3 月開辦全民健康保險，為配合這項政策，農民健康保險醫療給付業務已移轉至中央健康保險局辦理，其餘農民健康保險原有各項現金給付業務仍由勞工保險局繼續辦理。配合全民健康保險制度之實施，「農民健康保險條例」應配合修正，在該條例未完成修法程序前，依內政部 1995 年 3 月 17 日台⑻內社字第 8474079 號函訂定修法前權宜措施，即自 1995 年 3 月 1 日起至「農民健康保險條例」修正通過之日止，月投保金額仍維持現行的 10,200 元，保險費率訂為 2.55%，保險費仍維持由政府補助 70%，被保險人負擔 30%（內政部社會司，2008）。

（二）國民年金保險

《國民年金法》自 1993 年歷經 14 年的規劃，並在各個社福團體、朝野政黨及政府持續關切、溝通、協調下，終於在 2007 年 7 月 20 日經立法院三讀通過，同年 8 月 8 日經總統公布，嗣於 2008 年 7 月歷經一次修法，並經總統於同年 8 月 13 日公布修正，將國民年金明定於 2008 年 10 月 1 日正式開辦。

《國民年金法》主要精神，在於將我國 25 歲以上、未滿 65 歲，且未參加軍、公教、勞、農保約計 470 萬的國民納入社會安全網，使其在老年、身心障礙甚至死亡時，被保險人及其遺屬能獲得適足的基本經濟生活保障。

1. 我國開辦國民年金保險理由（依我國國情現況及國際潮流趨勢）：
   (1)我國人口急速老化，65 歲以上老年國民平均餘命逐年增加。
   (2)國內現有相關社會保險如《勞工保險條例》之老年給付制度採一次給付方式，不足保障老年人口的基本經濟生活及遺屬的基本生活需求。
   (3)我國家庭成員相扶持功能減弱，有賴政府角色與功能的適度介入。
   (4)目前仍有約 470 萬之年滿 25 至 64 歲國民，未參加相關社會保險。
   (5)現有之各類社會福利津貼，如敬老津貼、原住民敬老津貼，亟待整合及補充。

(6)以定期性及持續性的年金給付方式，確保老年國民經濟生活。

(7)依 1994 年世界銀行三層年金保障組合，係由基礎年金、職業年金及私人年金等，構成多層次保障。

(8)全世界 194 個國家或地區中，已有 170 個國家或地區實施老年、遺屬與身心障礙保障制度，甚至如墨西哥、牙買加、尼日等開發中國家亦均已實施年金制度。

2. 國民年金保險開辦的優點：

(1)對個人而言，從年輕時預繳保險費，可保障個人進入老年後的所得安定，能維持老年基本生活。

(2)對家庭而言，發生事故時，領取年金給付，可減輕家人負擔，增進家庭和樂幸福。

(3)對社會而言，發揮自助互助精神，解決老年經濟問題，保障社會和諧安寧。

（三）其他社會保險費補助

1. 針對農民及其眷屬之保險費補助：農民參加農民健康保險及全民健康保險之保險費補助，政府給予 70% 之保險費補助，直轄市由內政部負擔 40%，直轄市政府負擔 30%；縣（市）由內政部負擔 60%，縣（市）政府負擔 10%。

2. 針對身心障礙者參加全民健康保險自付部分之保險費補助：重度、極重度身心障礙者全額補助，中度身心障礙者補助 50%，輕度身心障礙者補助 25%。

3. 針對低收入戶參加全民健康保險之保險費及門診住院部分負擔費用之補助：低收入戶參加全民健康保險，政府給予 100% 保險費補助；門診住院之部分負擔費用由內政部全額負擔。

4. 針對中低收入戶 70 歲以上國民參加全民健康保險之保費補助：全額補助。

二、社會保險與商業保險的比較

社會保險是國家立法保障勞動者在年老、患病、生育、傷殘、死亡等原因，而永久或暫時喪失勞動能力或失業，本人或家屬失去來源時，從國家和社會獲得物質幫助（以貨幣形式體現）的一種社會保障制度。其具有強制、最低收入保障、注重社會適當、給付與所得無直接關係、給付權利、給付假定需要、自給自足、不必完全提存基金準備及給付依法律訂定等原則（陳綾珊，2008），與商業保險的經營目的、加入方式、核保手續、保障水準、給付權利、重視公平、基金提存、成本預測與市場型態不同，並提供個人在社會保險上的不足。

社會保險與商業人壽保險的區別其主要差異表現在：

1. 屬性的不同：社會保險是國家的基本政策，通過立法強制執行，具有非營利特性本質，國家不徵稅費；人壽保險則是運用經濟補償手段經營的一種險種，是按自願原則通過簽訂契約來實現，具有營利性質，且可扣抵個人所得稅。

2. 作用和對象的不同：社會保險主要以勞動者及其供養直系親屬為保險對象，其作用在於保障勞動者在永久或暫時喪失勞動能力和失業時的基本生活需求；而人壽保險以自然人為對象，其作用是投保人達到一定年齡和發生人身事故後才能獲得一定的經濟補償。

3. 實行原則的不同：社會保險的實行是強制原則、統籌原則、權利與義務相聯繫或對等原則；而人壽保險實行的是自願原則、營利原則、賠付與繳費對等原則。

4. 給付標準的不同：社會保險著眼於長期性的基本生活保障，給付標準

與社會平均工資標準相適應；人壽保險則著眼於一次性經濟補償，給付標準只考慮被保險人繳費額度大小，而不考慮其它因素。

5. 管理體制的不同：社會保險由政府主管社會保險的部門負責組織管理監督；人壽保險則是由商業性保險公司自主經營。

6. 立法範疇不同：社會保險是國家規定勞動者的基本權利之一，於勞動或行政立法範疇；人壽保險是一種金融活動，屬於經濟立法範疇。

7. 社會保險具有強制性、保障性、福利性和普遍性等特性，與人壽保險不同（中國懷集縣人民公眾網，2003）。

　　社會保險主要由政府專設保險機構經營，如勞工保險局、中央健康保險局等，皆由政府設立，其經營大都由政府獨占；商業保險則由民間機構經營，屬市場競爭型態（陳綾珊，2008）。有關社會保險與商業保險性質差異分析，如表 11-2 所示。

表 11-2　社會保險與商業保險性質差異比較

區分	社會保險	商業保險
經營之目的	非營利性	營利
參加對象	全體國民	個人（團體）需求
加入方式	強制性	任意性
保障水準	提供基本或最低收入保障	較大給付額依個人需要及支付能力而定
給付權利	給付由法律規定，並能加以修改（法定權利）	給付由雙方契約規定（契約權利）
市場型態	大多由政府獨占	競爭型態
重視公平	社會公平（強調社會適當性）	個人公平（強調個人公平性）
成本預測	成本較難預測（因素多元）	成本大部分可事先精算預測

表 11-2　社會保險與商業保險性質差異比較（續）

區分	社會保險	商業保險
基金提存	對長期給付不必完全提存準備，因為尚有新加入者強制繳納保險費，同時假定保險制度會無限期延續下去	對長期給付須完全提存準備，並不依賴新加入者的保險費
核保手續	為強制性，不需核保手續	個人及團體保險均須核保手續
投資運用	保險基金由政府負起投資運用的責任	保險基金主要由私人方面來投資運用
通貨膨脹	可利用調整保險費率來應付通貨膨脹的影響	受通貨膨脹的影響較大
監督機制	不易	個人較可掌控
風險評估	期待國家安穩運作，有浮濫的可能	倒閉或企業由政府接管，操作面受市場考驗
操作類型	獨占，內部控制為主體	市場機制考驗，需外部開拓市場
法規或規則	制度穩定度高	依市場變化調整，較無保障
效益	政府部門及全民	企業主或機構
社會保險與商業保險的共同性	1.社會保險與商業保險都基於特定危險事故的共同分擔。 2.都是處理偶然性損失。 3.同樣進行風險轉移。 4.都對被保險人的損失進行賠償。 5.兩者提供給付時，都不需要進行資產調查。 6.兩者都須繳納足夠的保險費，以應付保險制度所需費用。	

資料來源：作者自行蒐集彙整

　　有關社會保險（公、勞、農、軍保險）與商業保險（雇主意外責任保險、團體傷害保險、雇主補償責任保險）的本質、關係與內涵及其差異之比較，如表 11-3 所示。

老人福利

表 11-3　社會保險與商業保險之關係內涵及理賠差異比較

區分	公、勞、農、軍保險	雇主意外責任保險	團體傷害保險	雇主補償責任保險
保險性質	社會保險（強制）	商業保險（自由）	商業保險（自由）	商業保險（自由）
保險人	勞工保險局等（政府）	產物保險公司	人壽保險公司	產物保險公司
被保險人	受雇人	雇主	受雇人	受雇人
要保人（投保單位）	雇主	雇主	雇主或受雇人之約定	雇主或受雇人之約定
保險費之負擔者	職業災害保費由雇主負擔，普通事故由雇主與受雇人共同負擔	雇主負擔	雇主或受雇人之約定	雇主或受雇人之約定
保險金之給付對象	受雇人	雇主或其指定之勞工	受益人	雇主或其指定之勞工
保險給付項目	受雇人之死亡、殘廢、傷病、醫療、生育、老年、失業	雇主侵權行為之法律賠償責任	依殘廢程度適用保額約定之百分比	1.比照汽機車強制保險死亡殘廢項目 2.團體傷害保險給付項目
死亡或殘廢之賠償金額	按投保薪資相當日數定額給付	依法院判決賠償金額或和解金額給付	依殘廢程度適用保額約定之百分百	依設定日額及殘費程度適用保額程度百分比
賠償是否限於「執行職務」時之傷亡	不限（但職業傷害賠償較高）	是	依保險單之約定	不限
賠償是否需認定被保險人法定賠償責任	不需	是	不需	不需
可否充分填補雇主侵權行為賠償責任	不可	可以	不可	可以

資料來源：引自鄧學良（2005）

　　社會保險與商業保險可相互補充，且補充其不足時亦可相互合併整合。其原因係因社會保險採強制原則及最低收入的保障原則辦理被保險人之加保，僅提供全體國民最基本收入安全及最基礎的醫療照護；而商業保險則因強調

個人公平性會造成因欲參加保險者所得的不足,致負擔不起商業保險保費等問題,無法獲得商業保險的保障,較無社會公平原則。

☆ 三、年金的基本概念

「年金」(pension)係指一種定期性持續給付的金額,可按年、按季、按月或按週給付,只要是定期性、持續性給付的金額,都可稱為年金。「年金」不僅可以避免一次給付後,因資金運用不當所發生的損失,另外,為因應通貨膨脹,避免貶值,尚可依規定按年調整給付金額,以確實保障年金給付對象的生活需要(陳聽安,2003)。就年金的本質而言,它是一種給付方式。年金的本身並不確定係屬於社會性或商業性,所以年金的提供也可以用社會救助或津貼方式來提供,並不一定要用保險方式來提供。而年金保險(pension insurance)在本質上,它是一種透過保險方式提供定期性支付給付金額的保險制度,因此年金保險即為老年、身心障礙者及遺屬年金保險的簡稱,也就是以年金給付方式,對於被保險人在遭遇老年、身心障礙或死亡等事故時,提供定期性、繼續性的保險給付,保障範圍通常包括:老年年金、障礙年金、遺屬年金,以及保障被保險人及其家屬未來生活安全的一種社會保障制度(黃旋濤等,2008)。

討論年金制度,其主要基本區分源自俾斯麥型及貝佛里奇型,如表11-4所示。

目前全世界已有170個以上的國家實施老年、遺屬與身心障礙保障制度,甚至如墨西哥、牙買加、尼日等開發中國家,亦均已實施年金制度,目前只有黎巴嫩、東帝汶等少數國家尚未實施年金制度,而已實施年金制度的國家,其實施的方式可區分為三種類型,分別為稅收制、社會保險制及公積金制,其定義與特性、優缺點、負擔方式及實施國家,如表11-5所示。

老人福利

表 11-4　老人年金之形態區分及特性

項目與類型	俾斯麥型	貝佛里奇型
目標	保障一定所得	阻止貧窮
給付	與薪資相關	定額
資格	有繳費紀錄	居民或需要
財源	保險費	賦稅**
行政	勞、資、政三者*	政府

註：*政府僅負擔行政費用；**今已改為定率保險費。
資料來源：引自陳聰安（2003）

表 11-5　年金實施方式之特性、優缺點及實施國家

	稅收制	社會保險制	公積金制
定義與特性	指年金的給付對象係採普遍式或全民式的社會津貼方式或社會救助方式辦理者，其主要是以居住條件或以所得調查的方式做為給付條件，而由國家以一般稅收做為其財源，故稱為稅收制。	指政府應用保險技術，採用強制方式，對於全體國民或符合一定條件之國民強制納入保險體系，並於其遭遇老年、身心障礙或死亡等事故時，提供保險給付，以保障其本人或遺屬最低收入安全。	指依照政府規定由勞雇雙方依員工薪資所得按月提撥一定百分比充當公積金，採本金加利息儲存的一種強制儲蓄制度。而每一員工均設有其個人帳戶，在發生特定事故時，可從本身帳戶中請領其本息，以應需要。
優點	1.性質單純，行政成本低。 2.開辦時凡符合規定年齡或資格條件者即可領取。	1.可維持權利、義務對等的基本精神。 2.兼顧個人公平性與社會適當性。 3.費率負擔適中。 4.可整合現有各種社會保險及福利津貼，促進社會公平。	1.給付水準與負擔完全相關，對總體經濟與工作意願影響最小。 2.政府財政負擔較低。

表 11-5　年金實施方式特性、優缺點及實施國家（續）

	稅收制	社會保險制	公積金制
		5.較可兼顧經濟發展與社會福利。 6.保費與給付連動，較可避免政治上任意提高給付標準。	
缺點	1.受益與負擔無直接關係，對總體經濟與工作意願影響最大。 2.財務負擔完全轉嫁給下一代，且隨人口結構老化，後代子孫之負擔將日益增加。 3.無法解決現行老年經濟安全保障體系不公平之問題。	1.制度設計較為複雜。 2.因直接收費，民眾繳交意願較低。	1.開辦初期費率較高。 2.提存準備易受通貨膨漲影響，且基金運用責任大。 3.缺乏所得重分配的功能。
負擔費用對象	政府以稅收做為其發放年金之財源，而不直接向民眾收取保險費。	政府、雇主、被保險人依規定之比例分擔保險費。	通常係由勞、雇雙方依員工薪資所得按月提撥一定百分比之金額充當公積金。
目前實施國家	加拿大、丹麥、紐西蘭、澳大利亞、瑞典	美、英、法、德、日、韓	新加坡、智利、墨西哥

資料來源：作者彙整

老人福利

　　國民年金制度是社會安全制度中重要之一環，是以全體國民為保險對象，主要目的是提供國民在未來老年、殘障或死亡後，其遺屬在生活上的保障，國民年金提供定期性繼續給付，以保障被保險之當事人或其遺屬的生活。

　　年金制度的給付種類一般區分為（內政部社會司，2008）：

1. 老年年金：係指被保險人加入老年年金制度已滿一定期間而到達一定年齡，或依法退休時所發給的定期性繼續給付。

2. 身心障礙年金：指被保險人身體遭遇永久全部或局部無法從事有酬活動至一特定限度，所提供的定期性繼續給付。

3. 遺屬年金：所謂遺屬年金，實係死亡年金的別名，因為被保險人本人死亡時，其本人不可能直接領受此項給付，均由其家屬請領，用以保障受其扶養遺屬的未來生活。

　　年金制度福利範圍的訂定，視各個國家的年金制度所提供的給付種類多寡，依其制度需求及財務狀況而定。

第二節　我國各類年金保險的執行現況

⚅ 一、農民健康保險運作現況

　　農民健康保險係自 1985 年 10 月 25 日起試辦，1989 年 7 月正式實施。實施目的係為維護農民身體健康、增進農民福利並促進農村之安定，應用保險技術，基於自助互助原則，採用強制加入保險性質。保險對象包括農會會員及年滿 15 歲以上從事農業工作的農民；保險費法定分攤比例為：被保險人自付 30%、政府負擔 70%。保險項目計有：生育、傷害、疾病、殘廢、死亡及喪葬津貼等給付（柯木興，2007；陳綾珊，2003）。

我國參加農民健康保險投保總人數，迄至 2008 年 9 月底止共計 1,588,541 人，投保單位計 287 個，被保險人占全國總人數 6.90%；農保財務狀況自 1990 年度至 2008 年 9 月底，政府已撥補虧損數為 1,200 億餘元，尚有 32 億餘元待撥補（內政部社會司，2008）。自 1990 年起歷年農保營運狀況如圖 11-2 所示。

參加農保年齡層：15～24 歲計 4,838 人，占投保總人數 0.305%；25～64 歲計 817,816 人，占投保總人數 51.482%；65～99 歲計 765,411 人，占投保總人數 48.183%；100 歲以上計 476 人，占投保總人數 0.030%。總投保人數中，男女性會員與非會員所占比例，如圖 11-3 所示，總投保人數中各類身分別所占人數及比例，如圖 11-4 所示。

農民健康保險自 1985 年開辦以來，因保費過低、資格審查過於寬鬆，再加上無加保年齡上限等因素，截至 2008 年 9 月底止，累計虧損已高達 1,200 億元，現行「農民健康保險」並沒有老年給付，只有每個月 6,000 元的老農津貼，且老農津貼的經費沒有固定財源，需完全依賴政府的移轉性支出，而隨

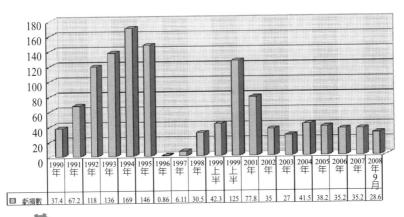

圖 11-2　1990～2008 年 9 月歷年農保營運狀況圖

資料來源：引自內政部社會司（2008）

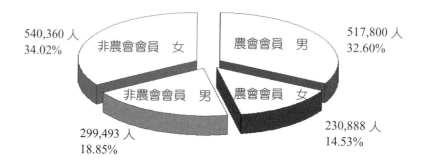

540,360 人
34.02%

非農會會員　女

農會會員　男

517,800 人
32.60%

非農會會員　男

農會會員　女

299,493 人
18.85%

230,888 人
14.53%

註：迄至 2008 年 9 月共計 1,588,541 人，投保單位 287 個。

 11-3 參加農民健康保險男女性會員與非會員人數及比例

資料來源：引自內政部社會司（2008）

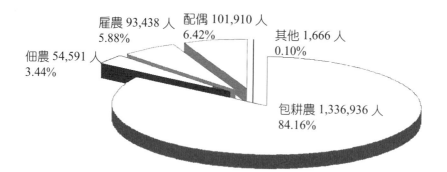

雇農 93,438 人
5.88%

配偶 101,910 人
6.42%

其他 1,666 人
0.10%

佃農 54,591 人
3.44%

包耕農 1,336,936 人
84.16%

註：迄 2008 年 9 月底的資料。

圖 11-4 參加農民健康保險依身分別統計人數及比例

資料來源：引自內政部社會司（2008）

著景氣下滑，政府財政赤字愈來愈大，未來恐將無法繼續發放老農津貼，農民的經濟安全也將受到嚴重的衝擊（詹火生、林建成，2008）。如何填補政府財政漏洞，端視政府從國（民）情、制度、產業及財政等面向考量，衡酌改善。

🔗 二、勞工保險運作現況

　　勞工保險是世界各國社會保險制度的主軸，亦為我國目前社會保險制度中第一大在職保險。我國的勞工保險於 1950 年開辦時，其保障範圍已包括傷害、殘廢、生育、死亡及老年五種給付。期間經過多次修訂增列如：疾病住院（1956 年）、失業給付（1968 年）、疾病門診給付（1970 年）、於「勞工保險條例」增列普通疾病補助（1979 年），並將給付名稱改為生育、傷病、醫療、殘廢、失業、老年及死亡七種，並於給付通則內加附失蹤津貼規定（1979 年）、職業病預防檢查（1988 年）。1995 年全民健保實施後，勞工保險之各項給付，除普通事故保險的醫療給付業務劃歸全民健康保險體系外，其他各類給付仍歸屬勞工保險，職災醫療給付醫療委託中央健保局辦理，並於 1999 年正式開辦勞工保險失業給付業務（陳綾珊，2008）。更於 2009 年1 月起，重大性變革開辦實施「勞保年金」。

　　「勞工退休金」與「勞工保險」為不同的制度。「勞工退休金」是一種強制雇主應給付勞工退休金的制度，分為新、舊制：舊制依《勞動基準法》辦理；新制則依「勞工退休金條例」辦理。而「勞工保險」是一種社會保險，被保險人發生保險事故時，得依「勞工保險條例」規定請領保險給付，並無新、舊制之分。勞工退休金新制，係《勞動基準法》退休金規定之改制，與勞工保險無關，勞工保險被保險人之相關權益（例如投保年資併計、可以請領的老年給付等），並不會因為勞工選擇適用退休金新、舊制而受到任何影響（行政院勞工委員會勞工保險局全球資訊網，2008）。有關歷年

老人福利

（1997～2007 年）勞工保險各種實計現金給付平均單價及發生率，如表 11-6 所示。

表 11-6　歷年勞工保險各種實計現金給付平均單價及發生率

（單位：新台幣／元、千人率）

區分／年	生育給付		傷病給付		殘廢給付		老年給付		死亡給付	
	單價	發生率	單價	發生率	單價	發生率	單價	發生率	單價	發生率
1997	20,876	22.44	9,759	20.60	212,520	2.52	462,142	12.76	206,507	12.40
1998	22,135	17.52	10,899	21.94	261,750	4.49	539,503	13.07	210,396	12.33
1999	23,269	17.63	12,668	23.51	248,961	6.85	604,151	13.52	212,454	12.42
2000	23,841	18.04	13,867	24.19	243,670	5.83	658,273	11.86	215,319	12.44
2001	24,394	15.35	13,381	24.71	257,993	5.42	729,887	14.71	214,153	12.47
2002	24,766	13.90	13,113	24.22	243,920	5.38	868,970	17.49	210,343	12.57
2003	24,994	12.51	13,917	22.09	242,379	4.54	877,183	14.30	210,190	12.47
2004	25,242	12.08	13,901	23.40	237,086	4.44	914,473	14.76	208,670	12.71
2005	25,564	11.96	14,443	22.35	241,241	4.15	964,122	18.44	208,859	12.87
2006	26,062	11.77	14,991	22.73	254,487	4.07	1,022,863	15.25	211,346	12.51
2007	26,487	12.17	14,713	23.69	248,759	3.94	1,073,784	16.25	209,888	12.71

資料來源：引自行政院勞工委員會勞工保險局全球資訊網（2008）

　　從表 11-6 統計數據得知，以比例最高者為「傷病給付」，以單價最高者為「老年給付」，且給付單價居冠，如以勞工保險實計保險給付之總件數及總金額統計，如表 11-7 所示。

表 11-7　近年勞工保險實計保險給付（依給付種類）件數及金額統計

（單位：件、新台幣／元）

		2007 年	2003 年	1999 年	1995 年
合計	件數	1,949,517	1,182,692	689,926	57,903,636
	金額	193,521,328,709	139,583,168,772	102,437,111,186	138,442,671,994
生育給付	件數	106,339	99,731	134,578	250,307
	金額	2,816,588,533	2,492,707,237	3,131,456,939	5,391,277,921
傷病給付	件數	207,089	176,077	179,497	168,224
	金額	3,046,989,018	2,450,509,546	2,273,834,550	1,225,741,546
殘廢給付	件數	34,451	36,191	52,296	19,391
	金額	8,569,991,540	8,771,950,646	13,019,654,646	3,336,339,723
老年給付	件數	142,053	113,968	103,187	206,369
	金額	152,534,198,134	103,200,784,549	62,340,482,813	64,277,836,835
死亡給付	件數	111,074	99,353	94,827	89,222
	金額	23,313,063,365	20,882,972,314	20,146,396,936	18,129,297,686

資料來源：引自行政院勞工委員會勞工保險局全球資訊網（2008）

✄ 三、軍公教保險現況

（一）公教人員

　　公務人員保險制度開始於 1958 年，以銓敘部為主管機關，由臺銀人壽為承保機關，並由公務人員保險處專責辦理公保業務。全民健保開辦後，將其原承辦的各類醫療給付保險業務歸併中央健康保險局辦理，僅維持辦理公務人員保險、私立學校教職員保險及退休人員保險的現金給付等相關業務。銓敘部基於精簡保險法規、整合保險制度、契合保險原理及追求經濟效益等前提考量，乃將《公務人員保險法》及「私立學校教職員保險條例」合併，報請立法院修法通過，於 1999 年 5 月由總統令修正為《公教人員保險法》。

　　公（教）務人員的工作任務為推動並執行政府的公共政策與事務、教育

老人福利

等諸任務，具有公共性功能。公（教）務人員保險實施目的係為保障公（教）務人員生活，保障及增進其福利及提高工作效率，屬強制性保險。保險對象包括：法定編制機關內有給專任人員、法定編制機關內有給教職員、法定編制內有給公職人員、依法立案登記並經教育主管機關核准之私立學校編制內有給專任教職員等（陳綾珊，2008）。現行公（教）務人員保險包括殘廢、養老、死亡及眷屬喪葬四項。

（二）軍人

　　軍人為國家獨特的職業之一，按理也應是公務人員的一種。由於其工作任務需對國家執行國境防衛、侵犯對象防衛與攻擊、遂行戰鬥……等特殊功能，具有軍事武力之高度危險的本質特性，其風險程度較一般國民及公務人員為高，故其保險內涵亦較為特殊。軍人保險業務的主管機關為國防部，其業務保險機關委由臺銀人壽負責。軍人保險於1950年6月開辦，實施目的旨在保障全軍官兵及眷屬的生活，保障官兵因作戰、演習、訓練及執行軍事任務等之人身意外事故、死亡等，免其後顧之憂。其保險性質屬強制性，保險對象在早期對軍中文官及編制內聘雇人員均予納入辦理保險對象範圍，惟從2001年起除現役軍官、士官、兵仍續納入軍人保險外，軍中文官則回歸公務人員保險，聘雇人員則納入勞工保險。現行軍人保險的保險給付項目計有死亡、殘廢及退伍給付等三項。

✿ 四、國民年金與勞退年金新制度的差異比較

　　人的一生大致可區分為三個主要階段：第一階段，自出生、就學至進入職場前，大部分人的經濟來源多仰賴父母親或長輩供應，無法自行獨立；第二階段，自進入職場工作、進入經濟獨立期的成家、立業等……至退休；而第三階段，則為退休後生活（黃文平，2008）。人生的三個主要階段對於現

代人來說，經濟能力是主要的生活能力與條件，在退休的生活裡，經濟能力將檢驗退休後的老年生活品質，故老年經濟的安全，除了在各個階段的努力存籌外，老年後的經濟能力，必須受到社會保險的保障與維持。

　　我國在 2008 年 10 月 1 日開始實施「國民年金」制度，亦在 2009 年 1 月 1 日起實施「勞保年金」制度，除了軍公教、農民、勞工以外，對於未能加入社會保險的國民，無疑是對以後的老年經濟，增多了一層保障。我國現行各類年金保險類別如圖 11-5 所示，僅就「國民年金」與「勞保年金」對老年生活的福利影響敘述如下。

　　「國民年金」已於 2008 年 10 月 1 日施行，是一種社會保險制度，其以全體特定國民為保險對象，當發生老年、身心障礙或死亡等事故時，藉強制

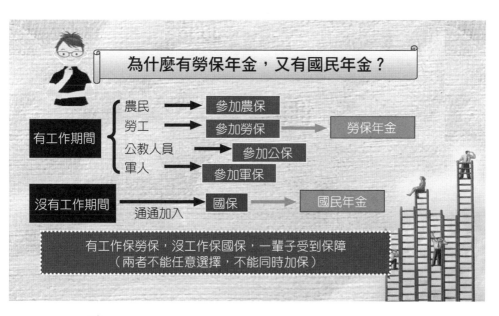

圖 11-5　我國各類年金保險類別與體系示意圖

資料來源：引自行政院勞工委員會勞工保險局全球資訊網（2008）

老人福利

保險方式，提供最低定期性繼續給付的生活保障，以保障本人或其遺屬的生活。國民年金保險的目的，旨在保障依規定符合加保資格的特定年齡者，其發生老年及身心障礙時的基本經濟安全，並在死亡時謀其遺屬生活的安定為目的（柯木興，2007）。其保險對象是以年滿 25 歲、未滿 65 歲，沒有參加軍公教保險及勞保的國民所參加的新制度；65 歲以下的農保被保險人，亦從 2008 年 10 月 1 日起改參加國民年金。參加國民年金後，繳費繳到 65 歲，自滿 65 歲開始，每個月可以領取老年年金給付到死亡為止（引自行政院勞工委員會勞工保險局全球資訊網，2008）。

國民年金保險的保險事故部分則包含老年、身心障礙與死亡等三種，被保險人在保險有效期間發生保險事故時，分別給予老年年金給付、身心障礙年金給付、喪葬給付及遺屬年金給付（《國民年金法》第 2 條）。

而「勞保年金」係行政院勞委會為能建立一個完善的勞工保險保障體系，讓終生辛勞的勞工或其遺屬能獲得更適當的經濟生活保障，於是規劃勞工保險老年、身心障礙及遺屬年金制度。勞保年金於 2009 年 1 月 1 日起開辦實施，是將以往一次給付方式，改為按月給付。勞工年滿 60 歲就可請領退休金，提繳退休金年資滿 15 年以上者，可請領月退休金，提繳退休金年資未滿 15 年者，則請領一次退休金；勞保年金上路時，年滿 60 歲就可請領，請領年齡逐年提高，自年金施行之日起，第 10 年起提高 1 歲，之後每 2 年提高 1 歲，最終至 65 歲止。

政府開辦勞保年金的原因為：

1. 現在的勞保一次金給付有通貨膨脹而貶值或投資不當的風險。
2. 因應高齡化社會，2007 年 65 歲以上人口占 10%，至 2019 年約占 15%。
3. 依據 2006 年內政部統計資料，60 歲以後平均餘命約 22 年，2007 年勞保老年給付平均金額約 107 萬元，不足以保障勞工 60 歲以後長達

20 年以上的生活所需。勞保年金是讓目前一次領取的勞保老年給付，多增加按月領取方式，一次領取的勞保老年給付有上限限制，按月領取則是活得愈久、領得愈多，勞保費仍是雇主負擔 70%、勞工負擔 20%、政府負擔 10%。

有關國民年金與勞保年金投保差異，如表 11-8 所示。

表 11-8　國民年金與勞保年金差異比較

項目	國民年金	勞工保險年金
保險費率	6.5%至 12%；第 3 年起每 2 年調高 0.5%。	6.5%至 11%；第 3 年起每 2 年調高 0.5%。
投保薪資（金額）	固定投保金額：17,280 元。	依其工作所得投保： 1.受雇勞工：第 1 級 17,280 元，第 22 級 43,900 元。 2.職業工人：最低 18,300 元（現行第 3 級），投保工資上限 43,900 元。
保險費負擔比例	被保險人 60%、政府 40%。	1.受雇勞工：雇主 70%、勞工 20%、政府 10%。 2.職業工人：勞工 60%、政府 40%。
給付項目	1.身心障礙年金。 2.老年年金。 3.遺屬年金。 4.喪葬給付。	1.普通事故：生育、傷病、失能（年金及一次金）、老年（年金及一次金）及死亡（年金及一次金）給付。 2.職業災害：傷病、失能（年金及一次金）、死亡（年金及一次金）及職業災害醫療給付。
給付條件	1.身心障礙年金：重度以上身心障礙，經評估為無工作能力者。	1.失能年金：經評估為終身無工作能力者。 2.老年年金：年滿60歲，年資滿15年。

老人福利

表 11-8　國民年金與勞保年金差異比較（續）

項目	國民年金	勞工保險年金
	2.老年年金：年滿 65 歲。 3.遺屬年金： 　(1)加保期間死亡。 　(2)領取身心障礙或老年年金 　　期間死亡。 4.被保險人死亡。	3.遺屬年金： 　(1)加保期間死亡。 　(2)領取失能或老年年金期間死 　　亡。 　(3)年資滿 15 年，並符合現行老年 　　給付條件，在未領取老年給付 　　前死亡。
給付標準	每投保 1 年為 1.3%，身心障礙 年金基本保障 4,000 元；其餘年 金基本保障 3,000 元；喪葬給付 5 個月。	1.每投保 1 年為 1.3%，失能年金基 　本保障 4,000 元；其餘年金基本保 　障 3,000 元。 2.失能年金另外加發配偶或子女眷 　屬補助 25%，最多加發 50%。
展延年金	無，一律從 65 歲開始領年金。	展延年金：符合請領勞保年金之年齡 時，每延後 1 年，增給 4%，最多增 給 20%。
選擇權	無	1.年金施行前有保險年資者，被保 　險人或其遺屬得於請領失能給 　付、老年給付或遺屬給付時，選 　擇請領現制一次金給付或年金給 　付。 2.年金施行前有保險年資，於領取 　失能或老年年金期間死亡者，遺 　屬得選擇失能或老年一次金扣除 　已領年金總額之差額。

註：依據 2008.02.15 行政院通過之勞保修法版本內容比較。
資料來源：引自行政院勞工委員會勞工保險局全球資訊網（2008）

第三節　老人年金保險的未來展望與建議

　　仝澤蓉（2008）提到：行政院主計處統計，國內 65 歲以上老人逾 9 成經濟來源受到政府補助，2008 年 10 月 1 日起國民年金實施以後，國內老人經濟來源將可百分之百受到政府經濟補助。從主計處彙整內政部和勞保局資料顯示：截至 2008 年 6 月底為止，敬老福利生活津貼核付人數為 86 萬 6,048 人，占 65 歲以上老人 36.6%；老年農民福利津貼核付人數 70 萬 8,375 人，占 65 歲以上老人 29.9%；領取中低收入老人生活津貼者 12 萬 5,669 人，占 65 歲以上老人 5.3%，總計領取敬老津貼、老農津貼和中低收入津貼的老人，占全體老人 71.8%。若加上老榮民、65 歲以上身心障礙者生活補助或領取軍公教退休退職金者，總計超過 9 成以上老人經濟來源受到政府補助。主計處官員表示，在亞洲鄰近國家，日本對 65 歲以上老人經濟補助比率為 100%，韓國則約 8 成，因此與亞洲其他國家相較，台灣對老人的生活保障普及率不算低。有關我國 65 歲以上國民（老人）主要經濟來源統計，如表 11-9 所示（內政部統計處，2006）。

表 11-9　我國 65 歲以上國民主要經濟來源統計　　　　　　　　（單位：%）

項目別	總計	自己工作或營業收入	配偶提供	儲蓄利息租金投資	子女奉養	他人借貸	退休撫卹保險給付	社會或親友救助	政府救助或津貼	其它
百分比	100.00	10.97	3.52	9.22	46.48	0.07	13.04	0.46	15.97	0.28
地區別										
台灣省	100.00	12.31	3.08	8.91	47.02	0.09	11.32	0.40	16.59	0.28
北部	100.00	8.32	2.42	11.14	50.05		14.00	0.41	13.67	
中部	100.00	15.48	2.06	9.82	46.94		9.85	0.23	15.06	0.56
南部	100.00	13.81	4.84	5.91	45.04	0.29	10.16	0.50	19.27	0.19
東部	100.00	8.11	3.52	5.73	37.51		10.01	0.92	33.27	0.92
台北市	100.00	5.44	5.73	11.08	43.29		22.83	1.04	10.18	0.41
高雄市	100.00	5.55	4.75	9.68	44.53		14.03	0.05	21.32	0.09
金馬	100.00	4.58		3.42	68.94		15.79		7.27	
性別										
男	100.00	15.76	0.66	11.48	33.83	0.14	21.93	0.40	15.69	0.11
女	100.00	6.17	6.37	6.95	59.15		4.14	0.52	16.24	0.46

資料來源：引自內政部統計處（2006）

老人福利

　　我國對於老（年）人福利政策等施政、計畫及執行等措施，仍有待政府與全民共同努力、思考與管制之處，茲列舉建議如下。

⚑ 一、老人年金的管理與操作，應該由政府主導並監督專責組織來負責管理與運作，以維持全體老人在經濟上之全方位保障

　　德國人民在工作時期，須克盡繳納保險費的義務，政府則負責規劃制度與監督制度的運作，財務的責任僅限於行政費用的補助差額撥補。年金保險的行政組織，應獨立於政府之外，且係為公法人的自治團體，其盈虧由年金基金自負（陳聽安，2003）。我國政府四大基金（包括公務人員退撫基金、勞保基金、勞退基金，以及郵儲基金，總規模已突破 6 兆 3,400 餘億元），及全民健康保險之運作狀況，因未經全民的監督且無法窺見操作內幕，而滋生其不當損失，故老人年金的福利應規劃以蘊藏於民間為基礎，並落實在年金制度及發放對象的重新定位與釐定，政府主事者亦應善盡保護及監督之責，使年金運作免予受不當外力干預，使良方變成損害，亦應以為借鏡。

　　又老人年金的實務運作應公諸於全民，政府不當操作、少數政客有心操弄、財務監督等運作的失利，不應再由全民埋單。少數政治人物與政（事）務官的不良積習、集體貪瀆、投入股市操作、政府財政困境、不當轉移運用、多冗的作業人力……等問題，都會影響老人年金福利的執行運作，老人雖然未能參與，但每一個人都有機會變老，且因我國少子化的衝擊、政經情勢的快速更迭，故為求老人年金福利的長久延續，亦不影響政府其他的施政，老人年金應在公開透明的前提下運作，較為適宜。

⚑ 二、修訂現行《勞動基準法》中對事業單位退休制度的強制性規範與現行社會保險福利相配套

　　社會保險制度需要長時間的試鍊，更需要人民的廣泛參與（郭明政，

1997）。台灣過去的經濟奇蹟現在雖已不見，但是過去努力創造經濟奇蹟的第一線人力卻得不到進入年老以後的經濟保障，除少數比例的退休人員能從事業單位領取一筆退休金，及外加勞工保險老年給付以應老年生活之基本需求外，其餘多數勞工退休後，其老年生活僅能領取勞工保險老年給付，再加之以少子化、經濟環境……等因素，將使老年生活堪慮。而「勞工退休金條例」雖已頒行，但對於部分勞動者而言，顯現無穩定性之保障，有失周全。為求三層年金的「職業年金」有所保障，及勞資稅制本於平等、公平原則，著應修訂勞動相關法令規定。

　　而依據《勞動基準法》第 57 條規定：「勞工工作年資以服務同一事業者為限。但受同一雇主調動之工作年資，及依第 20 條規定（事業單位改組或轉讓時，除新舊雇主商定留用之勞工外，其餘勞工應依第 16 條規定期間預告終止契約，並應依第 17 條規定發給勞工資遣費。其留用勞工之工作年資，應由新雇主繼續予以承認）應由新雇主繼續予以承認之年資，應予併計」。顯然政府對企業事業單位之規範仍存有許多改進空間，亦能減少不肖經營者及惡性倒閉的風險，使企業壽命延長並健全勞動人之工作保障，亦能確保社會保險及年金制度永續經營，使之環環相扣，減少不必要的社會成本支出。

　　人口老化即表示後代子孫之負擔不斷增加（陳聽安，2003）。老年退休制度與年金福利應全部建立在政府的社會保險與福利？還是應該未雨綢繆的在每一個工作職涯（期）中漸次且平均蓄積攤提？抑或是以「寅吃卯糧」之虞來滿足大眾的需要？政府宜重新考量其根本及修法之必要性，必須在國家、企業團體及人民百姓間取得平衡，而不宜由政府全數負擔，以免未來政府財政失靈，使人民百姓，甚至於使退休之老年人陷入經濟與生活的困境並受苦。

老人福利

參考文獻

HOYA 雜貨舖網站（2008）。社會保險。2008 年 10 月 30 日，取自 http://rich-god.myweb.hinet.net/social%20ins.htm

中國銅仁綜合門戶網（2008，1 月 8 日）。社會保險立法將突出解決十個領域的問題。2008 年 10 月 28 日，取自 http://www.tongren.gov.cn/news/fz/wdlf/2008-1-8/185635G25DJK22CE159B8.html

中國懷集縣人民公眾網（2003）。社會保險知識問答一。2008 年 10 月 30 日，取自 http://www.huaiji.gov.cn/xzjg/ShowArticle.asp?ArticleID=3497

內政部社會司（2008）。社會保險──年金概論。2008 年 10 月 28 日，取自 http://sowf.moi.gov.tw/09/new09.htm

內政部統計處（2006）。65 歲以上國民主要經濟來源。載於「94 年老人狀況調查報告」。台北市：作者。

仝澤蓉（2008，8 月 6 日）。65 歲以上老人　九成領政府補助。聯合晚報。2008 年 11 月 8 日，取自 http://blog.udn.com/andeswu2/2114942

行政院勞工委員會勞工保險局全球資訊網（2008）。勞工保險。2008 年 11 月 9 日，取自 http://www.bli.gov.tw

吳祥輝（2006）。芬蘭驚豔（頁 247）。台北市：遠流。

柯木興（2007）。社會保險（頁 2-3，19-21，53-55，79，460-463）。台北市：中國社會保險學會。

郭明政（1997）。社會安全制度與社會法（頁 53-58，194，195）。台北市：翰蘆圖書。

陳綾珊（2008）。社會保險（第三版）（頁 28-40，240-241，197-198，215-217）。台北市：華立。

陳聽安（2003）。國民年金制度之建構。載於國民年金制度（頁 4-6）。台北

市：三民。

黃文平（2008）。**輕鬆搞懂國民年金與勞保年金**（頁VII）。台北市：書泉。

黃旐濤、戴章洲、黃梓松、辛振三、徐慶發、官有垣、黃志隆（2008）。**社會福利概論——以老人福利為導向**（第二版）（頁371-388）。台北市：心理。

楊靜利（2000，9月15日）。社會保險的意義與社會福利體系。**台灣社會福利學刊（電子期刊）**，**1**。2008年11月1日，取自http://www.sinica.edu.tw/asct/asw/journal/paper0105.pdf

詹火生、林建成（2008，9月11日）。解決「農民健康保險」長期虧損之政策建議。**國政評論**。財團法人國家政策研究基金會，社會（評）097-077號。

蔡文輝（2003）。**老年社會學**（頁186-190，235-238）。台北市：五南。

鄧學良（2005）。**社會保險（公、勞、農、軍保險）與商業保險（雇主意外責任保險、團體傷害保險、雇主補償責任保險）之比較**。2008年11月5日，取自http://fclma.org/ShowPost/185.aspx

鍾秉正（2005）。**社會保險法論**（頁6-9，117）。台北市：三民。

老人福利

摘要

　　社會保險乃是社會福利的核心制度（郭明政，1997）。而老人問題之所以引起特別關注，乃是基於從生產方式的改變，繼之而使家庭成員結構改變、家庭經濟的維持由傳統的內部生產（或自給自足）獲得，轉變成為需藉對外付出勞力才能獲得薪資所得，以維持家計生活，故衍生少子化、老齡人口經濟能力無法自足等失靈問題，最後需透過政府強制力介入，從政策、法律制定、具體執行，及結合民間人力與物力各種資源，來完成社會保險制度中的老人經濟安全。

　　從歷史演化的角度來看，台灣的社會保險制度是先由特定職業對象而延伸至全體國民，而老年及退休人口，亦是從上述過程進展而來，並發展至全民化，透過各種不同制度來滿足個人需要，同時在發展福利人民的民意主流中，不致使政府產生龐大的福利支出，致排擠政府其他發展世界競爭力之各項建設支出，故保險制度須衡量在制度的設計上採取個人、企業組織團體、政府等三方在費率及負擔上的比例性攤提，以共創三贏局面，並達到成為福利國度之理想願景。

　　老年乃是人類生理的必然過程，而不是一種工作意外的結果（鍾秉政，2005）。老人退休以後面臨的第一個問題是其經濟狀況（蔡文輝，2003）。而老年的經濟安全，更是不可或缺的支柱。因此，從老人整個經濟結構來源觀之，除了後代子孫的供給、個人長年的積蓄以外，就必須仰賴國家在社會保險制度上的安全保障，以維持老人晚年生活之所需。而對於我國老年社會保險制度的選擇，亦可依個人職業的選擇上，而有不同社會保險的相對依附，此有利於改善個人老年經濟、分攤經濟壓力及風險、國家財政負擔與排擠效應等問題，最後社會福利也涉及管理及道德問題，老年社會保險的運作必須

透過良善的管理及運作，才得以保障全體國民與老人的福祉，而不能「寅吃卯糧」的將老人年金的經濟問題遺留給後代子孫。

　　本章主旨係以「台灣主要的老人年金制度」為主，主要探討了解政府所開辦的各類型年金制度內涵及其執行現況。對於如何在各類年金制度間轉換加保，以之對於各類當事人較有利乙節，因考量政府及坊間對於各類型年金保險、加保轉換、計核算公式與方式，已在網站公布與文宣推導之提供已應俱全，於本章僅就制度內涵與現況探討敘述。

老人福利

名詞解釋

◆社會保險　　　　　　　　　◆社會保險制度
◆年金保險　　　　　　　　　◆老人社會保險

問題習作

1. 請試述社會保險的意義、內涵、功能與目的。
2. 請試述我國社會保險的類別及被保險對象有哪些？與商業保險有何不同？
3. 請試述我國現行各項老人相關年金制度與其特性。
4. 請試述我國各類老人所年金的運作現況，並分析其差異點。
5. 請試述對於我國老人年金制度未來的展望與建議。

第十二章

獨居老人服務

學習目標

學習者在研讀本章之後應能了解：

1. 老人中的弱勢族群——獨居老人。

2. 獨居老人的定義與實務操作上的相異點。

3. 相關國家（地區）對獨居老人的照顧施政方向及我國政
   府對獨居老人的照顧情形與其相關統計。

4. 我國獨居老人照顧所面臨的問題及解決方案。

5. 獨居老人照顧的未來展望。

老人福利

　　所謂「老」，在人生的整個過程當中，猶同自然界中對生命體的「蛻變」一般，是一個相當重要的階段。在我國古代農業生產為主的社會與家庭中，「老」則是進入到「頤養天年」，也意味著已（或將）無法直接從事第一線農作工作，而退居第二線生產力或過著不需勞動而受後代奉（供）養的閒情生活，直到最後終老，生活與物質都無虞。

　　當西方工業革命的生產結構與社會環境、知識的創新等的逐漸變化、進步及潮流推進演化，從家庭成員結構、家庭經濟、工作人口以至在科技發展、社會變遷劇烈，致使人口、家庭及社會（區）環境之結構改變，再加上醫藥發展進步、國民壽命延長、國民經濟生活改變，以及老人住宅困難等原因，而衍生了許多老人養護的問題。

　　老人的照護服務，來自於原始的親情倫理、生理、心理、經濟與物質的需求，需要面對未來在身體的病痛與死亡等過程，更受到社會環境壓制、歧視等意識觀念的變遷影響，實不可缺少。而老化人口的首要照顧對象，除因病痛需長期住院診療（養），或由家庭長期照護的老年人外，則以獨居老人的服務與照（護）顧，為首要優先的重點目標。

第一節　獨居老人的定義

　　我國古代社會係以農業生產為主，孔子曾說：「五十而知天命、六十而耳順……，七十古來兮。」另在《禮記・禮運大同篇》裡敘述：「……故人不獨親其親，不獨子其子，使老有所終，壯有所用，幼有所長，鰥、寡、孤、獨、廢疾者皆有所養……。」其中的「鰥、寡、孤、獨、廢疾者皆有所養」即所謂：「老而無妻者、老而無夫者、幼年無父、老而無子者、殘廢疾病者都能得到最妥當、最關切之照顧」。由前述可知，我國在古代農業社會裡對

老年者照顧的崇高願景與理想，其重視的程度，可謂「止於至善」，這並不遜色於現代國家的政府施政，況且在現代民主國家的法制愈臻完備的情況下，相較於過去長期以來「法不入家門」觀念下，對於老人，甚至獨居老人，應可受到更良善的照顧以至終老。

✿ 一、獨居老人的成因

「獨居」是年輕人的時尚，也是脫離父母在多餘親倫的關注或期待單飛的生活模式；對獨居老人而言，卻是相反的階段里程。年輕人急欲探索這個廣闊世界的任何事物，而老人卻是周旋在這世界多年後的返璞（歸真）。

獨居老人（the elderly who live alone）的成因有很多，但大多與個人處遇（含生理與心理）、婚姻狀況、家庭生活、社會環境、都市化程度（莊秀美、鄭怡世，1999）、教育學習、子女數、經濟能力及政府施政等多個面向與層次有關聯，茲分析如下。

（一）個人處遇

選擇獨居的老人，除因親屬故亡，或不在居住地範圍附近外，個人常因生理疾病、生活習慣、行為個性與心理（情緒、精神……等）狀態、觀念價值認知（異常）的不同，或不願子女奉養、或因為封閉的個性、精神異常及生活型態習性，不喜歡群居生活等因素，而選擇採取離群索居的獨居方式獨自生活。依陳麗敏（2006）對獨居形成的原因分析如下：

1. 個性上：個性上較孤僻、不喜歡與人交際、不喜歡受束縛、不喜歡過機構團體生活、不和鄰居來往等。
2. 生理上：
   (1)年紀愈大，意識愈退化，不易與人清楚溝通。
   (2)年紀愈大，行動愈不方便，愈不易與人互動。

(3)不喜歡與人交際及不喜歡受束縛。

(4)因生理上的不便,較注重隱私及自尊(尊嚴)。

(5)患有精神疾病,為家人所遺棄,成為獨居長者(李翊駿,2000)。

3. 觀念上:

(1)養兒防老觀念根深蒂固,老人認為養兒不能防老已夠沒面子了,如果還要被送到機構安養,更受人指指點點,所以不願到安養機構就養,寧可選擇獨居。

(2)傳統之安土重遷觀念,認為家才是根本,希望居住在自己熟悉的生活圈,不願放棄自己打造的家園。

(3)對安養機構存有被救濟的觀念,不願進住安養,但也不想和子女同住。

4. 家庭上:

(1)未婚無子女,單身一人。

(2)已婚無子女且配偶已死亡或離婚。

(3)子女遠在外地或國外就學或就業、定居。

(4)子女愈生愈少,老人可以投靠子女的機會也隨之減少。

(5)居住空間愈來愈少,三代很難同居一堂,老人只好被迫另外擇地而居。

(6)現代人為求個人的自由權和隱私權,或希望子女功成名就,願意選擇獨居。

(7)年輕時不顧家或具有生、心理傷害傾向之言語或行為,導致家人關係疏遠。

(8)對子女的過度干預或深入。

5. 實質上:

(1)遭子女的疏忽或遺棄。

(2)為領取政府的「中低收入老人生活津貼」或「老農津貼」等各種現金補助而不願到機構安養。

(3)老友多已去世，對社會及環境產生陌生。

6. 教育程度：教育程度愈高愈傾向選擇獨立自主的生活，因此老年人的教育程度愈高則與子女同居的意願愈低。

7. 所得程度：高所得的老年人有能力選擇自己偏好的居住型態；反之，低所得的老年人受限於生活資源，較不可能選擇獨居。

此外，在社會上，對老人有刻板印象、歧視、冷漠以待等偏狹意識；在宗教的信仰上，亦是影響獨居的因素與決定。

（二）家庭（結構）生活

家庭是一個小社會的縮影與版本。我國以農立國，在「法不入家門」與傳統倫理觀念意識下，親情倫理的觀念承襲了數千年家庭（族）延續的道統，我國「五倫」（父子有親、君臣有義、夫婦有別、長幼有序、朋友有信）的五個倫理基本觀念中，與家庭關係有關，亦較直接的就有三個，但在家庭結構受到世界性潮流、現代社會環境型態演變、生育率降低及外來文化觀念與演化下，使固有親倫觀念、家庭結構逐漸瓦解，在人口成員、家庭環境、教育、職場競爭、經濟收入、新成立家庭成員等相關因素衝擊與驅使下，使家庭功能變佚、不再維持，而迫使老人選擇獨居生活。

家庭結構的變化，主要還是來自於社會的潮流（或流行）、教育觀念的改變（或更新）、工作與經濟所得的消長，以及政府政策決策與施政的因（回）應。個人與家庭是一個生命共同體，在社會價值訊息改變的資訊蔓延下，也有部分老人不願與後代子孫共同生活而選擇獨居。

老人福利

（三）社會環境與潮流

　　退休後的老年生活，學習能力減弱，接收資訊與交流的能力、管道與機會亦相對減少，且學習能力相對逐漸退化，故在觀念認知也較堅持過去所建立的概念，較無法跟隨社會脈動調整自我。

（四）教育與學習

　　教育是百年大計。良性社會的互動，必須有教育做後盾，人民必須自我學習成長，才能提高自我能力。老人學習管道因受到自我意識及許多限制與窒礙，欠缺持續的學習，致產生如「資訊不對稱」等若干現象，並滋生溝通上的落差問題，而與後代子孫常有認知上的差異，對事情處理與決策亦有衝突，而產生對立情事之現象。

（五）經濟能力

　　經濟環境的變動，常會影響到社會各個階層對於收入與支出的態度。過去農業社會時代的退休老人，因親倫觀念的延續並有後代子孫奉養，但現今社會環境因親倫關係已逐漸淡薄且工作收入與支出與過去農業社會型態不同，故老人頤養天年，動輒將擴大至政府、社會、勞動群來共同分攤。

（六）政府施政

　　適切且具彈性的政策，使人民百姓享受國家福祉。老人福利的政策及其對個案的執行中，對需要幫助的獨居老人尚不能完全涵蓋，除應有整體性的政策規劃與執行外，尚需針對較特殊的個案，單獨予以安處，不能排除在法規之外。

（七）其他

另造成台灣男性獨居老人較多的可能因素，有 1950 年代因戰爭隨國民政府來台的榮民，其為外省籍、從未結婚者、離婚、分居、性情較孤僻、精神病患、遭棄養、晚婚、婚後無生育者……等（莊秀美、鄭怡世，1999；陳肇男，1994；關華山，1994）。

老人獨居離不開時代、文化背景、社會結構及個人價值觀的改變（楊惠如，2005）；另外，人口因教育與工作地點的遷徙、教育背景……等，都會影響獨居與否的決定。從上列敘述得知，選擇獨居的決定，有其因果上的必然性，然大多數原因係由個人為出發點，在生、心理、主客觀等因素的擴散，經社會化過程後所產生的結果。

✍ 二、獨居老人的定義（朝本土化以法律、實務操作面上予以定義）

所謂「獨居」，一般係指老年人獨自居住在一家戶的狀況（郭玫怡，2005）。依據我國《老人福利法》第 2 條：「本法所稱老人，指年滿 65 歲以上之人」。而關於獨居老人的定義，目前尚無明確且統一的標準，一般認為有廣義和狹義的區分（黃秋華，2000）。茲將對獨居老人之相關定義彙整如表 12-1。

林小圓（2007）在〈兩岸獨居老人生活需求與照顧模式異同之研究——以台北市（台灣）和南京市（中國）為例〉所撰論文中，將獨居老人定義予以區分歸納出幾個要項，並將其獨居老人定義彙整，如表 12-2 所示。

從年齡的角度來看，一般以 65 歲界定老人的國家中，老年人的年齡層劃分為三個階段，即為目前所慣用的「年輕老人或低齡老人」指 65～74 歲、「中年老人或中老人」指 75～84 歲、「高齡老人或老老人」指 85 歲以上者。台灣老人以中年老人居多，但高齡老人對正式服務的需求比年輕老人來得高

老人福利

表 12-1　政府機關、學者、研究者對獨居老人定義彙整

來源（出處）	敘述內容
內政部，依據《老人福利法》定義	1.年滿 65 歲以上之單身獨居老人目前居住之事實為依據。 2.包括一戶二人以上老人，係指其中一人缺乏生活自理能力；或與子女同戶籍，但子女未經常性同住（連續達 3 天以上獨居之事實者）；或與子女同住，但子女缺乏生活自理能力。
黃秋華 （2000）	狹義的獨居老人係指：年滿65歲以上的長者，單獨居住於單一戶內。 廣義的界定則是：雖有同住者，但其無生活自理能力或無照顧能力。
台北市政府 （2008）	1.年滿 65 歲以上，長期居住本市（不論設籍與否）。 2.非居住於機構（含立案及未立案機構）。 3.單獨居住且無直系血親卑親屬居住台北市者，列入獨居；惟若長者與親屬雖住台北市但關係疏離者除外。 4.長者雖有同住者，但其同住者符合下列狀況，列入獨居： 　⑴同住家屬無照顧能力（由老人服務中心評估確認）。 　⑵同住家屬一週內有連續 3 天（含 3 天）以上不在者，列入獨居，但間歇性不在者，不予列入。 　⑶同住者無《民法》上照顧義務、無照顧契約關係者。 5.夫與妻同住且均年滿 65 歲且無子女在台灣者，列入獨居。
美國老人管理局 （周麗華，2002）	獨居是指一個人的家戶，而這戶的戶長一個人住在自購或出租的非機構式的住屋，包括宿舍或照顧型的場所、協助生活起居的設施及團體家庭。
楊培珊（2001）引自周麗華（2002）	獨居老人的定義則是 65 歲以上，單獨居住，或雖有同住者，但其同住者無照顧能力或經常性不在（經常性指有 24 小時以上獨居時），且非居住於機構者。
熊曉芳 （2000）	獨居老人：為 65 歲以上之事實獨居戶，一人獨自居住於一戶戶籍住址內，子女配偶及親屬非定期居住戶籍內者，且無將住屋出租他人或具室友、照顧者稱之。
石泱 （2004）	「獨居」係指老人自己單獨居住，而不與其配偶、子女或其他任何具有血緣關係的親人同住，因此，老人若與房東或房客同住，在該篇研究中亦屬於獨居的範圍。

資料來源：作者整理

表 12-2　政府機關、研究者、學者對獨居老人定義之變項比較

條件（作者年代）	老人年齡界定	非住於機構內	單獨居住	同住者無照顧能力或經常性不在家者
陳燕禎（1998）	滿 65 歲		V	
陳菊（1998）	滿 65 歲	V	V	24 小時以上不在家
中國大陸（2004）	滿 60 歲		V	
內政部（2005）	滿 65 歲	V	V	1 週內 3 天不在家，同住者無照顧能力
林小圓定義	滿 65 歲	V	V	同住者無照顧能力

資料來源：引自林小圓（2007）整理資料

（曾煥裕、沈慶盈，2003；謝美娥，1993）。

　　獨居老人的定義，並不等同於社會福利對獨居老人的照顧條件（或規定）。依上述表列說明，各國政府機關、學者、研究者顯然對於年齡、居住事實、獨居型態、照顧能力、親屬能力……等，除了對「獨居」（居住權）有相同的事實認定外，其它變項則各有不同見解。故在學理的定義上宜力求釐清，但在實務照顧上亦應力求周延，不宜將定義與福利實務操作範圍相混淆。莊秀美、鄭怡世（1999）認為：「基於老人福利服務分配的不均（居住地與戶籍地差異）：1.由內政部統籌規劃，包括北、高兩市在內，全台實施同樣的獨居老人認定標準及同等的獨居老人福利服務，如此對獨居老人的認定仍然可以以居住地為標準，並且由居住地服務機構提供老人所需的服務，該項福利服務支出則由老人居住地之福利機構向老人設籍所在地之縣、市政府請領；或 2.全盤改變現行的措施，所有的福利服務使用皆以『居住地』為認定標準，福利使用者就近使用『在地的』資源，較能符合福利社區化的原則。如此，統一訂定獨居老人的認定要件，使其服務提供符合社會福利的公平正義原則」。但居住地僅可歸類為施予福利服務審查條件之一，不宜將其納入獨居老人的定義內涵。

老人福利

　　綜上所述，對於獨居老人的定義，除應賦予獨居老人在學理上的定義外，在實務操作上，應綜合上述各類說法再予合理化的彈性歸納，並加以衡量國情風俗、地方特性（如偏遠地區因生活居住環境、經濟差異與台北市不同）、政府財力、人力物資、文化背景、年齡層次之優先順序……等，又或諸如無定所亦無子嗣的老年遊民、長居國外親屬及子女是否涉及遺棄（或棄養）……等，其範圍廣泛，又涉及親情倫理、立法等問題，須將定義及實務操作範圍，予以審慎劃分，彈性納入考量。

第二節　獨居老人的現況與困境

☆ 一、我國獨居老人的現況

　　依據內政部戶政司 2009 年（底）人口統計資料，我國年滿 65 歲以上人口計有 2,457,288 人，占全國總人口數（23,119,772 人）的 10.63%（2007 年為 10.21%），而依據內政部社會司 2009 年統計資料，獨居老人人數則達 49,399 人，占年滿 65 歲以上老年人口的 2.01%（2007 年為 2.1%）。近年獨居老人（男、女）人數統計如表 12-3，從統計表中亦顯示：各年獨居人數自 2000 年起至 2009 年為止，獨居老人人口數仍呈現增減不穩定現象，其原因有待觀察與分析研究。

　　又根據我國 2009 年（底）老人人口統計總數（2,457,288 人）為基準，在老年人口 2.01%（49,399 人）的獨居老人中，中低收入戶占老人人口總數（13,263 人）比例 0.54%；榮民占老人人口總數（5,514 人）比例 0.22%、一般老人占老人人口總數（30,622）比例 1.25%。

　　如依 2009 年（底）獨居老人人口統計總數（49,399 人）為基準，中低收

表 12-3　我國 2000 至 2009 年各類獨居老人（男、女）人數概況統計　（單位：人次）

區分		年度別（西元）									
		2009	2008	2007	2006	2005	2004	2003	2002	2001	2000
合計	小計	49,399	47,943	48,670	48,561	47,469	48,171	48,637	49,111	52,279	53,444
	男	24,529	24,009	25,103	26,033	26,109	27,246	28,260	29,471	31,045	33,551
	女	24,870	23,934	23,567	22,528	21,360	20,925	20,377	19,640	21,234	19,893
中低收入戶	小計	13,263	12,779	13,489	13,607	13,700	13,571	12,929	13,908	15,010	16,733
	男	7,377	6,971	7,352	7,442	7,432	7,428	7,033	7,701	—	—
	女	5,886	5,808	6,137	6,165	6,358	6,143	5,896	6,207	—	—
榮民	小計	5,514	6,228	7,283	7,742	8,414	9,157	10,068	10,378	10,100	9,950
	男	4,960	5,530	6,578	7,090	7,776	8,481	9,480	9,930	—	—
	女	554	698	705	652	638	676	588	448	—	—
一般老人	小計	30,622	28,936	27,898	27,212	25,265	25,443	25,640	24,825	27,169	26,761
	男	12,192	11,508	11,173	11,501	10,901	11,337	11,747	11,840	—	—
	女	18,430	17,428	16,725	15,711	14,364	14,106	13,893	12,985	—	—

資料來源：引自內政部社會司（2010）

入戶（13,263 人）占獨居老人人口比例 26.85%；榮民（5,514 人）占獨居老人人口比例 11.16%；一般老人（30,622）占獨居老人人口比例 61.99%。

　　依據現行《老人福利法》規定，政府在落實老人福利政策施政執行上，以及地方政府對於獨居老人實施關懷與照顧次數統計，如表 12-4 所示，顯示我國因應人口老齡化在社會關懷的推動與執行上，採取愈來愈多人力、物資的投入參與，並結合民間非營利組織、志工人力等資源共同關懷獨居老人，實現我國親倫觀念在社政福利上的實踐，以及人道基本精神的再昇華，藉以降低社會、家庭與個人問題的困境、再惡化與負面循環。

老人福利

表 12-4　我國 2000 至 2009 年對獨居老人服務次數統計　　（單位：人次）

區分	全年度各項分類服務成果							
	合計	電話問安	關懷訪視	居家服務	餐飲服務	陪同就醫	安裝緊急救援連線	全年轉介服務
2009 年	3,651,093	673,265	659,617	609,125	1,672,655	36,431	4,136	839
2008 年	3,546,390	642,924	740,630	686,356	1,437,370	39,110	4,760	912
2007 年	3,965,485	669,313	772,437	927,474	1,546,921	49,340	4,320	902
2006 年	3,920,852	612,534	745,249	868,677	1,647,880	46,512	4,622	772
2005 年	4,043,731	619,970	782,840	885,947	1,685,081	69,893	5,211	910
2004 年	3,635,560	546,599	668,998	779,331	1,567,294	73,338	4,982	1,078
2003 年	3,390,707	670,470	757,030	743,073	1,159,477	60,657	5,124	2,946
2002 年	2,152,909	321,393	507,622	441,629	800,366	81,899	3,942	2,325
2001 年	2,004,481	473,144	480,580	334,735	676,917	39,105	4,114	581
2000 年	836,470	206,228	167,674	111,410	337,120	14,038	3,199	152

資料來源：引自內政部社會司（2010）

✧ 二、我國獨居老人的困境

　　對於人的一生而言，「生而無懼」、「老有尊嚴」、「病而無憂」、「死而無憾」是人生最佳且基本的理想與期望；其中，老年生活就包括三項。老年生活是人生里程的最後階段，世界各國也致力於人口年齡的長壽，近年世界各主要國家與我國平均壽命之比較如表 12-5 所示，讓表亦顯示老年人的照顧，從過去我國農業社會由家庭親情倫理的照顧，演變到現代工商業進步快速，須共同由家庭成員、社會組織、政府資源來協同實施照顧的責任。

表 12-5　我國與世界各國（地）近年平均壽命增減比較　（單位：歲）

		1993	1996	1999	2002	2004	2007	1993 與 2007 增減比較
中華民國	男	71.6	72.4	73.3	74.6	74.7	75.1	＋3.5
	女	77.5	78.1	79	80.2	80.8	81.9	＋4.4
美國	男	72	72	74	74	75	75	＋3
	女	79	79	79	80	80	80	＋1
日本	男	76	77	77	78	78	79	＋3
	女	82	83	84	85	85	86	＋4
德國	男	72	72	73	75	75	76	＋4
	女	78	79	80	81	81	82	＋4
英國	男	73	74	74	75	76	77	＋4
	女	78	79	80	80	80	81	＋3
南韓	男	67	68	70	72	73	75	＋8
	女	75	76	77	80	80	82	＋7
新加坡	男	72	74	75	76	77	78	＋6
	女	77	79	79	80	81	82	＋5
法國	男	73	74	74	76	76	77	＋4
	女	81	82	82	83	83	84	＋3
香港	男	75	76	77	77	79	80	＋5
	女	80	82	82	82	84	86	＋6
中國大陸	男	68	68	69	69	70	71	＋3
	女	71	72	73	73	73	74	＋3

資料來源：引自內政部統計處（2008）

　　孝道自古以來即是我國的傳統。「家」是一個人出生至死亡之最初、最基礎的單位與最終歸屬之處。「老是人的宿命」（電影《明日的記憶》中的對白）。一般來說，人在邁入老年階段，通常會面臨三方面的問題：生理上

的衰退、工作上的退休以及死亡的來臨（陳麗敏，2006）。獨居老人的基本問題，仍植基於獨居老人的心理與生理占大部分。而家庭關係是老年人獨居數量攀升的影響主要關鍵（王續儒，2007）。以下說明獨居老人的獨居困境與原因。

（一）獨居老人個人因素的分析

老是人一生蛻變的最後一個過程，由於人具有感覺靈知，除了生理的老化過程，心理變化改變更是重要，兩者是最核心的議題，因為不論內（指家庭或生活周遭）、外（指社會環境等之變化）在環境如何變遷，都將影響老人的思考與決定。不論是老人的心理建設也好、對心理上的調適也好，都對老人是一種負擔。在生理功能（腦力記憶、體力、學習能力、行動能力）逐漸退化（或失去功能），加上與工作絕緣、漸次脫離社會群眾後，對於生理有大部分的影響。在心理層次上，由於生理上的變化，對老人的自尊亦大有影響。故獨居老人更需要調整心理狀態、給予尊嚴，政府對獨居老人（或老年人）個人，應強制參加老人教育後，才能享有相關老人福利，以避免增加照顧（護）、安養等困難。

（二）家庭遭遇

由於老年人的個人尊嚴與心性、行為認知、身體病痛不同於青壯年時期，在老年以後將更顯現老化現象，因此，沒有一個老年人會願意自己選擇獨居且自己照顧自己。況且老年的生活，大多經過青壯年的努力，於退休後，在生、心理產生逐步退化的過程中，都希望過的是恬適較無壓力的生活品質。除了是「無後」、「喪偶」的老年人是獨居之外，其他獨居老人大都在家庭生活上有著許多難以言喻的困難與問題。家庭問題隱含個人、家庭成員、社會間，多元且社會化的考驗，故家庭的經營仍是家庭成員的主要目標課題，

負面影響仍將會影響社會並擴大到政府層級；尤其在現今單親家庭及獨生子（女）日益增多的情形下，若干年後將會有更多獨居個案情事出現，這考驗著未來老年人或獨居老人福利的施政策略與執行。

（三）社會人際關係

由於老年人或獨居老人因漸漸疏離家庭、人群與社會，將逐漸愈來愈封閉自我，再加上過去的老齡朋友也逐漸凋零，認識與結交新朋友便成為老年人或獨居老人社會人際的新課題。選擇獨居並不代表畫地自限的封鎖人際關係，除了老人或獨居老人自己需「走出去」外，社區或社區成員、社會工作人員（含義工）亦應引導老年人或獨居老人走入人群、社區，以降低獨居老人因獨居滋生意外事故而難以防制，或錯失最佳救援時機。

（四）經濟層面

經濟來源及獲得是老年人（及獨居老人）在老年生活的憑藉主軸。老年的生活個人經濟必須自主，可不受後代子孫奉養，除了可減輕子女工作收入的經濟壓力外，尚可全力培養下一代。過去因為社會型態轉型及政府對老年福利工作的忽視，致使人民百姓在青壯年有工作能力時期，未能有效籌措未來老年生活的經濟需求及存在「養兒防老」的期待觀念下，當老年後，無法滿足生活上之經濟所需。在老人年金、老農津貼、勞保年金、國民年金陸續開辦後，將使退休後的老年生活得到基本的保障，並有利政府在老人福利施政上逐步節約不必要之財政支出。

（五）老人教育

政府近幾年大力推動「終身學習」已有其明顯成效，但是對於老人的老年學習仍是不足，而難以看見具體成效。教育部（2008）雖已於 2001 年訂定

老人福利

「教育部補助辦理家庭教育老人教育及婦女教育活動實施要點」，主要目的係結合政府機關、社教機構、學校與民間團體共同規劃辦理家庭、老人與婦女等對象之成長學習活動，以增進國民家庭關係、家庭功能與合宜之性別角色觀念，落實老人學習權益，建構親善之生活環境及無年齡歧視之世代和樂共處社會。但推行情形成果各縣市則各有落差。

　　老人應該學習的是什麼？是否應該予以強制參加？舉辦地點與交通設施（老人交通安全）……等，是否應朝區域、社區或在地化？都應該審慎考量及規劃。依黃富順（2007）對教育部2006年訂頒之「老人教育白皮書」規劃方向提出的五個期許（儘速訂頒實施計畫，以利落實與推展、各項內容的落實，宜釐清輕重緩急，次第展開、資源的調整，亟待進行、鼓勵學術活動的進行、領導者的重視與支持）中得知：老年教育與實際老年人口教育程度仍存有落差。依內政部2007年底15歲以上人口學歷統計，及與65歲以上老年人口比較，如表12-6所示，以我國2009年65歲以上老年人口出生年次均為

表12-6　我國 2009 年 15 歲以上人口（含 65 歲）與 65 歲以上
　　　　人口教育程度人數統計 （單位：人）

| | 2009 年（底）15 歲以上 | | | 2009 年（底）65 歲以上 | | |
	合計	男	女	合計	男	女
總計	19,341,754	9,666,432	9,675,322	2,457,648	1,183,124	1,274,524
研究所	855,052	543,941	311,111	15,505	13,374	2,131
大學	3,731,899	1,873,991	1,857,908	124,231	100,392	23,839
專科	2,448,025	1,245,501	1,202,524	82,519	59,064	23,455
高中職	6,254,572	3,293,505	2,961,067	262,009	181,379	80,630
國初中	2,715,574	1,444,113	1,271,461	257,903	151,268	106,635
國小	2,858,578	1,192,448	1,666,130	1,310,835	614,711	696,124
自修	74,538	24,245	50,293	63,345	22,459	40,886
不識字	403,516	48,688	354,828	341,301	40,477	300,824

資料來源：依據內政部統計處（2010）

33 年次以前，其教育程度落點集中在國小為最多；國（初）中、高（中）職人數居次，故要讓現有老年人或獨居老人能妥適過著現代老年人或獨居老人的生活，在老人教育的設計規劃上，實應依獨居老人或老年人必要需求予以妥善規劃，以免流於空洞形式且浪費資源，亦增加政府人力及財政的不必要負擔。

（六）政府對老人的福利政策與執行

　　我國老年人或獨居老人的社會福利，係考察許多國家政策規劃與執行之優點及衡酌我國民情風俗特性所制定，施政福利構想願景雖已具備，但仍僅初具其架構，仍缺乏軟、硬體的建置，執行亦仍受限於部分老年人或獨居老人享有，而未及普及化，此概因受制於政府人力縮減及財政困窘、政治紛亂、違規濫權（用）與政客的操弄等事況相關聯，相對在公務體系裡的保守態度及等待上層變革的執行決心，都使老人福利執行產生偏差現象，屬於環環相扣的結構性失靈問題，仍有待民間及政府有識之士共同努力，使老年及獨居老人享受應有之照顧（護）福利。另外對於照顧對象的區分，仍應朝支持性老年福利服務、補充性老年福利服務及替代性老年福利服務等三類型實行，較符合社會及個案所需。

　　此外，獨居老人仍需要政府的極力介入照顧（護）。在政府部門行政的困境有：組織內部因組織及人力的擴增與精簡產生矛盾、福利經費成長供需的彈性調整、中央與地方的預算角力、老人福利績效評估的不易等四個困境；在組織外部更有「少子高齡化」的趨勢暫時無法改變、家庭結構與功能的變遷、政治角力介入、經濟成長趨緩、專業人員的不足與素質的提升、科技資訊的待整合，以及台灣特殊歷史文化背景等困境（黃旋濤等，2008），都有待朝老人福利作業執行再精進的方向努力。

老人福利

第三節　我國現行對獨居老人所訂定的法令規定及實施現況

✿ 一、獨居老人現行相關法令制定的現況

　　我國現有對於獨居老人所訂定的相關法令規定類別繁多，茲依據內政部社會司老人福利網站及參酌吳惠玲主編（2005）之法規彙編，將各項獨居老人相關之主要法令規定臚列如下。

（一）基本法規（本書第四章已臚列不再重覆）
（二）一般行政規則（本書第四章已臚列者不再重覆）

1. 「老人參加全民健康保險無力負擔費用補助辦法」，2007 年 5 月 17 日台內社字第 960077749 號令修正發布。

2. 「敬老福利生活津貼暫行條例」，2003 年 6 月 18 日華總一義字第 09200113960 號總統令修正公布。

3. 「中低收入老人特別照顧津貼發給辦法」，2007 年 7 月 9 日內授中社字第 0960714084 號令發布。

4. 「內政部各老人之家及彰化老人養護中心公費院民死亡喪葬及遺留財物處理要點」，2001 年 7 月 9 日內政部台(90)內中社字第 9076506 號函修正公布。

5. 「老人健康檢查及保健服務項目及方式」，1998 年 10 月 28 日台內社字第 8782311 號、衛署醫字第 87032697 號發布。

6. 「安養定型化契約（含定有期限及未定期限）」，2003 年 12 月 31 日

內授中社字第 0920101803 號修正發布。

7. 「內政部老人之家辦理自費安養業務實施要點」，2000 年 3 月 14 日
台(89)內中社字第 8974922 號函頒（溯自 1999 年 7 月 1 日實施）。

8. 「教育部補助辦理家庭教育老人教育及婦女教育活動實施要點」，
2008 年 5 月 14 日教育部台社(二)字第 0970076472C 號令修正頒布。

二、英美國家及中國大陸對老人福利的施政與我國現行對獨居老人照顧現況

養兒防老是均衡社會成員世代間取予的中國模式，其他社會未必適用。
依照柯瓊芳（2002）指出，歐盟國家對於獨居無法料理日常生活父母的照顧
安排方式，其中，獨居者由政府照顧比例最高的國家為芬蘭（59.64%，福利
體制屬組合主義）、荷蘭（46.76%，福利體制屬社會民主主義）、丹麥
（44.36%，福利體制屬社會民主主義），均屬高福利國家；最低則以地中海
國家屬家庭聯繫緊密國家：西班牙（8.2%，福利體制屬地中海式）、希臘
（11.29%，福利體制屬地中海式）、葡萄牙（11.80%，福利體制屬地中海
式）。

古老中國對鰥寡孤獨老及傷殘者皆有福利的救濟；英國從伊麗莎白女皇
時代的社會福利事務逐漸成為政府主要工作之一；美國的社會福利事業也深
受英國影響，其社會福利工作的推行並不限於政府官員和社會工作專業者，
民間的社團也扮演一個相當重要的角色，且著重在經濟上有困難的特定份子；
歐洲各國社會福利工作的主要概念是提供所有國民的社會福址，並以高稅率
來提供社會福利財源（蔡文輝，2003）。

美國目前對老年福利的措施項目計有：1.社會安全；2.醫療照護；3.老人、
遺屬、殘障保險；4.低收入戶醫療補助；5.糧票；6.安養所申訴會；7.補助安
全收入；8.餐食送到家；9.退休老人自願案；10.收養祖父母案；11.退休經理

老人福利

人員服務團；12.老年中心；13.公車優待；14.財產稅減免補助；15.所得稅減免；16.娛樂優待；17.家內健康服務；18.營養計畫；19.家事服務；20.托老所中心；21.安養所等。

　　受東、西方多所推崇的國家——日本，在 Ogawa 和 Retherford（1997）的研究也發現，其 65 歲以上的獨居老人或僅與配偶同住的比例由 1972 年的19%增為 1995 年的41%（引自柯瓊芳，2002）。日本政府以透過其他各類型慈善公益團體的資源與援助，來執行與推動老人福利服務，其要點項目範圍包括：社會保險、醫療服務、居家老人福利，更推行開發：老人就業介紹、老人創業輔導、老人俱樂部、老人大學等積極作為，並對老人的基本經濟安全維持、實施老人年金、殘障年金、遺屬年金等多方面措施來周延對老人照顧的福利（蔡文輝，2003）。

　　香港政府在 1994 年 8 月成立「老人服務工作小組」後，採取「老年服務綜合化」政策，並主張老人應儘量在熟悉的環境中安享晚年的原則，延續過去英國社會福利概念倡議的「家居照顧」、「社區照顧」。另在 2003 年對「社區安老服務」政策做出了重組與轉型，其主旨及目的在：1.改善各類服務的整合，促進以服務團隊手法為老人提供更合適個人需要的服務；2.提高成本效益，給予服務提供者更大的靈活性，更好的善用資源，減低重疊、節省管理和資源支出；3.方便老人使用，老人無需接觸不同機構單位，便能滿足老人轉變的服務訴求，更容易從一種服務過渡到另一種服務（梅陳玉嬋、齊鋏、徐玲，2006）。而香港老年服務社工員在實際的環境中認為，獨居長者（香港對老人統稱「長者」）是高危人口（population-at-risk），在不違背社會和經濟公益、照顧弱勢社群（vulnerable groups）的原則下，較易獲得優先安排的有關服務（李翊駿，2000）。其中較多獨居長者接受的服務有：

1. 現金援助（cash benefits）方面：包括綜合社會保險計畫、長者定居廣東省綜合社會保障援助計畫等。

2. 公共福利金計畫方面：包括高齡津貼、傷殘津貼。

3. 社會支援服務方面：家務助理服務、長者外展社工服務、義務工作計畫、長者義工計畫、長者社區網絡計畫、長者支援服務隊、長者綜合服務中心和長者服務中心等。

4. 院舍服務方面：包括護養院、護理安老院、安老院、長者宿舍和臨時住所等。

此外，香港政府的醫院管理局和香港房屋委員會（服務對象主要為社會低下階層人士）也針對性的為有需要的獨居長者提供醫療和居所服務。

中國大陸上海市民政局社會福利處亦積極推進養老福利事業改革和發展，其具體施政如下：

1. 認真完成市府實事專案和民政部「星光計畫」專案任務，推進養老機構設施建設快速發展。

2. 滿足老人就近養老實際需要，大力發展社區養老機構。

3. 根據社會福利社會化的發展方向，鼓勵以社會力量創辦養老機構。

4. 為老人展開就近、便捷、專業化的照料服務，初步形成居家養老服務網絡。

5. 全方位規範養老機構發展，建立健全上海養老福利事業法規體系。

6. 以提高老人生活品質為目標，加強對養老機構的管理和服務，形成較有規範的養老機構管理服務體系（梅陳玉蟬、齊銥、徐玲，2006）。

我國對於獨居老人的服務措施，就組織可分類為政府部門、非營利組織及私人機構，亦有三者之間相互聯盟的情況；服務內容依分類可分為以服務對象身體功能損傷程度（輕、中、重度）及服務提供的地點（分社區式、居家式及機構式）等兩個方面來實施（引自 Tobin & Toseland，呂寶靜，2001）。概與上述香港等其他政府施政方向多有雷同，獨居老人的成因也與我國的許多研究結果概同（如個人背景、性格、家庭的、社會的、社會支援網絡等），

老人福利

仍以政府所訂政策及施政目標方向為主軸，茲就政府政策及規劃執行方向提出如下（梅陳玉嬋、楊培珊，2005）。

在經濟保障上，依《老人福利法》第 11 條規定：「老人經濟生活保障，採生活津貼、特別照顧津貼、年金保險制度方式，逐步規劃實施。」台灣地區現今老人福利制度中的經濟保障係以現金給付為主，計有「中低收入老人生活津貼」、「老農津貼」、「榮民就養給與」、「敬老生活津貼」、「原住民敬老福利生活津貼」、「中低收入老人特別照顧津貼」等六項。

在居家照顧上，對於獨居老人較多實施方式以「居家服務」、「居家護理」、「送餐服務」、「緊急救援連線」為主軸，並施以「電話問安」、「關懷訪視」、「醫療服務（或陪同就醫）」、「轉介服務」等以老年人或獨居老人實際生活需求為主之福利服務。

在社區照顧上，結合在地化、區域化，開設「日間照顧中心」、「輔具資源中心」等硬體設施，以及實施「喘息服務」等軟體功能。

在機構服務上，依《老人福利法》第 34 條規定：「主管機關應依老人需要自行或結合民間資源辦理下列老人福利機構：長期照顧機構、安養機構、其他老人福利機構。」有關現有公、私立老人（含獨居）福利機構統計如表 12-7 所示（截至 2007 年底止）。

在社會參與上，成立「常青學苑」、「老人文康休閒活動中心」，另依2001 年 1 月 20 日公布實施《志願服務法》招募「志工」施與「志願服務」，以及設立「老朋友專線（0800-228-585）」，使老年人或獨居老人生活持續社會化，有利降低病痛、減少生理、心理加速衰老之情事。

綜合我國對許多區域獨居老人的醫療、處遇、生活需求等研究（如台中市、嘉義縣民雄鄉、台北市……等各類型個案）中得知，獨居老人占老年人口總數比例仍屬較低，在老年人甚至獨居老人大多不願進住安養院等公、私營機構等前提下，採取社區在地老化照護仍是為最佳實施方案，並對獨居老

表 12-7 台灣近三年公、私立長期照護、養護及安養機構供住情況統計

機構類別	機構數（所）	可供進住人數	實際進住人數	使用率
2005 年底	944	59,006	43,154	73.13
內政部主管	926	46,797	32,855	70.21
榮民之家（含公自費）	18	12,209	10,299	84.36
2006 年底	977	60,409	44,792	74.15
內政部主管	959	48,884	34,993	71.58
榮民之家（含公自費）	18	11,525	9,802	85.05
2007 年底	1,034	62,881	46,699	74.27
內政部主管	1,016	51,845	37,128	71.61
長期照護機構	37	1,932	1,205	62.37
養護機構	922	39,135	28,824	73.65
安養機構	43	9,574	6,622	69.17
社區安養堂	9	344	90	26.16
老人公寓	5	860	387	45.00
榮民之家（公費）及 榮民自費安養中心	18	11,036	9,571	86.73

資料來源：引自內政部統計處（2008）

說明：1.長期照護機構係以照顧罹患長期慢性疾病且需要醫護服務之老人為目的。

2.養護機構係以照顧生活自理能力缺損且無技術性護理服務需求之老人為目的。

3.安養機構：以安養自費老人或留養無扶養義務之親屬或義務之親屬無扶養能力之老人為目的。

4.社區安養堂：運用社區或村里力量設置，以收容安養鰥寡孤獨無依老人，使之頤養天年。

5.老人公寓：由政府出資興建採公設民營方式委託民間經營，提供年滿65歲以上，身心健全，生活能自理之老人租賃。

6.榮民之家實際進住人數不含大陸定居人數。

7.榮民之家計有14所，自費安養中心4所，其中10所榮民之家設有榮民自費安養、養護堂，其所數不重覆計算。

人的福利服務採取支持性服務、補充性服務及替代性服務，較能滿足獨居老人在地化成果與需求；且應可規劃由老年人為施與服務的主體來聯結政府、民間人力、物力與財力資源，不失為良好方法，由老年人或獨居老人的帶動來活絡其他獨居老人，因其相互間較易溝通，更成為有利於三方的三贏局面。

第四節　獨居老人福利服務的未來發展

　　楊培珊（2001）在〈台北市獨居長者照顧服務經驗之反思──一個行動研究的報告〉一文中指出：「因……社會觀感影響，獨居老人的服務將獨居界定為缺乏某種需求而忽略個別老人生活及需求的差異性，且因老人服務內容繁多，若過度投入於獨居老人，恐不符合社會資源運用的成本。」

　　從台灣老年人的總人口比例來看，獨居老人是最小比例，但卻是需耗費較多人力、物力與財力的族群。獨居老人人口數最多的縣（市）以台南縣5,997人最高、其次為台北市4,772人、高雄縣3,489人居第三。不論地方施政、服務人力與財源籌措等，對於獨居老人照護現況如何，政府都必須適當調整政策施政、修訂法制規定、調配必要人力等需求，以為未雨綢繆，因應未來持續攀升的老年人口，茲以獨居老人現況、未來成長量及因應措施，提出以下幾項建議。

一、獨居老人未來所面臨的問題

　　1. 社會福利受政治操弄及在預算支出上的失衡。
　　2. 老人福利制度與規劃在實務運作上，往往忽略獨居老人的問題。
　　3. 獨居老人個人與緊急醫療通報系統建置的聯結欠周延。

✿ 二、現有法規制定的期待

1. 社會福利已屬於地方自治事項，故因應社會快速變遷、法令結合社政實際需要，並依《地方制度法》的規定，應是由地方政府針對獨居老人個案性採取在地社區化照顧措施。

2. 獨居老人的福利需求，應經過調查評估後，給予實際的生活、醫療、經濟等需求的福利服務。

3. 組織專業與任期制的評鑑與監督團隊，建立公開公平的評鑑機制。

✿ 三、政府與民間的鼓勵及參與

1. 規劃推動都會區及偏遠地區完整的社區獨居老人照顧體系。

2. 鼓勵獨居老人（或老年人）擔任志工，參與社會服務工作。

3. 地區醫療院所與區域、社區獨居老人醫療的聯結。

4. 台灣無論地理環境、交通、休閒等軟硬體設施都已皆臻完善，具有開發退休相關產業的條件，故可規劃成為政府產業及提升經濟成長的一環。

✿ 四、獨居老人未來規劃與執行的願景

　　老人並不是一個簡單的個體，而是由不同性別、社會經濟地位、專業背景、政治取向結合所形成（梅陳玉蟬、齊銥、徐玲，2006）。根據《天下雜誌》全球視野專欄報導（王月魂，2008）：「到了 2014 年，台灣會有超過三分之二的人口居住在都市，……，使台灣成為一個完全都市化的社會。這個現象的重要性，在於這個趨勢將會形塑未來台灣消費市場的樣貌。」《老人福利法》中「老人」依全人照顧、在地老化及多元連續服務原則，將老人福利機構修正為提供居家式、社區式，或機構式服務，並建構妥善照顧管理機制辦理之。雖是對身心障礙者及高齡年長者有更周延的保護和保障，但是若參照上述「完全都市化社會」的結構下，則對於「老人」與「獨居老人」的照顧，亦無法全面且務實的達到理想目標。

老人福利

　　由於老人都有「在地老化」的傾向，不論是居住在都會區或是偏遠山區，對於不同地區的獨居老人而言，也都必須要受到同等照顧。不論是政府政策、未來施政，民間公益團體及學者專家均應就獨居老人的養護、照護、安養，提出許多建言與願景規劃，但都因受各級政府財政困難問題，而產生排擠效應，甚至影響中、下游的公益團體及民間業者，更加速循環與惡化，已產生結構化問題。

　　黃旂濤等人（2008）提出未來對老人照顧的趨勢：「社會福利工作應該推展以家庭為中心的福利服務，透過家庭的經濟照顧功能，以家庭做為滿足福利需求的基本單位。在社會福利未來的發展趨勢上，除了福利家庭外，政府應不再是社會福利資源的提供者。除此之外，社會福利也應該尊重地方社區居民個別需求的差異性及獨特性，以提供地方發展對老人或獨居老人的社會照顧福利。」

　　江哲超（2001）則分析，長久以來家庭一直是高齡照護的主要提供者，但隨著時代變遷、生活方式的改變、生育政策的轉變、經濟全球大環境的普遍不景氣，一方面老年人與子女同住的比例逐漸下降，獨居老人與日漸增，家庭照護的功能已逐漸消退，代替的是機構化的安養服務，另一方面，就照護方式而言，面對全球化的經濟衰退，間接影響家庭收入減低，造成接受機構化照護者家庭沉重負擔，目前社會福利制度對此類對象並無完善的規劃與支援，更是考驗著家庭被賦予的照護功能。因此：

1. 政府單位的政策制定、監督……等與民間機構執行、改善、財務預算……等的「夥伴關係」仍待提升與融合。我國許多法令法規與所訂定的標準多比世界其它國家為高，其立意雖是對獨居老人有更好的生活品質，但因民間業者在執行時多有窒礙，無法在期限內達成政府要求目標，政府應針對問題協助、輔導解決，而非僅止於依法要求或僅監督而不輔導。

2. 家庭是生活的基本單位，獨居老人的在地社區化，應可聯結地區安養、養護機構，形成點、線、面之執行策略連線，將有利於財政與人力重複之節約。

3. 中國人的家庭固有倫理觀念是全世界最良善的家庭制度，故對獨居老人子女的照顧義務應修訂或立法規範，不宜僅限於「遺棄」角度，相關配套措施如減稅、各項補助、工作地域等，都有雙贏利基。

4. 《就業服務法》雖然已取消就業年齡的限制，但中、高齡人口失業率仍高，該等族群正養育下一代及奉養上一代的尖峰時期，且對就業人力資源仍是一股未及開發的人力市場，應積極開發。政府應可基於降低社會福利支出負擔為前提，針對老年人或獨居老人的就業人力、工作職位予以檢討、規劃，並鼓勵企業用人比照進用殘障者、原住民比例模式等之優惠措施，進用老齡或獨居老人人力，俾使老年人或獨居老人獲得工作，以發揮其附加價值，生活所需經濟亦得以獲得舒緩。

5. 周延評鑑制度及評鑑專業（與輔導）人力，並成立任期制之專責性評鑑組織，以減少評鑑標準不一情事，並能妥善輔（指）導民間業者改善及淘汰不肖的經營業者。

老人福利

參考文獻

內政部社會司（2008）。老人福利法規彙編。2008 年 10 月 9 日，取自 http://sowf.moi.gov.tw/04/02/02.htm

內政部統計處（2008）。內政統計通報（2008 年第 10 週統計）。2008 年 10 月 11 日，取自 http://www.moi.gov.tw/stat/week.aspx

王月魂（2008）。全球視野專欄——企業該為五年後準備什麼。天下雜誌，**404**，28。

王續儒（2007）。獨居老人照護政策之研究——以新竹為例。私立中華大學行政管理研究所碩士論文，未出版，新竹市。

台北市政府（2008）。何謂獨居老人（關鍵字）。2008 年 10 月 1 日，取自 http://www.daan.taipei.gov.tw/cgi-bin/Message/MM_msg_control? mode=viewnews&ts=48d0eb79:402&theme=/3790000000/.theme/printmsg&layout=&pressmode=&acc=&pwd=

石　決（2004）。獨居老人社會支持、健康狀況與孤獨感對生活滿意影響之研究。輔仁學誌法／管／社科之部，**39**，51。

江哲超（2001）。老人福利。網路社會學通訊期刊，**18**。2008 年 10 月 1 日，取自 http://www.nhu.edu.tw/ociety/e-j/18/index.htm

吳惠玲（主編）（2005）。老人福利法規彙編。台北市：五南。

呂寶靜（2001）。老人照顧——老人、家庭、正式服務（頁 17）。台北市：五南。

李翊駿（2000）。香港獨居長者的特質與安老服務。社會工作學刊，**6**，19-57。

周麗華（2002）。從認養獨居老人看台北市社區內志願服務團體之發展模式。私立世新大學社會發展研究所碩士論文，未出版，台北市。

林小圓（2007）。**兩岸獨居老人生活需求與照顧模式異同之研究——以台北市（台灣）和南京市（中國）為例**。私立元智大學資訊社會學研究所碩士論文，未出版，桃園縣。

柯瓊芳（2002）。誰來照顧老人？歐盟各國奉養態度的比較分析。**人口學刊，24**，7-10。

教育部（2008）。**教育部補助辦理家庭教育老人教育及婦女教育活動實施要點**。2008 年 10 月 9 日，取自 http://www.edu.tw/files/bulletin/B0034/960525. doc

梅陳玉嬋、楊培珊（2005）。**台灣老人社會工作——理論與實務**（頁 221-245）。台北市：雙葉書廊。

梅陳玉嬋、齊　銥、徐　玲（2006）。**老人學**（頁 88-93）。台北市：五南。

莊秀美、鄭怡世（1999）。獨居老人的社區化處遇探討。**東海學報，18**，57-72。

郭玫怡（2005）。**台中市獨居老人生活狀況之研究**。私立東海大學社會工作學系碩士論文，未出版，台中市。

陳肇男（1994）。晚年離子獨居——台灣的例子。**台灣社會期刊，19**，57-93。

陳麗敏（2006）。從台灣老年人的生活狀況談老人照護。**網路社會學通訊期刊，56**。2008 年 10 月 9 日，取自 http://www.nhu.edu.tw/ociety/e-j/56/56-47. htm

曾煥裕、沈慶盈（2003）。台北市獨居及失能老人生活狀況調查研究。**台北市政府社會局 2002 年度委託研究報告**。台北市：台北市政府社會局。

黃秋華（2000）。**台北市獨居老人使用社會福利服務之研究**。私立東海大學社會工作研究所碩士論文，未出版，台中市。

黃富順（2007）。我國老人教育政策白皮書的內容、特色與省思。台北市終

老人福利

身學習網通訊，**38**。2008 年 10 月 1 日，取自 http://www.tpl.gov.tw/TaipeiPublicLibrary/index.php?subsite=chinese&page=chinese-eresource-tplpub-tplpub_lifelong-index.php

楊培珊（2001）。台北市獨居長者照顧服務經驗之反思——一個行動研究的報告。台大社工學刊，**5**，113。

楊惠如（2005）。**社區獨居老人健康狀況與長期照護需求研究**。私立美和技術學院健康照護研究所碩士論文，未出版，屏東縣。

熊曉芳（2000）。獨居老人之社會支持及相關探討。**長庚護理學報，2**，57。

蔡文輝（2003）。**老人學**（頁 231-233、245-249）。台北市：五南。

黃旐濤、戴章洲、黃梓松、辛振三、徐慶發、官有垣、黃志隆（2008）。**社會福利概論——以老人福利為導向**（第二版）（頁 356-361）。台北市：心理。

謝美娥（1993）。**台北市老人居家福利需求與照顧網絡之研究**。台北市：台北市政府社會局。

關華山（1994）。台灣老人的居住安排與住宅問題。**建築學報，11**，53-72。

摘要

　　獨居老人是老年人中的弱勢族群，其形成原因多元，每位獨居老人都有一段不為人知的故事。政府對獨居老人的照顧雖已吸取許多國家的經驗與優點，但是卻未將獨居老人的定義與實際執行時的規劃詳細依區域獨居老人的特性需要予以區分，故也對獨居老人的定義沒有統一性的律定，加上地方政府施政及研究對象需求的不同，更使獨居老人的定義局限在執行層次，使定位失焦，相對也產生一些照顧標準不一的爭議問題。從英、美、香港、日本、中國大陸對老人與獨居老人的照顧，應該以家庭為基礎概念，再從社區之在地化實施對獨居老人有較好的適應力，但現今執行起來仍有法令、執行、公、私與第三部門的個別與相互間產生的執行窒礙問題，需要透過政府將政策與法令依據現況，再予以修正及彈性調整，使執行方法更加順暢，有利因應未來更多的老年人或獨居老人能獲得更完備的社會福利照顧。

老人福利

 名詞解釋

- ◆獨居老人
- ◆鰥寡孤獨
- ◆家庭處遇

- ◆社區照顧
- ◆社區參與

 問題習作

1. 請試著對獨居老人下一個定義。
2. 請試說明獨居老人形成的原因。
3. 請試說明我國獨居老人的各種困境。
4. 請試說明《老人福利法》中對獨居老人的福利有哪些。
5. 請試著了解在你住家附近的獨居老人所獲得的照顧和福利有哪些。
6. 請試著就政府對獨居老人或老年人的照顧，提出你的看法。

第十三章

我國老人福利的發展趨向

學習目標

學習者在研讀本章之後應能了解：

1. 台灣社會老人的相關議題。

2. 國際上對於老人權利的倡導。

3. 我國的長期照顧體系十年計畫實施進度及後續規劃。

4. 台灣老人福利的未來發展。

老人福利

　　由於人口老化（demographic aging）、全球化（globalization），以及傳統家庭結構（traditional family structures）的劇烈變遷等因素的影響，老年人口逐年成長以及出生率下降的台灣，未來無論是在社會、經濟或政治面上都將面對更大的挑戰。

　　我們一方面樂於見到國民的平均壽命提高，但也開始憂心未來的經濟發展是否足以支撐社會福利，尤其是占人數最多的老人福利之需求；當然，如果能夠對於這些相關議題有及早認識，妥為因應，將有助於台灣未來老人福利的規劃，本章就當前有關老人福利發展的一些現象提出說明。

第一節　台灣社會老人的相關議題

☞ 一、老人權利的倡導

　　依照 1948 年聯合國的「世界人權宣言」及人權公約，老人人權應包括下列三項：1.老年人應有維持基本生活水準之所得；2.老年人應有地點、設計及價格適當之居住環境；3.老年人應有依個人意願參與勞動市場的機會。聯合國大會在 1912 年通過的「聯合國老人綱領」中，更提出五種老人權利：獨立、參與、照顧、自我實現與尊嚴，其中特別強調老年人應有工作的機會，並在各項基本需求上獲得滿足。1913 年，聯合國通過的「老年宣言」中，並希望政府與非政府組織、學院、私人企業，在社會的相關活動上合作，以確保老年人在生活上獲得適當的需求滿足。

　　近年來，更由於「老年卓越理論」的興起，強調老年生命風格的優越性，打破以年輕人為基礎的社會建構迷思，因而，老人人權進而擴展到精神、文化的維繫與創造。換言之，老人人權基本上是以反對老年歧視或年齡歧視為

主軸，希望建立一個老人生活無障礙、生命有尊嚴的社會。

人權是人類存有普遍應享的權利，包括公民、政治、經濟、社會、教育和文化。從歷年的調查顯示，台灣的老人人權在各項指標上的表現都低於三分，顯示老人人權在推動與實踐上的低落，更令人擔心的是這項調查並未引發社會大眾的關注，進而採取任何行動，包括老人團體或組織；老人人權一直在社會福利的溫暖紗幕的掩飾下隱然消失（邱天助，2008）。因此，對於老人人權的主張和重視，是發展老人福利最基本的工作，也是首要的理念。

二、政策法規的落實

老人福利的需求，脫離不了醫療及福利，但以目前中央的組織編制，兩項業務分屬於衛生署和內政部，事權雖說分工，但缺乏緊密的聯繫和合作機制，因而造成同是對老人的照顧，有的是健保給付，有的社會福利補助，事權不統一，造成資源浪費。2008 年馬英九競選總統已承諾提升社會福利組織至部會的層級，不過如果單純提升社會福利組織的層級，應該還是無法避免上述事權不統一，資源浪費的情形，因此未來在做規劃時，尚應考慮能將衛生、社會福利業務做檢討統整，始能建立一個醫療、保健、福利的老人照顧體系。

另外，在 2007 年新修正的《老人福利法》的重要特色，是採取全人照顧、在地老化、多元連續服務，做為老人照顧服務之規劃原則，但經費預算增加有限，因而未來的福利服務可能會面臨經費不足而造成推動上的困難，亦顯示預算無法反映《老人福利法》修法後的需求。

三、長期照護照顧制度的建立

長期照護照顧是為失能的老人或其他失能者，提供醫療照顧、個人照顧和社會性服務，也對於因慢性疾病而生活無法自理的老人，提供系列性（con-

老人福利

tinuum）的醫療和社會性支持，包括傳統醫療服務、社會服務和居家服務。
台灣長期照護主要的照護體系有：隸屬於衛生署主管的醫療體系、內政部主
管的社會福利體系、退輔會主管的體系以及民間機構等。衛生署對長期照護
者提供綜合性與連續性服務，內容包括預防、診斷、治療、復健、支持性、
維護性，以至社會性服務，其服務對象不僅包括個案本身，更考慮到照顧者
的需要。1999 年後機構式照護資源大幅成長，但社區式照護資源成長有限，
2002 年以後長期照顧開始產業化時期，對於失能老人進入以專業化、企業化
方式提供老人身體和日常生活照顧服務。

　　依據內政部（2007）的統計顯示，2007 年底台灣老人長期照護、養護及
安養機構共計有 1,034 所，可進住人數為 62,881 人，實際進住者有 46,699 人，
使用率為 74.27%。如依縣市別來區分，則以台北縣 199 所為最多，台北市 172
所次之，高雄市 73 所第三，而澎湖縣、金門縣、連江縣僅有 1 所。至於可提
供進住人數，亦以台北縣 10,119 人最多，台北市 6,805 人次之，台南縣 4,262
人居第三，連江縣只有 40 人，資源最少。再從老人長期照護、養護及安養機
構（不含榮民之家）工作人員平均服務人數來看，各縣市中以基隆市 2.99 人
最多，屏東縣 2.89 人次之，台南縣 2.70 人居第三，而台東縣 1.54 人最少，連
江縣 1.67 人次少，顯示目前台灣長期照護機構分布仍很不平均。

　　目前，台灣在長期照顧體系尚未完整建立前，因應高齡與失能人口成長
帶來長期照顧需求的增加，2004 年行政院社會福利推動委員會會議決議，應
為我國長期照顧制度具體內容詳加規劃，於該委員會下另組「長期照顧制度
規劃小組」。規劃小組於 2006 年 12 月初提出總結規劃報告（初稿），經修
正後行政院正式通過「我國長期照顧十年計畫」，同時列為大溫暖社會福利
套案唯一之旗艦計畫。

　　行政院於 2007 年所核定之「我國長期照顧十年計畫」，策略上是藉由透
過培育質優量足之人力、鼓勵民間參與服務提供、政府和民間共同承擔財務

責任，經由地方政府「長期照顧管理中心」專業評估與聯結失能者所需相關資源。服務對象以日常生活需他人協助者為主（經 ADL、IADL 評估），包含下列四類失能者：1.65 歲以上老人；2.55 歲以上山地原住民；3.50 歲以上之身心障礙者；4.僅工具性日常生活活動功能（IADL）失能且獨居之老人。失能程度界定為輕、中、重度三級；規劃原則以實物補助（服務提供）為主，現金補助為輔，以補助服務使用為原則。並依失能者家庭經濟狀況提供不同補助：家庭總收入未達《社會救助法》規定最低生活費用 1.5 倍者全額補助，家庭總收入符合《社會救助法》規定最低生活費用 1.5 倍至 2.5 倍者補助 90%，一般戶補助 60%。超過政府補助額度者，由民眾全額自行負擔。

　　服務內容則包括照顧服務（含居家服務、日間照顧、家庭托顧）、居家護理、社區及居家復健、輔具購買、租借及居家無障礙環境改善服務、老人營養餐飲服務、喘息服務、交通接送服務，以及長期照顧機構服務等八大項跨社會、衛生部門服務項目；有需求之民眾需先經各縣市長期照顧管理中心綜合評估後，才能依核定結果聯結相關資源提供服務。

✿ 四、老人福利專業制度的建立

　　老人福利是社會福利的重要領域之一，因此建立專業的制度才能提供良好的服務品質。內政部於 2007 年廢止「老人福利專業人員資格要點」，另行訂定「老人福利服務專業人員資格及訓練辦法」、2008 年復與衛生署、教育部及交通部發布「老人福利服務提供者資格要件及服務準則」，規定各種老人福利專業人員所必須具備的資格、條件及訓練，這些規定有助於老人福利朝向專業服務的方向進行。不過，未來推動老人福利服務工作，對於專業、半專業的人力需求十分龐大，目前這方面的教育訓練管道仍嫌不足，無法肆應市場需求。

　　此外，許多大專校院也陸續開設有關老人服務的相關科系，目前這些科

系的課程係專門為未來老人服務而設計，但現行制度下之畢業生既不是正統的社會福利科系，也不是醫護科系，所學是兼而有之，是未來提供老人服務的重要人力。因此，應由政府體系予以直接認證資格，或施以考試認證，將之納為老人福利專業體系中。專業人員的證照制度應建立完善的分級分項目實施。

⚡ 五、孝道美德的落實

目前社會上傳統孝道美德有逐漸式微的現象，老人遭到家人遺棄或受虐的事件，層出不窮，對於老人人身安全、自由的保障也受到挑戰。尤其讓人感到驚心的是：對於老人會疏忽、虐待的人並不都是社會上經濟、地位較低的族群；有許多經濟優裕、社經地位高的族群也是疏於關心、照顧老年父母。

新修訂的《老人福利法》雖然對於老人保護設有專章，但實際上整個保護體系目前仍不夠完善，例如：老人受虐待的界定與釐清、政府公權力如何介入、受虐老人如何安置保護等等，皆有待加強。

政府對於孝道美德的宣導，應該不再是單純的初級預防工作，可從公部門用人方面做起，凡有疏忽、棄養、虐待老人者，應排除其擔任重要職務或做為升遷考量，傳統孝道的再強調，讓「忠臣出於孝子之家」的觀念再度深植人心，可收移風易俗，老人有可以過沒有恐懼的晚年之功效。

《民法》繼承篇對於未能克盡孝道者之繼承權應如何規範，亦可再妥研修正之道。

⚡ 六、老人財產信託問題

老人福利實務工作中，無論是居家老人或機構老人「財務濫用」的事件時有所聞，是許多老人不安的所在，甚至於有人將過去「養兒防老」的觀念修正為要「養老防兒」，其嚴重性可見一般。

　　李瑞金主持（2006）的研究指出：台灣地區老年人口成長快速，由於平均壽命增加，加上家庭、社會與環境方面的急劇變遷，傳統倫理規範逐漸瓦解，特別是老人身心若呈現多重障礙，使得老人在財產的管理與運用上易遭他人侵權，老人福利工作人員在處理失智、失能老人財產時，亦無法源依據，為保障老人財產不致遭他人濫用，並維持老人基本尊嚴生活，老人財產信託制度之推廣有其必要性。

　　由於財產信託在國內屬於新興理財方式，應考慮年長者是否能接受。老人財產信託「可行性」可由法律、技術、社會及行政四個層面探討。包括：

1. 法律可行性

　　(1)《憲法》：保障人民財產自由，但由第 23 條內容可衍生出強制失智、失能老人對財產交付信託應屬可行。

　　(2)《民法》：《民法》對失智、失能者為禁治產人之判決程序，法院認定標準嚴格且手續繁雜，無法及時確保失智、失能老人財產安全，因此為保障弱勢老人之經濟安全，可實施強制財產信託制度。

　　(3)《信託法》及《信託業法》：未對特定標的團體做特別規範，但可在《信託法》中增列「社會福祉信託」專章，針對各特定標的團體，訂定有關信託規範法令，以達到確保特殊委託人與受益人之目的。

　　(4)信託相關法規：針對特殊標的團體委託人、受益人，在贈與稅與遺產稅部分，享有較多的免稅額度。

　　(5)《老人福利法》：第 14 條雖然規定「為保護老人之財產安全，直轄市、縣（市）主管機關應鼓勵其將財產交付信託。無法定扶養義務人之老人經法院宣告禁治產者，其財產得交付與經中央目的主管機關許可之信託業代為管理、處分。」但該法在老人保護專章中，未對老人財產保障有所著墨，應增列失智、失能老人強制財產信託，並訂定失智、失能老人定義。

2. 技術可行性：在財產信託關係中，受託人與監察人的選任至為重要，可選擇具公信力、專業的銀行為受託人，以確保委託人的權益。監察人的選任在專業部分可由律師、會計師擔任，負責監督信託業者對財產管理、運用是否得當；失智、失能老人在生活上是否得到妥善照顧，可由社工督導，社福主管部門或各該地區老人福利組織擔任。

3. 社會可行性：基於老人心理和家庭因素，老人及其子女都不太願意將財產交付信託，有行為能力的年長者非常重視「錢握在手中」的感覺，而家屬認為自己是當然的遺產繼承人。這是因為一般人對信託的知識與了解不足，誤解信託的意義；因此宜充分宣導及教育推廣，使民眾改變傳統理財觀念和方法，教導國人從年輕時開始規劃老年之後經濟生活維持與管理，國人對信託的本質有基本認識後，老人財產信託才可推行。

4. 行政可行性：老人福利事業主管機關為內政部，而財產信託業務主管機關為財政部，財政部相當鼓勵銀行推動新的信託商品並負責每年銀行的金融檢查。與老人福利相關的保障部分，則由財政部與內政部共同協商處理。相關部門應扮演宣導者、教育者及倡導者的角色。

李瑞金認為，國內老人財產信託可行規劃為：

1. 自願信託：對身心健康老人，尊重老人的自主性，視其個人意願是否將財產交付信託，可參照美國生前信託方式。

2. 強制信託：失智、失能老人強制信託，對無法自己正確運用和管理財產的老人，可訪效英國公立信託局和保護法院的做法，由政府介入協助管理與保障老人的財務。除了建立財產信託制度外，尚可參考先進國家對老人財產管理服務之方式，例如美國的個人代理業務，可在老人外出旅遊或喪失行為能力後，代替老人管理財產，支付日常帳單等財務事項；日本的老人財產服務，各地方政府自行依其狀況，為不同

條件之老人保管現金、存摺等財產，並且負責協助購買老人日常用品，或存、提款，辦理各項手續等有關財產的服務；英國則依老人身心與心智健康狀況不同，分別有永久授權書、代理制度與被指派人制度。以上各項不同運作模式亦可做為國內老人財產信託之輔助配套措施（李瑞金主持，2000）。

老人財產信託的種類依中華民國老人福利聯盟（2008）的分類如下：

1. 金錢信託：老人直接把錢拿去信託，常用的金錢信託有以下幾種：

   (1)教養信託：可以幫老人將其交付的財產依約定持續支付子女的生活教育費。

   (2)贈與信託：可以幫老人把財產逐年移轉給子女，來減少贈與稅。

   (3)保險信託：當老人發生事故身亡後，可以幫其把保險金依照契約管理使用，以照顧親人的生活。

   (4)遺囑信託：當老人過世後，可以按照契約幫其將全部或部分的遺產交付信託管理，來達到照顧親人未來的生活。

2. 不動產信託：老人把房子或土地拿去信託，讓銀行管理或開發，分為：

   (1)不動產開發信託：當老人有一塊地想找建商合作蓋房子，可以將其土地與建商的資金交給銀行管理。等房子蓋好之後，依約定的分屋比例分配後，由銀行將土地跟剩餘的錢還給地主跟建商。

   (2)不動產管理信託：當老人有房子目前沒有使用，可以透過信託將房子交給銀行進行出租管理，再按照契約決定租金如何使用及未來房子要怎麼處理。

   (3)不動產處分信託：當老人想要買賣或改建其房子時，信託可以幫老人處理資金交付與房子所有權狀之過戶，以避免發生糾紛。

✿ 七、失智老人的照顧

　　失智症俗稱老年癡呆症，有六成以上都是漸進性神經退化（為阿茲海默症），二成為血管病變引起，一成為其他疾病所引起。推估國內 65 歲以上老人，每增加 5 歲，其盛行率增加一倍，到了 80 歲約 5 人即有一位是失智症患者。目前大約有 5 至 8 萬的失智老人，因而亦造成 5 至 8 萬家庭的問題。研究指出，家中若有 1 位失智者，就會有 3 個家庭、5 個人受到影響，因此照顧失智者導致生活受影響者約 15 萬人，對家人而言是一大負擔，生活因此受影響的家屬達 15 萬人以上，3%的家屬甚至想以自殺結束生命，但在遺棄病人後又會產生罪惡感。

　　台北榮總一般神經內科主任劉秀枝指出，失智症主要是記憶力喪失，且伴隨至少一項大腦認知功能減退，影響到日常生活，約五成的患者會以精神疾患表現，包括睡眠障礙、焦慮、憂鬱、攻擊等行為模式改變，患者在診斷後，約存活 8 至 10 年，對照顧者來說是條漫長的路。

　　高雄榮總神經內科主治醫師甄瑞興指出，國內給失智症家屬的社會資源相當少，有些輕度患者一開始就擔心龐大的醫療費用，約有一成五的家屬情緒激動，壓力相當大；有 3%的家屬認為就自殺算了，有 3%的家屬雖想放棄病人，丟棄不管，但會有罪惡感。雖然照顧失智患者家屬的壓力相當大，但根據調查，家人的愛心確實會改善病人的病情，家屬還是要多點耐心照顧患者。

　　隨著失智老人的日增，老人走失的問題亦是許多家庭可能面臨的問題，失智老人一不小心走失了，回家的路將是一條漫長的路。目前民間團體相繼推出老人協尋的服務，但因目前台灣協尋網絡的不健全，家屬找尋老人如大海撈針，相當不易，因而建立完整的警政、社政、衛生協尋網絡，才能讓失智老人不再流落街頭。

　　失智老人的問題，已漸漸受到醫政單位的重視，因為失智老人早中期不

單記憶力減退、忘東忘西、行為能力下降外，更而常有妄想、視幻覺及聽幻覺、遊走等行為出現，造成家庭困擾、照顧困難。

失智老人的問題，不單只是如何照顧及治療失智老人；而且在另一方面，家屬照顧者心理負擔的問題也是很嚴重，現有之老人福利應及早規劃失智老人及其家屬的福利措施及安養照顧問題。

☆ 八、隔代教養的問題

我們經常可以從電視或新聞媒體的報導看到這樣的事情：「體弱多病的老人哭著向社會大眾說自己年紀太大了，擔心自己無法再照顧隔代教養的幼小孫兒……」，聞之令人鼻酸。

目前台灣 6 歲以下小孩隔代教養者達 45 萬人，6 歲以上隔代教養者更高達 80 萬人，總計 125 萬人。若以隔代教養家庭內的祖父母來探討，良好的祖父母角色是能讓個人和家庭重生、轉換以及延長壽命（Pruchno & Johnson, 1996），祖父母的人格特質、教養方式、家庭相關因素等的不同，孫子女會發展出不一樣的性情和自我概念（許玉玲，2001）。祖父母體力較差及心理上不易改變，除了面對孫子女「養」的問題，對於孫子女「教」的需求明顯不足，所以如衝突、離家、偏差行為等問題，就容易突顯出來（丹心，2004）。而祖父母管教方式會因其教育程度、健康狀況、經濟狀況、孫子女性別以及隔代教養家庭類型不同而有所差異（林娟妃，2003）。

陳麗欣、翁福元、許維素、林志忠（1999，2000）研究發現，國小教師認為隔代教養的正面影響力相當少，而在負面的影響上包括：

1. 體力問題：祖父母年紀較大、體力上較差，常無法勝任教養孫子女的責任。
2. 語言溝通問題：祖父母與孫子女相隔年代較久，外在環境隨社會變遷而不同，祖孫間的語言溝通可能會有落差。例如祖父母常使用母語，

對於常使用國語或不懂母語的孫子女會有溝通上的困擾。

3. 價值觀念差異問題：因所處的年代不同，彼此所形成的價值觀念也不同，造成代間差異而產生溝通問題。

4. 管教態度與技巧問題：一方面來自世代間的差異，以及祖父母與父母處在不同的環境下，所造成管教態度與技巧的差異問題，並容易引起婆媳問題；另一方面，由於祖父母之管教態度與技巧較不理想，而導致管教不當的情況。

5. 文化刺激問題：時代快速變遷，即使祖父母過去有豐富教養小孩的經驗，但在文化刺激較弱的條件下，祖父母的經驗不一定能給予孫子女完善的照顧，甚至無法給予孫子女課業上的指導，或是提供較多的文化刺激。

6. 相關資源網絡問題：祖父母給予孫子女之照顧常欠缺有效的支援網絡，尤其是教養孫子女能力的資源。

從老人福利的角度觀察，由於隔代兒的主要照顧者是祖父母，這些老人本來就處於經濟上的弱勢，甚至本身就是靠社會福利資源在維生，或在健康上也有相當比例患有慢性疾病需要醫療補助；因此，隔代教養的問題不只是兒童福利的問題，也是研究老人福利時，應該以老人的角度審視擬定對策的問題。

✍ 九、老人自殺的防治

2007 年台灣自殺粗死亡率（死亡人數／年中人口數）為每 10 萬人口有17.2，居國人主要死因之第 9 順位。如以 2000 年世界標準人口結構調整計算（即納入人口結構老化因素考量），2007 年之標準化死亡率為每 10 萬人口14.7，較 2006 年明顯減少 12.5 %，為 1998 年以來自殺死亡率首次下降。

2007 年國人自殺死亡數 3,933 人，占總死亡人數的 2.8%；自殺死亡人數

率較 2006 年減少 0.5%。自殺死亡數中有 67%為男性，33%為女性，男性死亡數為女性死亡數之 2.1 倍；自殺死因男性居第 8 順位、女性居第 9 順位，男／女性粗死亡率倍數比為 2 倍。老人自殺死亡排名第 12，已成為世界衛生組織的警戒國家之一，計 841 人，每 10 萬人口死亡率 36.3。男性 544 人，每 10 萬人口 47.8，女性 297 人，每 10 萬人口 25.2。其中男性明顯高於女性，依歷年來自殺粗死亡率均隨年齡之增加而增高。若依時間數列趨勢觀察，15 年來各年齡之粗死亡率大致呈上升趨勢，惟 2007 年來已呈下降（衛生署，2008）。

　　老人自殺問題，可能的原因很多，例如：被棄養、獨居孤獨、久病自殺事件增多，突顯老人缺少關懷、照顧不足，憂鬱自殺等；台灣的自殺率，近 10 年來，都呈現出成長的現象，雖然 2007 年首度下降，但這種自殺率的下降暫時也無法看出是由於社政單位或其他單位採取何措施而使之下降，況且目前也還不足以認定自殺率以後還會繼續下降，因此，老人自殺方面的問題，仍需要社政與衛生部門妥研對策加強防範。

第二節　台灣老人福利的未來發展

一、老人人權的維護

　　依世界的趨勢，「老人人權」至少應包括下列不可分割、相互依存、彼此關聯的權利：老人有權要求獲得足夠的生活所需，包括食、衣、住、行、育、樂等；充分的社會安全、支持、保護和照顧；充分、有效的醫療照顧，以維持最高可能性的健康水準，以及尊嚴的對待，尤其對老人生活形態、生命風格的尊重（邱天助，2008）。

老人福利

近年來政府對於推展老人人權的措施及未來發展方向有：

1. 在保障老人經濟安全方面，政府已推動實施國民年金保險制度。勞工保險部分，修正「勞工保險條例」，將現行老年給付制度改為按月領取的年金給付，以保障老年人經濟上的需求。

2. 研議專業照顧服務員的認證制度，以確保老人安養機構的品質，維護老人照護的安全性；擴大居家服務的對象，以滿足更多實際上無法自行照護或就醫老人的需求。就安養照護機構就養安全等方面，內政部訂定「內政部協助地方政府處理未立案老人安養照護機構院民緊急安置原則」，以督促地方政府加速處理未立案機構的輔導事宜，催促未立案的機構加速合法立案，進而落實公權力的執行，保障老人就養安全與權益。

3. 健康老人數量的急速增加，使得老人休閒育樂及文化教育的需求大幅上升，各級教育文化及體育單位宜儘速開發相關課程或方案，並加強訓練有關老人服務及教育的人力，以服務老年消費群眾。

4. 結合民間的力量，以「公辦民營」方式委託民間經營老人福利設施，透過公辦民營制度，減少老人福利方面的支出。具體方案包括：將學校剩餘教室，改為老人大學或活動中心；將國宅餘屋改為老人公寓，並委託民間具社會服務理念的團體，投資經營老人福利事業等。目前，雖「公辦民營」為內政部既定政策，但在政策執行上的相關規範仍欠完整，有關法規仍需適時的增訂，以符合現實情況的需要。

5. 多數家庭無法自行照顧家中老人，須依賴安養院等社會機構協助照顧。但其中除公營的安養機構外，另由民間出資經營的安養中心為數甚多。行政院 2002 年 7 月 1 日起實施的「加強老人安養服務方案」，對此類機構規劃有獎勵措施。

6. 為解決失業家庭或受子女遺棄老人，無力繳交老人安養照護費用等困

境，並訂定「因應不景氣辦理機構老人保護緊急安置計畫」，使無經濟能力的老人，亦得以獲得照護機構持續的照顧。

7. 由行政院經建會及內政部規劃，於 2002 年 6 月 1 日起推動「照顧服務產業發展方案」，並決定將「推動照顧產業」列入六年國家重點發展計畫中。該方案以提供老人、身心障礙者更完整的照顧體系，並協助中高齡者投入照顧服務產業，增加就業機會為目標。其具體內容包含：建立照顧服務管理機制、引進民間參與機制、提升照顧服務品質、健全照顧服務人力培訓與確立認證制度、適度調整外籍監護工的引進政策、修正相關法規以排除民間參與障礙等。

8. 居家照護納入全民健保給付項目，但服務對象僅限於技術性護理需求的重度慢性病者，無法滿足生活上照顧需求屬中度者的照顧需求。

9. 社政單位所提供的特別照顧津貼，仍僅限於中低收入老人。為解決此一問題，行政院經濟建設委員會乃推動「照顧服務產業發展方案」，辦理「非中低收入失能老人及身心障礙者補助使用居家服務試辦計畫」，將居家服務補助對象由中低收入者擴及至所有失能老人及身心障礙者，以落實居家服務的意義（行政院人權保障推動小組，2003）。

此外，老人有權要求再教育或再訓練的機會，增進自身的能力，甚至達成最高潛能的開發；老人也有權要求免於任何的年齡歧視，包括工作、休閒、消費、婚姻、語言、健康照顧和社會服務；老人更有權要求免於被污名化的恥辱，例如：在人口統計學上將 65 歲以上的人全列為依賴人口（邱天助，2008）。

✿ 二、家庭功能的強調

對老人而言，家庭是他晚年的依賴，無論他是否與子女親屬同居一室或

夫婦兩人單獨居住，家庭生活占據了他日常生活的絕大部分（蔡文輝、徐麗君，1998）。

家庭對老人照顧所引起的議題，其實就是政府與家庭間責任的平衡，比如 Litwak 和 Figueria（1968）指出，照顧的功能必須由兩者分擔，因為家庭及官方，針對不同任務有不同的功能。當家人照顧老人的獨特個人特質、社會情感需求，而機構處理例行可預測的任務時，方能達到「分工的極大化」。重新看 Litwak「最佳分工」的模式理論，Nelson（1982）提出政府與家庭可採競爭、補充或替代的角色。他認為必須有更多政策，來支持家庭在老人服務輸送體系上的重要角色（引自李開敏、謝依君譯，1996）。

台灣因社會的變遷，核心家庭增加，造成家庭照顧老人的能力與意願降低，老人家庭支持系統也受到影響；在推動老人福利方面，必須有更多的方案來支持或補充家庭的不足之處。家庭責任的強調，無疑的已是公共政策上重要的議題。

三、老人人力資源的善用

在高齡化社會中，由於老人人口的增加，不願意成為依賴扶養人口、健康又有工作意願的老人，將是社會上重要的人力資源；因此，晚年的勞動參與，政府應該立法保障、鼓勵事業單位僱用老人，建立高齡人口彈性的退休制度。鼓勵僱用的方式，可透過補助事業單位部分薪資，減少事業單位負擔，增加僱用意願（行政院，2008）。

在日本已經就高齡就業方面立法，提供高齡就業輔導及保障措施，高齡人口延長退休年齡或者再就業，不應受到歧視，依據老人個別情況，尊重其個人之就業意願並予以協助及保障，將是未來老人福利的發展趨勢之一。

✂ 四、建立發展長期照顧體系

依據近年諸多的規劃研究發現，我國長期照顧體系之主要問題可歸納為以下五項：

1. 現行長期照顧制度分歧，長期照顧基礎目標有待確立。
2. 縣市照顧管理體系發展不一，服務效率與公平性備受質疑。
3. 人力資源嚴重不足、跨專業間的團隊合作模式有待建立。
4. 長期照顧方案類型有限，服務品質監督機制不健全。
5. 長期照顧經費逐年上漲，健全財務制度有待建立。

因此，在長期照顧政策方面，政府必須就長期照顧的管理機制、照顧服務體系的發展、照顧人力的培訓，以及所需財源都應該及早規劃，才能夠建構一個符合多元化、社區化、優質化、可負擔，以及兼顧性別、城鄉、文化、經濟、健康等條件之差異的長期照顧體系。

一般而言，長期照顧個案的需求十分多元，且在有效的獲得資源或使用服務方面易遭遇困難；在服務體系層面上，長期照顧服務的提供，牽涉到公、私部門的服務提供者，以及跨專業團隊的合作，致服務輸送流程十分複雜。因此有必要透過照顧管理制度，以民眾多元需求為導向，聯結其所需的服務體系與資源，並強化個案的自主與選擇權，以及與照顧者及服務提供者間夥伴關係，進而促進服務的品質、效率與責任。

檢視我國長期照顧各類人力實際從業人員與未來推估所需人力之差距，顯示照顧服務員之供需差距最為顯著，主要因素為參加訓練及領有丙級技術士證照之照顧服務員，多數並未投入勞動市場；為降低高達九成之人力流失率，未來應強化照顧服務人力之工作保障，建立照顧服務員照顧能力分級制度，並將照顧服務員之訓練納入正規的高職、專技體系，因應未來高齡化社會所需之大量照顧服務人力。

老人福利

　　其次，專業人力之供需差距情形，目前學生投入長期照顧領域的意願偏低，分析主因為該專業人力師資有待補充，且學生並未將老人或長期照顧領域列為優先選項，未來應鼓勵大專校院社工、老服、護理、職能治療、物理治療等科系增加長期照顧相關課程之開授。

　　我國目前還沒有全面性完整的長期照顧制度，現行照顧服務系統主要是由政府重大法案或計畫主導，並分由不同主管機關訂定相關法規予以規範及推動，現行長期照顧計畫係採用普及式（全民式）的稅收制長期照顧制度，只要國民有長期照顧需求，符合接受服務資格即可申請，其財務來源主要為中央與地方政府的稅收，以及使用者所支付的部分負擔。

　　若以 2007 年 10 月至 2016 年「我國長期照顧十年計畫」期程來看，推估政府需編列預算總額高達 817.36 億元（詳見表 13-1）。

表 13-1　政府補助經費總金額推估　　　　　　　（單位：億元，2007 年幣值）

補助項目 ＼ 年份	2007	2008	2009	2010	2011	2012	2013	2014	2015	2016	總計
補助服務使用者	17.18	34.82	38.15	41.53	46.49	51.44	56.40	61.36	66.32	84.19	497.89
補助服務提供者	7.82	16.79	18.92	21.02	23.66	26.31	28.95	31.60	34.24	47.33	256.63
建構照顧管理制度	1.51	3.11	3.83	4.54	5.59	6.65	7.71	8.76	9.82	11.32	62.84
合計	26.51	54.72	60.90	67.08	75.74	84.40	93.06	101.72	110.38	142.84	817.36

　　行政院（2007）所發布的「我國長期照顧十年計畫」實施進度及後續規劃如下。

（一）近程之具體工作項目（3 年）

　　1. 統合行政部門推動組織：

　　　　(1)中央成立跨部會推動小組，規劃並監督計畫執行。

⑵地方政府設跨局室推動小組，研提整合計畫至中央審查。

2. 統整照顧管理制度：

⑴整合照顧管理制度，訂定需求評估量表、照顧管理流程及人員培訓課程等。

⑵釐清地方長期照顧管理中心之組織地位、人事制度及薪資待遇。

3. 發展長期照顧服務資源：

⑴訂定服務標準及服務提供單位資格要件。

⑵地方政府依據中央審核通過之整合性計畫內容，完成服務提供單位委託事宜。

4. 發展長期照顧專業人力：

⑴鼓勵高職、專技設置照顧服務相關科系，並加強辦理照顧服務員之培訓。

⑵鼓勵大專校院設立跨領域「老人學學程」或「高齡社會相關服務學程」，以及相關研究所設置「長期照顧管理學程」。

5. 建立長期照顧財務體系：

⑴近程內以稅收制支付建構長期照顧制度所需費用。

⑵對民眾使用服務行為及影響進行統計分析。

6. 整合與發展長期照顧資訊系統：

⑴中央建置照顧管理資料庫系統。

⑵整合各縣市資訊系統。

7. 規劃並建立預防性照顧體系：

⑴預防及延緩民眾身心功能的退化，俾減少長期照顧的需求。

⑵發展綜合性的疾病管理策略，建立地區性復健醫療體系。

⑶促進老人社會參與等相關方案，以建立高齡者的正面生活態度。

8. 教育宣導：

　(1)第一階段以政府部門及服務提供單位為宣導對象。

　(2)第二階段加強對社會大眾宣導。

9. 進行長期照顧使用成效研究：迅速且準確蒐集服務個案有關資料，利於未來研究分析，並結合大溫暖社會福利套案之「人口、健康及社會保障研究中心」規劃，以長期照顧做為建置之基礎工作，俾利政策修正。

（二）中長程規劃重點（行政院，2007）

1. 推展失智症者照顧服務。

2. 研議長期照顧與健保制度之銜接。

3. 研擬長期照顧法及評估辦理長期照顧保險制度之可行性。

4. 研議與身心障礙者政策整合之問題。

5. 結合照顧與住宅，研議多元化的居住服務。

6. 形塑友善失能者的居住與生活環境，建立互助關懷的社區。

7. 檢討近程實施的結果，並據以修正。

☆ 五、老人福利資源的整合

　　老人在照顧的需求上，是脫離不了醫療及福利，但以目前行政院的組織編制，兩項業務分屬於衛生署和內政部社會司，造成辦理長期照顧（護）方面，資源整合不完善，因而造成同是對老人的照顧，有健保給付，也有社會福利補助；對於失能認定又全部仰賴醫療單位，社福單位無法置喙。將來老人失智情況日多，政府方面的照顧勢必需要更多的社會福利部門與醫療體系的合作，在未來社會福利業務提升為部會的位階時，應考慮將部分涉及較多社福的醫療性質業務納入，或者將衛生、社會福利統整設部，建立一個結合醫療、保健、福利有效率的福利（老人照顧）體系。

六、加強初級預防的服務

　　台灣高齡人口逐漸增加，失能、老人自殺、罹患失智症、獨居、隔代教養等數據比例也不斷攀升，老人被疏忽、遺棄、虐待的情況也迭起不窮，因此，老人福利的需求應不僅是經濟補助而已，加強初級預防的服務也很重要。

　　初級預防的服務包括有諮詢服務、諮商輔導、家庭教育、支持團體、追蹤訪視、喘息服務、自殺防治等。其具體做法上，大致如下：

1. 從事各類宣導與教育活動，落實《老人福利法》、《家庭暴力防治法》，增進家庭成員溝通與責任，加強家庭暴力防治宣導與教育。
2. 強化獨居老人社會支持網絡，協助老人適應環境，增進老人自我認識及生活適應能力，使之與社會保持相當的聯繫，不與社會生活脫節。
3. 針對老人高危險家庭進行訪視輔導、諮商服務、老人短期照顧、喘息服務及轉介服務。
4. 提供居家式、社區式服務的觸角，以預防並協助老人處理危機。
5. 老人健康促進：透過教育、營養、社會服務方式，教導老人健康保健，以延緩老人疾病與老化。
6. 實施疾病預防宣導、健康系列講座、健康檢查，協助老人疾病之早期辨識與及時治療、復健，包括高危險群的篩檢與定期檢測、透過標準醫療方式，來控制疾病與在環境中監測引起疾病的條件情況，使受疾病影響的患者，盡可能回復到正常的狀態。
7. 培養老人情緒管理、壓力與危機處理的能力，並落實憂鬱自傷防治初級預防工作，增進老人對憂鬱與自傷相關議題的認識。

七、加強推動照顧服務產業發展

　　由於台灣地區老人人口快速增加，失能需要被照顧者高達 10 萬人以上，

且呈現逐年增加的現象，為因應國內人口老化及各項福利需求日益增加，並藉由照顧服務產業之發展，創造本國照顧服務人員、長期照顧相關專業人員之就業機會、減緩國人對外籍看護工的依賴，藉由長期照顧基礎服務人力與設施的舖設，將有助於照顧服務科技的發展，政府因此發布「照顧服務福利及產業發展方案」（行政院經濟建設委員會，2005）。

2001 年 5 月行政院成立「照顧服務產業推動小組」，推動「照顧服務產業發展方案」（2004 年 10 月更名為「照顧服務福利及產業發展方案」），目前刻正推動第二期計畫。透過建立照顧服務管理機制、引進民間參與機制、全面提升照顧服務品質、健全照顧人力培訓與認證制度、適度調整外籍看護工引進政策等措施的推動，已經為照顧產業的發展奠定堅實發展基礎。2002 至 2007 年 6 月約增加就業人數 1 萬 2 千人（行政院，2007）。

政府對於長期照顧基礎服務人力的培訓，以及鼓勵照顧服務科技產業投入生產，應鼓勵非營利及民間企業共同投入，以規模經濟提供服務，初期以提供老年及障礙者之居家服務為重點，預估在 3 年內創造 20,000 個以上的就業機會，未來更可以逐步擴展至其他對象，以建立完整的福利產業。

♂ 八、加強善終服務

人生最終都不免一死，但是臨老面對死亡時，無論是對當事人（老人）或家屬心理上都是沉重的負擔，我們在強調尊重老人的尊嚴時，絕不能忽略善終服務，老人福利如果在善終服務這一塊缺席，將難以稱為完善。

善終服務（Hospice）主要是為改變社會大眾否認死亡的態度，為垂死病人及其家屬提供全面的照顧，過去三、四十年來在外國發展迅速，主要是為改善對垂死病人的照顧，減輕病人臨終時孤獨及無助的感覺，幫助他們善用餘日，並在一個溫暖及舒適的環境中安然而逝，同時也為病人家屬提供協助及輔導，支持他們渡過這段困難的日子（鍾淑子，1992）。

　　善終服務通常是由醫務工作人員、社會工作人員、神職人員、心理諮商輔導人員，以及一些因親人喪亡而經歷哀傷的家屬集合群體的力量，以各種不同的方式來進行善終服務，支持垂死病人及其家屬渡過這段困難的日子。

　　善終服務主要的項目包括：家居寧養服務、住院服務、門診服務、日間寧養、哀傷輔導、社區或醫院的喪親支援。目前台灣少數區域醫院有安寧病房做這方面的服務，不過重點都放在安寧緩和照顧方面，尚未受到社會工作人員的重視，因此社會福利部門的工作服務也鮮少介入，這也是未來所需要加強發展之處。

老人福利

參考文獻

中文部分

中華民國老人福利聯盟（2008）。老人財產信託議題。2008 年 10 月 27 日，取 自 http://top1.pronet.tw/ZS7006110909A3423075/info01.php?big_1=1334&big_2=2361&big_3=443&bigA=b&js=m4&js2=m23613

丹　心（2004 年 5 月 30 日）。我們給了孩子多少──隔代教養面面觀。2004 年 07 月 25 日，取自 http://www.wfdn.com.tw/9305/040530/news/053003-1.htm

內政部（2007）。96 年社政年報。2008 年 10 月 23 日，取自 http://sowf.moi.gov.tw/17/96/index.htm

行政院（2007）。我國長期照顧十年計畫摘要（核定本）。台北市：作者。

行政院（2008）。創造就業機會。2008 年 10 月 24 日，取自 http://www.ey.gov.tw/content.asp?cuItem=31554&mp=1

行政院人權保障推動小組（2003）。2002 年國家人權報告試行報告。2008 年 10 月 22 日，取自 http://www.ey.gov.tw/public/Attachment/20031229141409920.doc

行政院經濟建設委員會（2005）。照顧服務福利及產業發展方案第一期計畫執行情形總檢討報告。台北市：作者。

李開敏、謝依君（譯）（1996）。B. O. Dane 著。老人家庭服務。載於李開敏、王　玠、王增勇、萬育維等（譯），老人福利服務（Handbook of Gerontological Services）。台北市：心理。

李瑞金（主持）（2000）。老人財產信託可行性之研究。內政部委託研究案。台北市：內政部。

林娟妃（2003）。孫子女知覺祖父母管教方式與其生活適應影響之研究。私

立中國文化大學生活應用科學研究所碩士論文，未出版，台北市。

邱天助（2008）。**沉睡中的老人人權**。2008 年 10 月 8 日，取自 http://news. chinatimes.com/2007Cti/2007Cti-News/2007Cti-News-Content/0,4521,110514+ 112008100800165,00.html

許玉玲（2001，3 月）。隔代教養學童的生活世界──一個個案研究。**新竹師 院國民教育研究所論文集，6**，290-322。

陳麗欣、翁福元、許維素、林志忠（1999）。**隔代教養學習型家庭專案推動 策略**。台北市：教育部。

陳麗欣、翁福元、許維素、林志忠（2000，9 月）。我國隔代教養家庭現況之 分析（下）。**成人教育通訊，4**，51-66。

蔡文輝、徐麗君（1998）。**老年社會學──理論與實務**。台北市：巨流。

衛生署（2008）。**96 年死因統計結果分析**。2008 年 10 月 23 日，取自 http:// www.doh.gov.tw/CHT2006/DM/DM2_2.aspx?now_fod_list_no=9598&class_ no=440&le vel_no=4

鍾淑子（1992）。善終服務簡介。**普明雙月刊**。

英文部分

Pruchno, R. A., & Johnson, K. W. (1996). Research on grand-parenting: Review of current studies and future needs. *Journal of Generations, 20*(1), 65-70.

老人福利

摘要

　　高齡化社會未來無論是在社會、經濟或政治面上，都將使我們面對更大的挑戰。台灣社會老人的相關議題主要有：老人權利的倡導、政策法規的落實、長期照護照顧制度的建立、老人福利專業制度的建立、孝道美德的落實、老人財產信託問題、失智老人的照顧、隔代教養的問題、老人自殺的防治等。

　　在未來，老人福利的發展上較值得關注的問題有：老人人權的維護、家庭功能的強調、老人人力資源的善用、建立發展長期照顧體系、老人福利資源的整合、加強初級預防的服務、加強推動照顧服務產業發展，以及加強善終服務等。

　　這些議題有些政府已經實施，如《老人福利法》的修正、家庭功能的強調等，但尚未達到完善。有一部分也開始著手規劃，如建立發展長期照顧體系、設置社會福利部，其規劃的情況如何，尚有待實施後始能觀察其效能如何。也有一部分是尚未引起社會普遍關注的問題，如社會福利體系的善終服務措施、老人人力資源的善用，及工作權的立法保障，均有待未來繼續努力。

名詞解釋

- ◆ 老年宣言
- ◆ 聯合國老人綱領
- ◆ 財產信託
- ◆ 失智老人
- ◆ 隔代教養

- ◆ 善終服務
- ◆ 老人自殺
- ◆ 初級預防
- ◆ 我國長期照顧十年計畫
- ◆ 照顧服務福利及產業發展方案

問題習作

1. 台灣社會老人的相關議題有哪些？
2. 請說明國際上對於老人權利的倡導為何。
3. 聯合國大會在 1912 年通過的「聯合國老人綱領」中，提出哪五種老人權利？
4. 請說明「我國長期照顧十年計畫」實施進度及後續規劃。
5. 老人財產信託的種類有哪些？
6. 請說明台灣老人福利的未來發展。

老人福利

附　　錄

老人福利

附錄一　老人福利法

中華民國 69 年 1 月 26 日總統(69)台統(一)義字第 0561 號令制定公布全文 21 條

中華民國 86 年 6 月 18 日總統(86)華總(一)義字第 8600141380 號令修正公布全文 34 條

中華民國 89 年 5 月 3 日總統(89)華總一義字第 8900110150 號令修正公布

第 3、4、15、20、25、27 條條文

中華民國 91 年 6 月 26 日總統華總一義字第 09100125180 號令修正公布第 9 條條文；

並增訂第 13-1 條條文

中華民國 96 年 1 月 31 日總統華總一義字第 09600012871 號令修正公布全文 55 條；並自公布日施行

第一章　總則

第 1 條　為維護老人尊嚴與健康，安定老人生活，保障老人權益，增進老人福利，特制定本法。

第 2 條　本法所稱老人，指年滿六十五歲以上之人。

第 3 條　本法所稱主管機關：在中央為內政部；在直轄市為直轄市政府；在縣（市）為縣
（市）政府。

本法所定事項，涉及各目的事業主管機關職掌者，由各目的事業主管機關辦理。

前二項主管機關及各目的事業主管機關權責劃分如下：

一、主管機關：主管老人權益保障之規劃、推動及監督等事項。

二、衛生主管機關：主管老人預防保健、心理衛生、醫療、復健與連續性照護之規
劃、推動及監督等事項。

三、教育主管機關：主管老人教育、老人服務之人才培育與高齡化社會教育之規
劃、推動及監督等事項。

四、勞工主管機關：主管老人就業免於歧視、支援員工照顧老人家屬與照顧服務員
技能檢定之規劃、推動及監督等事項。

五、建設、工務、住宅主管機關：主管老人住宅建築管理、公共設施與建築物無障
礙生活環境等相關事宜之規劃、推動及監督等事項。

六、交通主管機關：主管老人搭乘大眾運輸工具之規劃、推動及監督等事項。

七、保險、信託主管機關：主管本法相關保險、信託措施之規劃、推動及監督等事項。

八、警政主管機關：主管本法相關警政、老人保護措施之規劃、推動及監督等事項。

九、其他措施由各相關目的事業主管機關依職權規劃辦理。

第 4 條　下列事項，由中央主管機關掌理：

一、全國性老人福利政策、法規與方案之規劃、釐定及宣導事項。

二、對直轄市、縣（市）政府執行老人福利之監督及協調事項。

　　三、中央老人福利經費之分配及補助事項。

　　四、老人福利服務之發展、獎助及評鑑之規劃事項。

　　五、老人福利專業人員訓練之規劃事項。

　　六、國際老人福利業務之聯繫、交流及合作事項。

　　七、老人保護業務之規劃事項。

　　八、老人住宅業務之規劃事項。

　　九、中央或全國性老人福利機構之設立、監督及輔導事項。

　　十、其他全國性老人福利之策劃及督導事項。

第 5 條　下列事項，由直轄市、縣（市）主管機關掌理：

　　一、直轄市、縣（市）老人福利政策、自治法規與方案之規劃、釐定、宣導及執行
　　　　事項。

　　二、中央老人福利政策、法規及方案之執行事項。

　　三、直轄市、縣（市）老人福利經費之分配及補助事項。

　　四、老人福利專業人員訓練之執行事項。

　　五、老人保護業務之執行事項。

　　六、老人住宅之興建、監督及輔導事項。

　　七、直轄市、縣（市）老人福利機構之輔導設立、監督檢查及評鑑獎勵事項。

　　八、其他直轄市、縣（市）老人福利之策劃及督導事項。

第 6 條　各級政府老人福利之經費來源如下：

　　一、按年編列之老人福利預算。

　　二、社會福利基金。

　　三、私人或團體捐贈。

　　四、其他收入。

第 7 條　主管機關應置專責人員辦理本法規定相關事宜；其人數應依業務增減而調整之。老
　　　　人福利相關業務應遴用專業人員辦理。

第 8 條　主管機關及各目的事業主管機關應各本其職掌，對老人提供服務及照顧。

　　　　提供原住民老人服務及照顧者，應優先遴用原住民或熟諳原住民文化之人。

　　　　前項對老人提供之服務及照顧，得結合民間資源，以補助、委託或其他方式為之；
　　　　其補助、委託對象、項目、基準及其他應遵行事項之辦法，由主管機關及各目的事
　　　　業主管機關定之。

第 9 條　主管機關應邀集老人代表、老人福利相關學者或專家、民間相關機構、團體代表及
　　　　各目的事業主管機關代表，參與整合、諮詢、協調與推動老人權益及福利相關事
　　　　宜；其中老人代表、老人福利相關學者或專家及民間相關機構、團體代表，不得少

老人福利

各目的事業主管機關代表，參與整合、諮詢、協調與推動老人權益及福利相關事宜；其中老人代表、老人福利相關學者或專家及民間相關機構、團體代表，不得少於二分之一，且老人代表不得少於五分之一，並應有原住民老人代表或熟諳原住民文化之專家學者至少一人。

前項之民間機構、團體代表由各該轄區內立案之民間機構、團體互推後由主管機關遴聘之。

第 10 條　主管機關應至少每五年舉辦老人生活狀況調查，出版統計報告。

第二章　經濟安全

第 11 條　老人經濟安全保障，採生活津貼、特別照顧津貼、年金保險制度方式，逐步規劃實施。
前項年金保險之實施，依相關社會保險法律規定辦理。

第 12 條　中低收入老人未接受收容安置者，得申請發給生活津貼。
前項領有生活津貼，且其失能程度經評估為重度以上，實際由家人照顧者，照顧者得向直轄市、縣（市）主管機關申請發給特別照顧津貼。
前二項津貼請領資格、條件、程序、金額及其他相關事項之辦法，由中央主管機關定之；申請應檢附之文件、審核作業等事項之規定，由直轄市、縣（市）主管機關定之。
領取生活津貼及特別照顧津貼之權利，不得扣押、讓與或供擔保。
不符合請領資格而領取津貼者，其領得之津貼，由直轄市、縣（市）主管機關以書面命本人或其繼承人自事實發生之日起六十日內繳還；屆期未繳還者，依法移送行政執行。

第 13 條　對於因精神障礙或其他心智缺陷，致不能為意思表示或受意思表示，或不能辨識其意思表示之效果之老人，法院得因主管機關之聲請，為監護或輔助之宣告。
前項所定得聲請監護或輔助宣告之機關，得向就監護或輔助宣告之聲請曾為裁判之地方法院，提起撤銷監護或輔助宣告之訴；於受監護或輔助之原因消滅後，得聲請撤銷監護或輔助宣告。
監護或輔助宣告確定前，主管機關為保護老人之身體及財產，得聲請法院為必要之處分。

第 14 條　為保護老人之財產安全，直轄市、縣（市）主管機關應鼓勵其將財產交付信託。
無法定扶養義務人之老人經法院為監護或輔助宣告者，其財產得交付與經中央目的主管機關許可之信託業代為管理、處分。

第 15 條　直轄市、縣（市）主管機關對於有接受長期照顧服務必要之失能老人，應依老人與其家庭之經濟狀況及老人之失能程度提供經費補助。

前項補助對象、基準及其他應遵行事項之辦法，由中央主管機關定之。

第三章　服務措施

第16條　老人照顧服務應依全人照顧、在地老化及多元連續服務原則規劃辦理。

直轄市、縣（市）主管機關應依前項原則，並針對老人需求，提供居家式、社區式或機構式服務，並建構妥善照顧管理機制辦理之。

第17條　為協助失能之居家老人得到所需之連續性照顧，直轄市、縣（市）主管機關應自行或結合民間資源提供下列居家式服務：

一、醫護服務。

二、復健服務。

三、身體照顧。

四、家務服務。

五、關懷訪視服務。

六、電話問安服務。

七、餐飲服務。

八、緊急救援服務。

九、住家環境改善服務。

十、其他相關之居家式服務。

第18條　為提高家庭照顧老人之意願及能力，提升老人在社區生活之自主性，直轄市、縣（市）主管機關應自行或結合民間資源提供下列社區式服務：

一、保健服務。

二、醫護服務。

三、復健服務。

四、輔具服務。

五、心理諮商服務。

六、日間照顧服務。

七、餐飲服務。

八、家庭托顧服務。

九、教育服務。

十、法律服務。

十一、交通服務。

十二、退休準備服務。

十三、休閒服務。

老人福利

一、住宿服務。

二、醫護服務。

三、復健服務。

四、生活照顧服務。

五、膳食服務。

六、緊急送醫服務。

七、社交活動服務。

八、家屬教育服務。

九、日間照顧服務。

十、其他相關之機構式服務。

前項機構式服務應以結合家庭及社區生活為原則,並得支援居家式或社區式服務。

第 20 條　前三條所定居家式服務、社區式服務與機構式服務提供者資格要件及服務之準則,由中央主管機關會同中央各目的事業主管機關定之。

前項服務之提供,於一定項目,應由專業人員為之;其一定項目、專業人員之訓練、資格取得及其他應遵行事項之辦法,由中央主管機關定之。

第 21 條　直轄市、縣(市)主管機關應定期舉辦老人健康檢查及保健服務,並依健康檢查結果及老人意願,提供追蹤服務。

前項保健服務、追蹤服務、健康檢查項目及方式之準則,由中央主管機關會同中央衛生主管機關定之。

第 22 條　老人或其法定扶養義務人就老人參加全民健康保險之保險費、部分負擔費用或保險給付未涵蓋之醫療費用無力負擔者,直轄市、縣(市)主管機關應予補助。

前項補助之對象、項目、基準及其他相關事項之辦法,由中央主管機關定之。

第 23 條　為協助老人維持獨立生活之能力,直轄市、縣(市)主管機關應辦理下列服務:

一、專業人員之評估及諮詢。

二、提供有關輔具之資訊。

三、協助老人取得生活輔具。

中央主管機關得視需要獎勵研發老人生活所需之各項輔具、用品及生活設施設備。

第 24 條　無扶養義務之人或扶養義務之人無扶養能力之老人死亡時,當地主管機關或其入住機構應為其辦理喪葬;所需費用,由其遺產負擔之,無遺產者,由當地主管機關負擔之。

第 25 條　老人搭乘國內公、民營水、陸、空大眾運輸工具、進入康樂場所及參觀文教設施,應予以半價優待。

第 26 條　主管機關應協調目的事業主管機關提供或鼓勵民間提供下列各項老人教育措施:

一、製播老人相關之廣播電視節目及編印出版品。

二、研發適合老人學習之教材。

三、提供社會教育學習活動。

四、提供退休準備教育。

第 27 條　主管機關應自行或結合民間資源，辦理下列事項：

一、鼓勵老人組織社會團體，從事休閒活動。

二、舉行老人休閒、體育活動。

三、設置休閒活動設施。

第 28 條　主管機關應協調各目的事業主管機關鼓勵老人參與志願服務。

第 29 條　雇主對於老人員工不得予以就業歧視。

第 30 條　有法定扶養義務之人應善盡扶養老人之責，主管機關得自行或結合民間提供相關資訊及協助。

第 31 條　為協助失能老人之家庭照顧者，直轄市、縣（市）主管機關應自行或結合民間資源提供下列服務：

一、臨時或短期喘息照顧服務。

二、照顧者訓練及研習。

三、照顧者個人諮商及支援團體。

四、資訊提供及協助照顧者獲得服務。

五、其他有助於提升家庭照顧者能力及其生活品質之服務。

第 32 條　直轄市、縣（市）主管機關應協助中低收入老人修繕住屋或提供租屋補助。

前項協助修繕住屋或租屋補助之對象、補助項目與內容及其他相關事項之規定，由直轄市、縣（市）主管機關定之。但其他法律有特別規定者，從其規定。

第 33 條　直轄市、縣（市）主管機關應推動適合老人安居之住宅。

前項住宅設施應以小規模、融入社區及多機能之原則規劃辦理，並符合住宅或其他相關法令規定。

第四章　福利機構

第 34 條　主管機關應依老人需要自行或結合民間資源辦理下列老人福利機構：

一、長期照顧機構。

二、安養機構。

三、其他老人福利機構。

前項老人福利機構之規模、面積、設施、人員配置及業務範圍等事項之標準，由中央主管機關會同中央目的事業主管機關定之。

老人福利

二、安養機構。

三、其他老人福利機構。

前項老人福利機構之規模、面積、設施、人員配置及業務範圍等事項之標準，由中央主管機關會同中央目的事業主管機關定之。

第一項各類機構所需之醫療或護理服務，應依醫療法、護理人員法或其他醫事專門職業法等規定辦理。

第一項各類機構得單獨或綜合辦理，並得就其所提供之設施或服務收取費用，以協助其自給自足；其收費規定，應報由當地直轄市、縣（市）主管機關核定。

第 35 條　私立老人福利機構之名稱，應依前條第一項規定標明其業務性質，並應冠以私立二字。公設民營機構名稱不冠以公立或私立。但應於名稱前冠以所屬行政區域名稱。

第 36 條　私人或團體設立老人福利機構，應向直轄市、縣（市）主管機關申請設立許可。

經許可設立私立老人福利機構者，應於三個月內辦理財團法人登記。但小型設立且不對外募捐、不接受補助及不享受租稅減免者，得免辦財團法人登記。

未於前項期間辦理財團法人登記，而有正當理由者，得申請當地主管機關核准延長一次，期間不得超過三個月；屆期不辦理者，原許可失其效力。

第一項申請設立之許可要件、申請程序、審核期限、撤銷與廢止許可、自行停業與歇業、擴充與遷移、督導管理及其他相關事項之辦法，由中央主管機關定之。

第二項小型設立之規模、面積、設施、人員配置等設立標準，由中央主管機關會同中央目的事業主管機關定之。

第 37 條　老人福利機構不得兼營營利行為或利用其事業為任何不當之宣傳。

主管機關對老人福利機構應予輔導、監督、檢查、評鑑及獎勵。

老人福利機構對前項檢查不得規避、妨礙或拒絕，並應提供必要之協助。

第二項評鑑對象、項目、方式及獎勵方式等事項之辦法，由主管機關定之。

第 38 條　老人福利機構應與入住者或其家屬訂定書面契約，明定其權利義務關係。

前項書面契約之格式、內容，中央主管機關應訂定定型化契約範本及其應記載及不得記載事項。

老人福利機構應將中央主管機關訂定之定型化契約書範本公開並印製於收據憑證交付入住者，除另有約定外，視為已依第一項規定與入住者訂約。

第 39 條　老人福利機構應投保公共意外責任保險及具有履行營運之擔保能力，以保障老人權益。

前項應投保之保險範圍及金額，由中央主管機關會商中央目的事業主管機關定之。

第一項履行營運之擔保能力，其認定標準由所在地直轄市、縣（市）主管機關定之。

第 40 條　政府及老人福利機構接受私人或團體之捐贈，應妥善管理及運用；其屬現金者，應設專戶儲存，專作增進老人福利之用。但捐贈者有指定用途者，應專款專用。

前項所受之捐贈，應辦理公開徵信。

第五章　保護措施

第41條　老人因直系血親卑親屬或依契約對其有扶養義務之人有疏忽、虐待、遺棄等情事，致有生命、身體、健康或自由之危難，直轄市、縣（市）主管機關得依老人申請或職權予以適當短期保護及安置。老人如欲對之提出告訴或請求損害賠償時，主管機關應協助之。

前項保護及安置，直轄市、縣（市）主管機關得依職權或依老人申請免除之。

第一項老人保護及安置所需之費用，由直轄市、縣（市）主管機關先行支付者，直轄市、縣（市）主管機關得檢具費用單據影本及計算書，通知老人之直系血親卑親屬或依契約有扶養義務者於三十日內償還；逾期未償還者，得移送法院強制執行。

第42條　老人因無人扶養，致有生命、身體之危難或生活陷於困境者，直轄市、縣（市）主管機關應依老人之申請或依職權，予以適當安置。

第43條　醫事人員、社會工作人員、村（里）長與村（里）幹事、警察人員、司法人員及其他執行老人福利業務之相關人員，於執行職務時知悉老人有疑似第四十一條第一項或第四十二條之情況者，應通報當地直轄市、縣（市）主管機關。

前項通報人之身分資料應予保密。

直轄市、縣（市）主管機關接獲通報後，必要時得進行訪視調查。進行訪視調查時，得請求警察、醫療或其他相關機關（構）協助，被請求之機關（構）應予配合。

第44條　為發揮老人保護功能，應以直轄市、縣（市）為單位，並結合警政、衛生、社政、民政及民間力量，建立老人保護體系，並定期召開老人保護聯繫會報。

第六章　罰則

第45條　設立老人福利機構未依第三十六條第一項規定申請設立許可，或應辦理財團法人登記而未依第三十六條第二項及第三項規定期限辦理者，處其負責人新臺幣六萬元以上三十萬元以下罰鍰及公告其姓名，並限期令其改善。

於前項限期改善期間，不得增加收容老人，違者另處其負責人新臺幣六萬元以上三十萬元以下罰鍰，並得按次連續處罰。

經依第一項規定限期令其改善，屆期未改善者，再處其負責人新臺幣十萬元以上五十萬元以下罰鍰，並令於一個月內對於其收容之老人予以轉介安置；其無法辦理時，由主管機關協助之，負責人應予配合。不予配合者，強制實施之，並處新臺幣二十萬元以上一百萬元以下罰鍰。

第46條　老人福利機構有下列情形之一者，主管機關應限期令其於一個月內改善；屆期未改

老人福利

三、財務收支處理未依中央主管機關依第三十六條第四項規定所定辦法辦理。

四、違反第三十七條第三項規定，規避、妨礙或拒絕主管機關之檢查。

五、違反第三十八條規定，未與入住者或其家屬訂定書面契約或將不得記載事項納入契約。

六、未依第三十九條規定投保公共意外責任保險或未具履行營運之擔保能力。

七、違反第四十條第二項規定，接受捐贈未公開徵信。

第47條　主管機關依第三十七條第二項規定對老人福利機構為輔導、監督、檢查及評鑑，發現有下列情形之一時，應限期令其改善；屆期未改善者，處新臺幣五萬元以上二十五萬元以下罰鍰，並再限期令其改善：

一、業務經營方針與設立目的或捐助章程不符。

二、違反原許可設立之標準。

三、財產總額已無法達成目的事業或對於業務、財務為不實之陳報。

第48條　老人福利機構有下列情形之一者，處新臺幣六萬元以上三十萬元以下罰鍰，再限期令其改善：

一、虐待、妨害老人身心健康或發現老人受虐事實未向直轄市、縣（市）主管機關通報。

二、提供不安全之設施設備或供給不衛生之餐飲，經主管機關查明屬實者。

三、經主管機關評鑑為丙等或丁等或有其他重大情事，足以影響老人身心健康者。

第49條　老人福利機構於主管機關依第四十六條至第四十八條規定限期令其改善期間，不得增加收容老人，違者另處新臺幣六萬元以上三十萬元以下罰鍰，並得按次連續處罰。

經主管機關依第四十七條及第四十八條規定再限期令其改善，屆期仍未改善者，得令其停辦一個月以上一年以下，並公告其名稱。停辦期限屆滿仍未改善或令其停辦而拒不遵守者，應廢止其許可；其屬法人者，得予解散。

第50條　私立老人福利機構停辦、停業、歇業、解散、經撤銷或廢止許可時，對於其收容之老人應即予以適當之安置；其無法安置時，由主管機關協助安置，機構應予配合；不予配合者，強制實施之，並處新臺幣六萬元以上三十萬元以下罰鍰；必要時，得予接管。

前項接管之實施程序、期限與受接管機構經營權及財產管理權之限制等事項之辦法，由中央主管機關定之。

第一項停辦之私立老人福利機構於停辦原因消失後，得檢附相關資料及文件向原設立許可機關申請復業。

第51條　依法令或契約有扶養照顧義務而對老人有下列行為之一者，處新臺幣三萬元以上十五萬元以下罰鍰，並公告其姓名；涉及刑責者，應移送司法機關偵辦：

一、遺棄。

二、妨害自由。

三、傷害。

四、身心虐待。

五、留置無生活自理能力之老人獨處於易發生危險或傷害之環境。

六、留置老人於機構後棄之不理，經機構通知限期處理，無正當理由仍不處理者。

第52條　老人之扶養人或其他實際照顧老人之人違反前條情節嚴重者，主管機關應對其施以四小時以上二十小時以下之家庭教育及輔導。

前項家庭教育及輔導，如有正當理由，得申請原處罰之主管機關同意後延期參加。

不接受第一項家庭教育及輔導或時數不足者，處新臺幣一千二百元以上六千元以下罰鍰，經再通知仍不接受者，得按次處罰至其參加為止。

第七章　附則

第53條　本法修正施行前已許可立案之老人福利機構，其設立要件與本法及所授權法規規定不相符合者，應於中央主管機關公告指定之期限內改善；屆期未改善者，依本法規定處理。

主管機關應積極輔導安養機構轉型為老人長期照顧機構或社區式服務設施。

第54條　本法施行細則，由中央主管機關定之。

第55條　本法自公布日施行。

老人福利

附錄二　老人福利法施行細則

中華民國 69 年 4 月 29 日內政部(69)台內社字第 21083 號令訂定發布
中華民國 70 年 1 月 6 日內政部(70)台內社字第 64007 號令修正發布全文 26 條
中華民國 87 年 3 月 25 日內政部(87)台內社字第 8785868 號令修正發布全文 19 條
中華民國 88 年 10 月 20 日內政部(88)台內社字第 8885596 號令修正發布第 4、6 條條文
中華民國 96 年 7 月 25 日內政部台內社字第 0960115604 號令修正發布全文 16 條；並自發布日施行
中華民國 98 年 11 月 19 日內政部台內社字第 0980212807 號令
修正發布第 5、16 條條文；並自 98 年 11 月 23 日施行

第 1 條　本細則依老人福利法（以下簡稱本法）第五十四條規定訂定之。

第 2 條　本法第二條所定老人之年齡，以戶籍登記者為準。

第 3 條　主管機關及各目的事業主管機關依本法第八條第一項規定對老人提供服務及照顧，
應定期調查及評估老人需求、社會經濟狀況及其發展趨勢，訂定近程、中程、遠程
計畫，據以執行。

第 4 條　本法第十四條第二項、第二十二條第一項及第三十條所稱法定扶養義務人，指依民
法規定順序定其履行義務之人。

第 5 條　本法第十四條第二項所定無法定扶養義務人且經法院為監護或輔助宣告之老人，將
財產交付信託業者代為管理、處分之相關事宜，由其監護人或輔助人負責執行。
直轄市、縣（市）主管機關得視需要，請監護人或輔助人就前項事宜辦理情形提出
執行報告。

第 6 條　老人憑國民身分證或政府核發足以證明老人身分之證件，享受本法第二十五條規定
之優待。

第 7 條　各機關、團體、學校，得配合重陽節舉辦各種敬老活動。

第 8 條　本法第三十三條第一項所定適合老人安居之住宅，其設計應符合下列規定：
一、提供老人寧靜、安全、舒適、衛生、通風採光良好之環境與完善設備及設施。
二、建築物之設計、構造與設備及設施，應符合建築法及其有關法令規定，並應具
　　無障礙環境。
三、消防安全設備、防火管理、防焰物品等消防安全事項，應符合消防法及其有關
　　法令規定。
本法第三十三條第二項所定住宅設施小規模、融入社區及多機能之原則如下：
一、小規模：興辦事業計畫書所載開發興建住宅戶數為二百戶以下。
二、融入社區：由社區現有基礎公共設施及生活機能，使老人易獲得交通、文化、

教育、醫療、文康、休閒及娛樂等服務，且便於參與社區相關事務。

三、多機能：配合老人多元需求，提供適合老人本人居住，或與其家庭成員或主要照顧者同住或近鄰居住；設有共用服務空間及公共服務空間，同一棟建築物之同一樓層須有共用通道。

第 9 條　本法中華民國六十九年一月二十六日公布施行前已安置收容於公、私立老人福利機構之人，由該機構繼續收容照顧。

第 10 條　六十歲以上未滿六十五歲之人自願負擔費用者，老人福利機構得視內部設施情形，提供長期照顧、安養或其他服務。

第 11 條　老人福利機構依本法第四十條第一項規定接受私人或團體捐贈時，應於每年六月及十二月將接受捐贈財物、使用情形及公開徵信相關資料陳報主管機關。

前項公開徵信應至少每六個月將捐贈者姓名、金額、捐贈日期及指定捐贈項目等基本資料，刊登於機構所屬網站或發行之刊物；無網站及刊物者，應刊登於新聞紙或電子媒體。

第 12 條　設立老人福利機構未依本法第三十六條第一項規定申請設立許可，經直轄市、縣（市）主管機關依本法第四十五條第一項規定限期令其改善者，應依限完成設立許可程序；其期間由直轄市、縣（市）主管機關定之，最長不得逾六個月。

第 13 條　主管機關依本法第四十七條及第四十八條規定通知老人福利機構限期改善者，應令其提出改善計畫書；必要時，會同目的事業主管機關評估其改善情形。

第 14 條　依本法第五十二條第一項規定施以家庭教育及輔導之內容，包括家庭倫理、親子溝通、人際關係、老人身心特性與疾病之認識及如何與老人相處等相關課程。

前項應施以家庭教育及輔導之課程及時數，由直轄市、縣（市）主管機關定之。

第 15 條　依本法第五十二條第二項規定同意延期參加家庭教育及輔導者，以一次為限，最長不得逾三個月。

第 16 條　本細則自發布日施行。

本細則中華民國九十八年十一月十九日修正之條文，自九十八年十一月二十三日施行。

老人福利

附錄三　老人福利機構設立標準

中華民國 70 年 11 月 30 日內政部(70)台內社字第 58495 號令訂定發布全文 18 條
中華民國 87 年 6 月 17 日內政部(87)台內社字第 8782311 號令、
行政院衛生署(87)衛署醫字第 87032697 號令會銜修正發布
中華民國 96 年 7 月 30 日內政部內授中社字第 0960714040 號令、
行政院衛生署衛署照字第 0962801277 號令會銜修正發布全文 38 條；並自發布日施行

第一章　總則

第 1 條　本標準依老人福利法（以下簡稱本法）第三十四條第二項及第三十六條第五項規定
　　　　訂定之。

第 2 條　本法所定老人福利機構，分類如下：

　　　　一、長期照顧機構：分為下列三種類型：

　　　　　　㈠長期照護型：以罹患長期慢性病，且需要醫護服務之老人為照顧對象。

　　　　　　㈡養護型：以生活自理能力缺損需他人照顧之老人或需鼻胃管、導尿管護理服
　　　　　　　務需求之老人為照顧對象。

　　　　　　㈢失智照顧型：以神經科、精神科等專科醫師診斷為失智症中度以上、具行動
　　　　　　　能力，且需受照顧之老人為照顧對象。

　　　　二、安養機構：以需他人照顧或無扶養義務親屬或扶養義務親屬無扶養能力，且日
　　　　　　常生活能自理之老人為照顧對象。

　　　　三、其他老人福利機構：提供老人其他福利服務。

第 3 條　老人福利機構之設立，應符合下列規定：

　　　　一、建築物之設計、構造與設備，應符合建築法及相關法令規定。

　　　　二、消防安全設備、防火管理、防焰物品等消防安全事項應符合消防法及相關法令
　　　　　　規定。

　　　　三、用地應符合土地使用管制相關法令規定。

　　　　四、飲用水供應應充足，並應符合飲用水水質標準。

　　　　五、應維持環境整潔與衛生，並應有妨害衛生之病媒及孳生源防治之適當措施。

　　　　六、其他法令有規定者，依該法令規定辦理。

第 4 條　長期照顧機構及安養機構除前條規定外，並應有符合下列規定之設施：

　　　　一、寢室：

　　　　　　㈠良好通風及充足光線，且有自然採光之窗戶。

　　　　　　㈡不得設於地下樓層。

　　㈢室內設之床位，每床應附有櫥櫃或床頭櫃，並配置緊急呼叫系統；床邊與鄰床之距離至少八十公分。

　　㈣至少設一扇門，其淨寬度應在八十公分以上。

　　㈤二人或多人床位之寢室，應備具隔離視線之屏障物。

　　㈥寢室間之隔間高度應與天花板密接。

　　㈦有可供直接進入寢室，不須經過其他寢室之走廊。

二、衛浴設備：

　　㈠至少設一扇門，其淨寬度應在八十公分以上。

　　㈡屬於多人使用之衛浴設施，應有適當之隔間或門簾。

　　㈢照顧區應設衛生及沐浴設備，並配置緊急呼叫系統。

　　㈣有適合臥床或乘坐輪椅老人使用之衛浴設備。

三、照顧區、餐廳、浴廁、走道、樓梯及平臺，均應設欄杆或扶手之設備。樓梯、走道及浴廁地板應有防滑措施及適當照明設備。

四、廚房應配置食物加熱、貯藏及冷凍設備。

五、公共設施有提供公用電話者，應有適合身心障礙或行動不便老人使用之設計。

六、有被褥、床單存放櫃及用品雜物、輪椅等之儲藏設施。

第 5 條　老人福利機構設日間照顧設施者，應設有多功能活動室、餐廳、廚房、盥洗衛生設備及午休設施。

　　日間照顧設施之樓地板面積，平均每人應有十平方公尺以上。

　　前項日間照顧設施設有寢室者，其寢室之樓地板面積，平均每人應有五平方公尺以上。

　　日間照顧設施之工作人員，依其照顧對象，準用業務性質相同老人福利機構規定設置。

第 6 條　本標準關於機構、設施樓地板面積之規定，其停車空間及員工宿舍面積不計算在內；關於寢室樓地板面積之規定，其浴廁面積不計算在內。

第 7 條　各級政府設立及辦理財團法人登記之長期照顧機構或安養機構，其設立規模為收容老人五十人以上、二百人以下為限。但中華民國九十六年二月一日以前已許可立案營運者，不在此限。

　　小型長期照顧機構或安養機構，其設立規模為收容老人五人以上、未滿五十人。

第 8 條　長期照顧機構及安養機構應置專任院長（主任）一名，綜理機構業務，督導所屬工作人員善盡業務責任；並配置下列工作人員：

一、護理人員：負責辦理護理業務及紀錄。

二、社會工作人員：負責辦理社會工作業務。

三、照顧服務員：負責老人日常生活照顧服務。

四、其他與服務相關之專業人員。

老人福利

前項各款人員資格應依老人福利專業人員資格及訓練相關規定，並於聘任後三十日內報請主管機關備查；異動時，亦同。

第一項第一款至第三款所定人員除本標準另有規定者外，應為專任；第四款人員得以專任或特約方式辦理。

第一項第二款社會工作人員應有四分之一以上領有社會工作師證照；第三款照顧服務員，其中外籍看護工除本標準另有規定者外，不得逾二分之一。

第二章　期照顧機構

第二節　長期照護型機構

第 9 條　長期照護型機構樓地板面積，按收容老人人數計算，平均每人應有十六點五平方公尺以上。

第 10 條　長期照護型機構設施除符合第四條規定外，並應符合下列規定：

一、寢室：

　　㈠樓地板面積，平均每人應有七平方公尺以上。每一寢室至多設六床。

　　㈡每床應有床欄及調節高度之裝置，其床尾與牆壁間之距離至少一公尺。

　　㈢收容人數五十人以上者，每一寢室應設簡易衛生設備。

二、護理站應具下列設備：

　　㈠準備室、工作車。

　　㈡護理紀錄櫃、藥品及醫療器材存放櫃。

　　㈢急救配備：氧氣、鼻管、人工氣道、氧氣面罩、抽吸設備、喉頭鏡、氣管內管、甦醒袋、常備急救藥品。

　　㈣輪椅。

　　㈤污物處理設備。

三、照護區走道淨寬至少一百四十公分。走道二側有居室者，淨寬至少一百六十公分。

四、日常活動場所：應設餐廳、交誼休閒活動等所需之空間與設備，平均每人應有四平方公尺以上。

五、空調設備。

六、主要走道臺階處，應有推床或輪椅之專用斜坡道。

七、設太平間者，應具有屍體冷藏設備。

前項機構得視業務需要，設物理治療室、職能治療室。

第 11 條　長期照護型機構除院長（主任）外，應依下列規定配置工作人員：

一、護理人員：隨時保持至少有一人值班；每照顧十五人應置一人；未滿十五人

者，以十五人計。設有日間照顧者，每提供二十人之服務量，應增置一人。

二、社會工作人員：照顧未滿一百人者，至少置一人；一百人以上者，每一百人應增置一人。但四十九人以下者，以專任或特約方式辦理，採特約方式辦理者，每週至少應提供二天以上之服務。

三、照顧服務員：日間每照顧五人應置一人；未滿五人者，以五人計；夜間每照顧十五人應置一人；未滿十五人者，以十五人計。夜間應置人力應有本國籍員工執勤，並得與護理人員合併計算。

前項機構得視業務需要，置專任或特約醫師、物理治療人員、職能治療人員或營養師。

第 12 條　長期照護型機構，對所照顧之老人，應由醫師予以診察；並應依老人照顧需要，至少每個月由醫師診察一次。

第 13 條　長期照護型機構，對於轉診及醫師每次診察之病歷摘要，應連同護理紀錄依護理人員法規定妥善保存。

前項病歷摘要、護理紀錄應指定專人管理。

第二節　養護型機構

第 14 條　各級政府設立及辦理財團法人登記之養護型機構（以下簡稱公立及財團法人養護型機構）樓地板面積，以收容老人人數計算，平均每人應有十六點五平方公尺以上。

小型養護型機構，其樓地板面積以收容老人人數計算，平均每人應有十平方公尺以上。

第 15 條　公立及財團法人養護型機構設施除符合第四條規定外，並應符合下列規定：

一、寢室：

㈠樓地板面積，平均每人應有七平方公尺以上。每一寢室至多設六床。

㈡收容人數五十人以上者，每一寢室應設簡易衛生設備。

二、護理站：應具有準備室、工作臺、治療車、護理紀錄櫃、藥品與醫療器材存放櫃及急救配備。

三、日常活動場所：應設餐廳、交誼休閒活動等所需之空間及設備，平均每人應有四平方公尺以上。

四、其他設施：應設污物處理室、洗衣間等空間及設備。

前項機構得視業務需要，設物理治療室、職能治療室、社會服務室、宗教聚會所、安寧照護室或緊急觀察室、配膳、廢棄物焚化等所需空間及設備。

第 16 條　公立及財團法人養護型機構除院長（主任）外，應依下列規定配置工作人員：

一、護理人員：隨時保持至少有一人值班；每照顧二十人應置一人；未滿二十人者，以二十人計。

二、社會工作人員：照顧未滿一百人者，至少置一人；一百人以上者，每一百人應

增置一人。但四十九人以下者，以專任或特約方式辦理，採特約方式辦理者，每週至少應提供二天以上之服務。

三、照顧服務員：日間每照顧八人應置一人；未滿八人者，以八人計；夜間每照顧二十五人應置一人；未滿二十五人者，以二十五人計。夜間應置人力應有本國籍員工執勤，並得與護理人員合併計算。

前項機構收容有需鼻胃管、導尿管護理服務需求之老人者，應依第十一條規定配置工作人員。

第一項機構得視業務需要，置行政人員、專任或特約醫師、物理治療人員、職能治療人員、營養師或其他工作人員。

第17條 小型養護型機構，其設施除符合第四條規定外，並應符合下列規定：

一、寢室：樓地板面積，平均每人應有五平方公尺以上。每一寢室至多設六床。

二、護理站：應具護理紀錄櫃、急救配備。

三、日常活動場所：應設多功能活動所需之空間及設備。

四、廁所：每照顧十六人，至少應設男廁一間及女廁二間；未滿十六人者，以十六人計。

第18條 小型養護型機構除院長（主任）外，應依下列規定配置工作人員：

一、護理人員：隨時保持至少有一人值班；每照顧二十人應置一人；未滿二十人者，以二十人計。

二、照顧服務員：日間每照顧八人應置一人；未滿八人者，以八人計；夜間每照顧二十五人應置一人；未滿二十五人者，以二十五人計。夜間應置人力應有本國籍員工執勤，並得與護理人員合併計算。

前項機構收容有需鼻胃管、導尿管護理服務需求之老人者，應依第十一條規定配置工作人員。

第一項機構得視業務需要，置專任或特約社會工作人員或其他工作人員。

第19條 養護型機構收容需鼻胃管、導尿管護理服務需求老人者，應報主管機關許可；其人數不得逾原許可設立規模二分之一，並準用第十二條及第十三條規定。

第20條 小型養護型機構辦理財團法人登記者，其樓地板面積、設施及工作人員之配置，準用第十四條第一項、第十五條及第十六條規定。

第三節　失智照顧型機構

第21條 失智照顧型機構樓地板面積，按收容老人人數計算，平均每人應有十六點五平方公尺以上。

第22條 失智照顧型機構應採單元照顧模式，每一單元服務人數以六人至十二人為原則。

第 23 條　失智照顧型機構設施除符合第四條規定外，並應符合下列規定：
　　一、寢室：
　　　　㈠樓地板面積，平均每人應有七平方公尺以上。每一寢室以服務一人為原則。
　　　　㈡每一寢室應設簡易衛生設備。
　　　　㈢每間寢室之出入口必須與走廊、客廳相通，與其他寢室明確區隔，不得僅以屏風、窗簾等隔開。
　　二、護理站：應具有準備室、工作臺、治療車、護理紀錄櫃、藥品與醫療器材存放櫃及急救配備。
　　三、每一單元日常生活基本設施除寢室外，並應設客廳、餐廳、簡易廚房、衛浴設備（盥洗間、浴室及廁所等）及其他必要之設施。
　　四、日常活動場所：應設交誼休閒活動所需之空間及設備。
　　五、其他設施：應設污物處理室、洗衣間等空間及設備。
　　前項機構得視業務需要，設物理治療室、職能治療室、社會服務室、宗教聚會所、安寧照護室或緊急觀察室、配膳、廢棄物焚化等所需空間及設備。

第 24 條　失智照顧型機構除院長（主任）外，應依下列規定配置工作人員：
　　一、護理人員：隨時保持至少有一人值班；每照顧二十人應置一人；未滿二十人者，以二十人計。
　　二、社會工作人員：照顧未滿一百人者，至少置一人；一百人以上者，每一百人應增置一人。但四十九人以下者，以專任或特約方式辦理，採特約方式辦理者，每週至少應提供二天以上之服務。
　　三、照顧服務員：日間每照顧三人應置一人；未滿三人者，以三人計；夜間每照顧十五人應置一人；未滿十五人者，以十五人計。夜間應置人力得與護理人員合併計算。
　　前項第三款照顧服務員得以僱用兼職人員為之。但兼職人員不得超過三分之一，且兼職之照顧服務員每週至少應提供十六小時以上服務時間。專任或兼任人員應固定，且不得聘僱外籍看護工。
　　第一項機構得視業務需要，置行政人員、專任或特約醫師、物理治療人員、職能治療人員、營養師或其他工作人員。

第三章　安養機構

第 25 條　各級政府設立及辦理財團法人登記之安養機構（以下簡稱公立及財團法人安養機構）樓地板面積，以收容老人人數計算，平均每人應有二十平方公尺以上。
　　小型安養機構，其樓地板面積以收容老人人數計算，平均每人應有十平方公尺以上。

老人福利

第 26 條　公立及財團法人安養機構設施除符合第四條規定外,並應符合下列規定:
　　　　一、寢室:樓地板面積,平均每人應有七平方公尺以上。每一寢室至多設三床。
　　　　二、護理站:應具有護理紀錄櫃、藥品與醫療器材存放櫃及急救配備。
　　　　三、日常活動場所:應設餐廳、會客室、閱覽室、休閒、康樂活動室、宗教聚會場
　　　　　　所及其他必要設施或設備,其中會客室、閱覽室、休閒、康樂活動室平均每人
　　　　　　應有六平方公尺以上。
　　　　前項機構得視業務需要,設職能治療室、社會服務室、健身房、觀護室或其他設施。
第 27 條　公立及財團法人安養機構除院長(主任)外,應依下列規定配置工作人員:
　　　　一、護理人員:隨時保持至少有一人值班。
　　　　二、社會工作人員:照顧未滿八十人者,至少置一人;八十人以上者,每八十人應
　　　　　　增置一人。但四十九人以下者,以專任或特約方式辦理,採特約方式辦理者,
　　　　　　每週至少應提供二天以上之服務。
　　　　三、照顧服務員:日間每照顧十五人應置一人;未滿十五人者,以十五人計;夜間
　　　　　　每照顧三十五人應置一人;未滿三十五人者,以三十五人計。夜間應置人力應
　　　　　　有本國籍員工執勤,並得與護理人員合併計算。
　　　　前項機構得視業務需要,置輔導員、行政人員、專任或特約醫師、職能治療人員、
　　　　營養師或其他工作人員。
第 28 條　小型安養機構,其設施除符合第四條規定外,並應符合下列規定:
　　　　一、寢室:樓地板面積,平均每人應有五平方公尺以上。每一寢室至多設三床。
　　　　二、日常活動場所:應設多功能活動所需之空間及設備。
　　　　三、其他設備:得視需要設護理紀錄櫃、急救配備等設施。
第 29 條　小型安養機構除主任外,應依下列規定配置工作人員:
　　　　一、護理人員:隨時保持至少有一人值班。
　　　　二、照顧服務員:日間每照顧十五人應置一人;未滿十五人者,以十五人計;夜間
　　　　　　每照顧三十五人應置一人;未滿三十五人者,以三十五人計。夜間應置人力應
　　　　　　有本國籍員工執勤,並得與護理人員合併計算。
　　　　前項機構得視業務需要,置專任或特約社會工作人員或其他必要人員。
第 30 條　小型安養型機構辦理財團法人登記者,其樓地板面積、設施及工作人員之配置,準
　　　　用第二十五條第一項、第二十六條及第二十七條規定。

第四章　其他老人福利機構

第 31 條　中華民國九十六年二月一日以前之文康機構及服務機構,除得提供本法第十七條及
　　　　第十八條所定居家式及社區式服務外,並得視需要提供安置服務及康樂、文藝、技

藝、進修與聯誼活動服務及老人臨時照顧服務、志願服務、短期保護。

第 32 條　中華民國九十六年二月一日以前之文康機構及服務機構，其室內樓地板面積不得少於二百平方公尺，並應具有下列設施：

一、辦公室、社會工作室或服務室。

二、多功能活動室。

三、教室。

四、衛生設備。

五、其他與服務相關之必要設施。

前項第二款及第三款之設施，得視實際情形調整併用；並得視業務需要設會議室、諮詢室、圖書閱覽室、保健室等設施。

第一項機構提供餐飲服務者，應設餐廳及廚房；提供日間照顧、臨時照顧、短期保護及安置設施者，應設寢室、盥洗衛生設備、餐廳、廚房及多功能活動室。

第 33 條　中華民國九十六年二月一日以前之文康機構及服務機構，至少應置下列人員其中一人：

一、主任。

二、社會工作人員。

三、行政人員或服務人員。

前項機構辦理居家式或社區式服務方案者，其人力之配置應依相關規定辦理。

第五章　附則

第 34 條　長期照顧機構及安養機構採綜合辦理者，應依下列規定辦理：

一、屬分別使用之區域，並有固定隔間、獨立區劃者，其設施及工作人員標準應各依第二章及第三章規定辦理。

二、無固定隔間、獨立區劃者，其設施及工作人員應依較高之標準辦理。

前項機構之規模，應依各類標準分別計算；原許可設立機構類型之規模應逾二分之一。

第 35 條　老人福利機構於新設、擴充、遷移時，應依本標準規定辦理。

第 36 條　中華民國九十六年二月一日以前已依規定向直轄市、縣（市）政府申請新設、擴充、遷移、復業、負責人變更，而其處理程序尚未終結之案件，得適用本標準八十七年六月十七日修正施行之規定辦理。

第 37 條　中華民國九十六年二月一日以前已許可立案之老人福利機構，未符合本標準者，應自本標準修正施行之日起五年內完成改善；屆期未完成改善者，依本法規定處理。

前條所定之老人福利機構，亦同。

第 38 條　本標準自發布日施行。

老人福利

附錄四　私立老人福利機構設立許可及管理辦法

中華民國 87 年 11 月 25 日內政部(87)台內社字第 8790751 號令、
行政院衛生署(87)衛署醫字第 87067534 號令會銜訂定發布全文 18 條
中華民國 96 年 7 月 27 日內政部內授中社字第 0960714088 號令修正發布名稱及全文 27 條；
並自發布日施行（原名稱：老人福利機構設立許可辦法）

第 1 條　本辦法依老人福利法（以下簡稱本法）第三十六條第四項規定訂定之。

第 2 條　申請設立或籌設私立老人福利機構之設立地點跨越直轄市、縣（市）行政區域時，由受理申請之直轄市、縣（市）主管機關為主管機關。

第 3 條　自然人申請設立或籌設私立老人福利機構，其負責人應為年滿二十歲，且無受褫奪公權、破產或受禁治產宣告之國民。

法人或團體申請設立或籌設私立老人福利機構，其章程或捐助章程所載之宗旨或工作項目應有辦理社會福利事業項目規定，並不得兼營營利行為。

第 4 條　私立老人福利機構業務性質相同者，於同一直轄市、縣（市）不得使用相同之名稱。

第 5 條　私人或團體申請私立老人福利機構設立許可，應檢具申請書及敘明下列事項之文件一式五份，向機構所在地直轄市、縣（市）主管機關提出：

一、機構名稱及地址、負責人姓名、戶籍地址等基本資料。

二、設立財團法人老人福利機構者，應檢附籌備會議紀錄影本。

三、機構設立目的及業務計畫書：含機構業務與業務規模、經費來源、服務項目、收費基準、服務契約及預定營運日期。

四、預算書：載明全年收入及支出概算。

五、組織架構及人員編制：含主管及工作人員人數、進用資格、條件、工作項目及福利、行政管理等事項。

六、建築物位置圖、平面圖及其概況：含建築物使用執照影本、建築物竣工圖及消防安全設備圖說，建築物應以五百分之一比例圖，並以平方公尺註明樓層、各隔間面積、用途說明及總面積。

七、土地及建物使用權利證明文件：含土地及建物登記（簿）謄本。土地或建築物所有權非屬申請人所有者，應檢附經公證之期間十五年租賃契約或使用同意書，並不得有有效期間屆滿前得任意終止約定。檢附土地使用同意書者，應檢附辦理相同期間之地上權設定登記證明文件。

八、財產清冊。

九、履行營運擔保能力證明及投保公共意外責任保險之保險單影本。

八、財產清冊。

九、履行營運擔保能力證明及投保公共意外責任保險之保險單影本。

申請財團法人私立老人福利機構設立許可者，除檢具前項所定文件外，並應檢具下列文件一式五份：

一、捐助章程或遺囑影本。

二、捐助財產清冊及其證明文件。

三、董事名冊及其國民身分證影本。設有監察人者，監察人名冊及其國民身分證影本。董事、監察人未具中華民國國籍者，其護照或居留證影本。

四、願任董事同意書。設有監察人者，願任監察人同意書。

五、財團法人及董事印鑑或簽名清冊。

六、捐助人同意於財團法人獲准登記時，將捐助財產移轉為財團法人所有之承諾書。

七、業務計畫。

第一項第七款之土地及建物登記（簿）謄本經直轄市、縣（市）主管機關同意以電腦處理達成查詢者，得免提供。

第一項第七款租賃契約或使用同意書之期限規定，於私立小型老人福利機構為五年以上。

直轄市、縣（市）主管機關得視需要，命申請人就本條所定文件或資料繳驗其正本。

第 6 條　法人申請附設私立老人福利機構設立許可，應檢具申請書、前條所定文件及敘明下列事項之文件一式五份，向機構所在地直轄市、縣（市）主管機關提出：

一、法人登記證明文件影本。

二、法人之目的事業主管機關同意其申請附設私立老人福利機構之核准函影本。

三、法人章程或捐助章程影本。

四、負責人簡歷表。

五、董事或理事名冊及其國民身分證影本。

六、法人及董事或理事印鑑。

七、法人決議申請附設私立老人福利機構設立許可之會（社、場）員（代表）大會或董事會會議紀錄。

八、法人財產清冊。

社團法人以申請附設私立小型老人福利機構為限，並不得以附設之私立小型老人福利機構名義對外募捐。

第 7 條　私人或團體申請私立老人福利機構設立許可，因用地未能符合土地使用分區管制規定時，應先檢具申請書及下列文件一式五份，向機構所在地直轄市、縣（市）主管機關申請籌設許可：

一、機構名稱及地址（地號）、負責人姓名、戶籍地址等基本資料。

二、設立財團法人老人福利機構者，應檢附籌備會議紀錄影本。

三、機構設立目的及業務計畫書：含機構業務及業務規模、經費來源、服務項目、收費基準、服務契約及預定營運日期。

四、預算書：載明全年收入及支出概算。

五、組織架構及人員編制：含主管及工作人員人數、進用資格、條件、工作項目及福利、行政管理等事項。

六、建築物位置圖及平面圖，以五百分之一比例圖，並以平方公尺註明樓層、各隔間面積、用途說明及總面積。

七、土地使用權利證明文件：含土地登記（簿）謄本及使用權利證明文件影本。土地所有權非屬申請之私人或團體所有者，應檢附經公證之期間十五年租賃契約或使用同意書，並不得有有效期間屆滿前得任意終止約定。檢附土地使用同意書者，並應辦理相同期間之地上權設定登記。

前項籌設許可有效期限為三年。有效期限屆滿前，有正當理由經直轄市、縣（市）主管機關核准，得延長一次，期限為三年。

第一項籌設許可，於有效期限屆滿，用地仍未符合土地使用分區管制規定時，失其效力。

第五條第三項至第五項規定，於本條亦適用之。

第 8 條　直轄市、縣（市）主管機關審核私立老人福利機構申請設立許可案件，應於申請人備齊第五條、第六條規定文件後一個月內，會同相關機關完成審核，並應會同相關機關實地勘查其設備及設施。

　　　　直轄市、縣（市）主管機關審核私立老人福利機構申請籌設許可案件，應於申請人備齊前條規定文件後三個月內，會同相關機關完成審核。

　　　　前二項申請許可案件有應補正事項者，由直轄市、縣（市）主管機關以書面通知申請人限期補正。

第 9 條　私立老人福利機構設立許可或籌設許可申請案件，有下列情形之一者，直轄市、縣（市）主管機關應敘明理由以書面駁回其申請：

一、經通知限期補正，逾期仍未補正。

二、不符本法、本辦法或老人福利機構設立標準相關規定。

三、私立老人福利機構負責人有違反本法相關規定，未依規定限期改善完竣。

四、私立老人福利機構負責人所營運之其他私立老人福利機構，曾違反第十五條第一項或本法第四十九條第二項規定，經主管機關廢止設立許可處分未滿二年。

五、私立老人福利機構負責人曾違反第十六條規定，經主管機關廢止設立許可處分

　　未滿二年。

六、法人或團體經主管機關、目的事業主管機關或依有關法令規定授權其他團體辦
　　理之年度評鑑、考核或查核，自申請之年度往前起算，最近二次未達甲等以上。

前項規定，於負責人變更及復業申請案件，亦適用之。

第 10 條　私人或團體於同一直轄市、縣（市）行政區域再申請私立老人福利機構設立許可
　　　　時，有下列情形之一者，直轄市、縣（市）主管機關應敘明理由以書面駁回其申請：

一、有前條第一項各款規定情形之一。

二、於同一直轄市、縣（市）內營運之老人福利機構，最近一次機構評鑑成績有未
　　達乙等以上。

第 11 條　私立老人福利機構經直轄市、縣（市）主管機關許可設立前，不得以私立老人福利
　　　　機構籌備處或其他任何名義對外洽辦事務。

第 12 條　私立老人福利機構經許可設立，由直轄市、縣（市）主管機關於其申請書及附件加蓋
　　　　印信，以二份發還申請人，並發給設立許可證書及老人福利機構標誌後，始得營運。

前項設立許可證書，應載明私立老人福利機構名稱、地址、負責人姓名、設立日
期、業務規模、面積及服務對象。

第一項設立許可證書應揭示於私立老人福利機構內足資辨識之明顯處所。

第一項設立許可證書遺失或毀損，負責人應於事實發生後十五日內，備具申請書及
相關文件，向直轄市、縣（市）主管機關申請補發或換發。

第 13 條　私立老人福利機構於許可設立後三年內未開始營運者，直轄市、縣（市）主管機關
　　　　應廢止其設立許可，並註銷其設立許可證書。

私立老人福利機構應自行營運；不得將部分或全部業務規模，交付或委託他人營
運，並收取對價。

第 14 條　私人或團體申請縮減、擴充業務規模或遷移私立老人福利機構者，應於縮減、擴充
　　　　業務規模或遷移預定日前三個月，檢具申請書敘明理由、現有老人安置計畫、擴充
　　　　業務規模或遷移地址等相關事項，報經主管機關許可。

前項申請擴充業務規模或遷移者，應檢具第五條所定文件；主管機關應於受理申請
後一個月內，依本辦法及老人福利機構設立標準等相關規定完成審核。

申請第一項擴充業務規模者，應符合下列規定：

一、負責人相同。

二、位於同一棟建築物內，同樓層者或直上、直下不超過一層數之不同樓層；位於
　　不同幢建築物，同一宗土地之地面層。

三、設立之營運處所應符合相關規定，且未跨越原許可主管機關行政區域為原則。

私立老人福利機構依第一項許可擴充業務規模或遷移後，應經主管機關會同相關機

關實地勘查其設備及設施，並符合規定者，始得營運。

第一項擴充業務規模或遷移，負責人未向主管機關提出申請或已申請尚未經主管機關核准營運，即擅自營運者，依本法第四十六條規定處理。

第一項遷移，跨越原許可主管機關行政區域，應依本辦法重新申請設立許可，原主管機關應廢止其原設立許可，並註銷其設立許可證書。

第 15 條　私立老人福利機構設立許可證書記載事項變更，除前條第一項所定情事者外，負責人應於變更前一個月，檢具申請書敘明變更項目及事由，申請主管機關許可。主管機關核發變更後設立許可證書時，應於背面註記歷次核准變更、停業或復業之日期、文號及變更事項。

私立小型老人福利機構負責人變更者，變更後之負責人應於變更前一個月，檢具第五條所定文件，重新向直轄市、縣（市）主管機關申請設立許可。但經直轄市、縣（市）主管機關認定符合老人福利機構設立標準者或法人或團體之負責人變更者，得由原負責人或原負責人死亡時，由其繼承人檢具相關資料申請變更許可。未依規定辦理者，直轄市、縣（市）主管機關應廢止其設立許可，並註銷其設立許可證書。

第 16 條　私立老人福利機構停業一個月以上者，應於停業之日前十五日內，檢具申請書敘明理由、現有收容老人、工作人員安置計畫及停業起訖日期，報主管機關許可後為之。主管機關應於許可函敘明，負責人申請復業時，應符合相關法令規定，實地勘查其設備、設施及工作人員。

前項申請停業期間，最長不得超過一年；有正當理由者，應於期間屆滿前十五日內申請，經主管機關核准，得延長一次，期限為一年。

私立老人福利機構停業期限屆滿後，應於十五日內檢具申請書向主管機關申請復業許可。

前項復業申請，主管機關應會同相關機關實地勘查其設備、設施及工作人員，符合相關法令規定者，始得許可。

私立老人福利機構未依規定申請停業、停業期間屆滿逾六個月未申請復業或申請復業不予許可時，主管機關除依本法第四十六條規定處理外，得廢止其設立許可，並註銷其設立許可證書。

第 17 條　私立老人福利機構歇業或解散時，應於一個月前檢具申請書敘明理由、現有收容老人安置計畫及日期，報主管機關許可。

私立老人福利機構未依前項規定辦理者，主管機關除依本法第四十六條規定處理外，應廢止其設立許可，並註銷其設立許可證書。

第 18 條　私立老人福利機構有下列情事之一者，主管機關得撤銷或廢止其設立許可或籌設許可：
一、申請設立許可或籌設許可，所載事項或所繳文件有虛偽情事。

二、將部分或全部業務規模，交付或委託他人營運，並收受對價。

三、法人或團體經主管機關或目的事業主管機關撤銷或廢止設立許可。

主管機關依前項撤銷或廢止私立老人福利機構之設立許可時，並應註銷其設立許可證書。

第 19 條　私立老人福利機構經主管機關撤銷或廢止其設立許可時，應繳回設立許可證書，未繳回者，主管機關應註銷之；其為財團法人者，主管機關並應通知法院。

第 20 條　私立老人福利機構應於每年十一月底前檢具下年度下列文件，報主管機關備查：

一、業務計畫書。

二、年度預算書。

三、工作人員名冊。

私立老人福利機構應於每年五月底前檢具上年度下列文件，報主管機關備查：

一、業務執行書。

二、年度決算。

三、人事概況。

私立小型老人福利機構，得免依前二項規定辦理。但直轄市、縣（市）主管機關得視需要，命負責人辦理。

第 21 條　法人附設之私立老人福利機構，其老人福利機構之財務、會計及人事，均應獨立。

法人或團體之董事、監察人、理事或監事，均不得兼任法人或團體所設立或附設私立老人福利機構之工作人員。

第 22 條　私立老人福利機構應建立會計制度，年度決算金額在新臺幣三千萬元以上者，應由會計師簽證。

私立老人福利機構之會計基礎，採權責發生制為原則。但平時得按現金收付制處理，於年終結算時採用權責發生制調整，並應設置帳簿，詳細記錄有關會計事項。

第 23 條　主管機關為瞭解私立老人福利機構之狀況，得隨時通知其提出業務及財務報告，並得派員查核之。

第 24 條　私立老人福利機構有下列情形之一者，主管機關應予糾正，並通知限期改善：

一、違反法令、捐助章程或遺囑。

二、隱匿財產、財務收支未取具合法之憑證或未有完備之會計紀錄。

三、經費開支浮濫。

四、其他違反本辦法之情事。

私立老人福利機構於收受前項通知後，應於期限內改善，並報主管機關複查。

第 25 條　私立老人福利機構設立許可所需書表格式，由中央主管機關定之。

第 26 條　主管機關以外之機關、公立機構或公立學校申請附設老人福利機構者，準用本辦法

老人福利

　　規定辦理。
第 27 條　本辦法自發布日施行。
　　本辦法中華民國九十八年十一月二十日修正之條文，自九十八年十一月二十三日施
　　行。

附錄五　私立老人福利機構接管辦法

中華民國 88 年 8 月 11 日內政部(88)台內社字第 8896543 號令訂定發布全文 11 條；並自發布日起施行
中華民國 88 年 11 月 24 日內政部(88)台內社字第 8882651 號令修正發布第 6 條條文
中華民國 96 年 7 月 9 日內政部內授中社字第 0960714049 號令修正發布第 1、2、6 條條文

第 1 條　本辦法依老人福利法（以下簡稱本法）第五十條第二項規定訂定之。

第 2 條　當地主管機關依本法第五十條第一項規定，認有接管老人福利機構必要時，得指定
　　　　適當機關、機構或遴聘委員五人至九人組成接管小組，執行接管任務，並公告老人
　　　　福利機構名稱、負責人姓名、接管之事由及依據。

第 3 條　受接管老人福利機構之經營權及財產之管理處分權，自接管日起由接管小組行使。

第 4 條　受接管老人福利機構應自接管日起七日內檢具人事資料、資產負債表、財產目錄、
　　　　債權人與老人個案資料及其他必要文件，移交予接管小組。

第 5 條　受接管老人福利機構相關人員，對接管小組執行任務所為之處置，應予密切配合。
　　　　前項機構之負責人、董事、監察人、院長（主任）及其他受僱人員，對接管小組所
　　　　為之有關詢問，有據實答復之義務。

第 6 條　接管小組為安置受接管老人福利機構所收容之老人，得依序接洽下列機構配合辦理：
　　　　一、公立老人福利機構。
　　　　二、公設民營老人福利機構。
　　　　三、財團法人老人福利機構。
　　　　四、私立小型老人福利機構。
　　　　前項老人福利機構應予配合。

第 7 條　當地主管機關依前條第一項安置老人時，應事先通知當事人及其法定扶養義務人或關係人。

第 8 條　接管小組執行下列任務時，應報經當地主管機關核准：
　　　　一、重要人事之任免。
　　　　二、業務經營之委託辦理。
　　　　三、其他重要相關事項。

第 9 條　接管小組得委聘律師、會計師或其他具有專門學識經驗之人員協助處理有關事項。

第 10 條　有下列情形之一者，由接管小組報經當地主管機關核准後，終止接管：
　　　　一、老人福利機構所收容之老人均已獲致適當安置。
　　　　二、老人福利機構已恢復正常營運。
　　　　三、接管之原因消滅。
　　　　四、有事實足認無法達成接管之目的者。

第 11 條　本辦法自發布日施行。

老人福利

附錄六　老人福利機構評鑑及獎勵辦法

中華民國 89 年 5 月 1 日內政部(89)台內中社字第 8976906 號令訂定發布全文 9 條；
並自發布日起施行
中華民國 96 年 7 月 24 日內政部內授中社字第 0960714057 號令修正發布名稱及全文 11 條；
並自發布日施行（原名稱：私立老人福利機構獎勵辦法）
中華民國 98 年 6 月 3 日內政部內授中社字第 0980715672 號令
修正發布第 4、5、7、8 條條文

第 1 條　本辦法依老人福利法（以下簡稱本法）第三十七條第四項規定訂定之。

第 2 條　本辦法之評鑑及獎勵對象如下：

一、全國性、省級公立、公設民營及財團法人老人福利機構。

二、經直轄市、縣（市）主管機關初評達一定成績以上之直轄市、縣（市）公立、
　　公設民營及財團法人老人福利機構。

第 3 條　老人福利機構之評鑑，中央主管機關每三年至少舉辦一次。

第 4 條　中央主管機關為辦理老人福利機構之評鑑，得設評鑑小組，置委員十七人至二十一
　　人，其中一人為主任委員，由業務單位主管兼任，其餘委員由中央主管機關就下列
　　人員聘兼組成之：

一、中央主管機關及其他相關機關代表六人或七人。

二、老人福利相關領域學者七人或八人。

三、具有五年以上老人福利實務經驗之專家三人至五人。評鑑小組委員應遵守利益
　　迴避原則。

第 5 條　老人福利機構評鑑項目包括下列事項：

一、行政組織及經營管理。

二、生活照顧及專業服務。

三、環境設施及安全維護。

四、權益保障。

五、改進創新。

六、其他依老人福利相關法規規定，及經評鑑小組決議評鑑之項目。

　　評鑑實施計畫由中央主管機關於實施評鑑前十二個月公告。

第 6 條　第二條第一款之老人福利機構，依前條實施計畫自行評定後，送中央主管機關辦理
　　複評。

　　第二條第二款之老人福利機構，評鑑程序及方式如下：

一、自評：由受評機構依前條實施計畫自行評定，送直轄市、縣（市）主管機關初評。

二、初評：由直轄市、縣（市）主管機關依前條實施計畫採書面審查及實地訪視方式辦理評選，並依中央主管機關指定日期函報初評結果。

三、複評：由中央主管機關之評鑑小組採書面審查及實地訪視方式辦理。直轄市、縣（市）主管機關於中央主管機關實施評鑑前一年所辦之老人福利機構評鑑，如其評鑑項目內容報經中央主管機關同意者，其評鑑結果得為前項第二款之初評。

第7條　複評結果分為以下等第：

一、優等。

二、甲等。

三、乙等。

四、丙等。

五、丁等。

複評成績列為甲等以上者，由中央主管機關表揚及發給獎牌；其為私立老人福利機構者，並酌給獎金。

公立老人福利機構複評成績列為優等者，主管機關應對其首長及相關人員予以行政獎勵。

第8條　複評成績列為優等或甲等之老人福利機構，得優先接受政府補助或委託辦理業務；列為丙等或丁等者，由主管機關依本法第四十八條規定處理，並限期改善。

前項複評成績列為丙等或丁等，經限期改善者，中央主管機關應於六個月內再次複評；再次複評成績未達乙等以上者，應停止政府補助或委託辦理業務，並由主管機關依本法規定處理。

第9條　私立老人福利機構依本辦法取得之獎金，應專作辦理老人福利業務、充實設施、設備或工作人員獎金之用，並應詳細列帳。

第10條　老人福利機構評鑑得委託民間專業團體、機構或學校辦理；評鑑所需費用，由中央主管機關編列預算支應。

第11條　本辦法自發布日施行。

老人福利

附錄七　身心障礙者權益保障法

中華民國 69 年 6 月 2 日總統(69)台統(一)義字第 3028 號令制定公布全文 26 條

中華民國 79 年 1 月 24 日總統(79)華總(一)義字第 0424 號令修正公布全文 31 條

中華民國 84 年 6 月 16 日總統(84)華總(一)義字第 4056 號令修正公布第 3 條條文

中華民國 86 年 4 月 23 日總統(86)華總(一)義字第 8600097810 號令修正公布名稱及全文 75 條

（原名稱：殘障福利法）

中華民國 86 年 4 月 26 日總統(86)華總(一)義字第 8600101190 號令修正公布第 65 條條文

中華民國 90 年 11 月 21 日總統(90)華總一義字第 9000224680 號令修正公布第 2、3、6、7、9、11、

16、19、20、36～42、47、49、50、51、58、60、67 條條文

中華民國 92 年 6 月 25 日總統華總一義字第 09200116210 號令修正公布第 26、62 條條文；

並增訂第 64-1 條條文

中華民國 93 年 6 月 23 日總統華總一義字第 09300117621 號令增訂公布第 51-1、65-1 條條文

中華民國 96 年 7 月 11 日總統華總一義字第 09600087331 號令修正公布名稱及全文 109 條；

除第 38 條自公布後二年施行；第 5～7、13～15、18、26、50、51、56、58、59、71 條

自公布後五年施行；其餘自公布日施行（原名稱：身心障礙者保護法）

中華民國 98 年 1 月 23 日總統華總一義字第 09800015921 號令修正公布第 61 條條文

中華民國 98 年 7 月 8 日總統華總一義字第 09800166521 號令

修正公布第 80、81、107 條條文；並自 98 年 11 月 23 日施行

第一章　總則

第 1 條　為維護身心障礙者之權益，保障其平等參與社會、政治、經濟、文化等之機會，促進其自立及發展，特制定本法。

第 2 條　本法所稱主管機關：在中央為內政部；在直轄市為直轄市政府；在縣（市）為縣（市）政府。

本法所定事項，涉及各目的事業主管機關職掌者，由各目的事業主管機關辦理。

前二項主管機關及各目的事業主管機關權責劃分如下：

一、主管機關：身心障礙者人格維護、經濟安全、照顧支持與獨立生活機會等相關權益之規劃、推動及監督等事項。

二、衛生主管機關：身心障礙者之鑑定、保健醫療、醫療復健與輔具研發等相關權益之規劃、推動及監督等事項。

三、教育主管機關：身心障礙者教育權益維護、教育資源與設施均衡配置等相關權益之規劃、推動及監督等事項。

四、勞工主管機關：身心障礙者之職業重建、就業促進與保障、勞動權益與職場安全衛生等相關權益之規劃、推動及監督等事項。

五、建設、工務、住宅主管機關：身心障礙者住宅、公共建築物、公共設施之總體規劃與無障礙生活環境等相關權益之規劃、推動及監督等事項。

六、交通主管機關：身心障礙者生活通信、大眾運輸工具、交通設施與公共停車場等相關權益之規劃、推動及監督等事項。

七、財政主管機關：身心障礙者與身心障礙福利機構稅捐之減免等相關權益之規劃、推動及監督等事項。

八、金融主管機關：金融機構對身心障礙者提供金融、商業保險、財產信託等服務之規劃、推動及監督等事項。

九、法務主管機關：身心障礙者犯罪被害人保護、受刑人更生保護與收容環境改善等相關權益之規劃、推動及監督等事項。

十、警政主管機關：身心障礙者人身安全保護與失蹤身心障礙者協尋之規劃、推動及監督等事項。

十一、體育主管機關：身心障礙者體育活動與運動輔具之規劃、推動及監督等事項。

十二、文化主管機關：身心障礙者精神生活之充實與藝文活動參與之規劃、推動及監督等事項。

十三、採購法規主管機關：政府採購法有關採購身心障礙者之非營利產品與勞務之規劃、推動及監督等事項。

十四、通訊傳播主管機關：主管身心障礙者無障礙資訊和通訊技術及系統、通訊傳播傳輸內容無歧視等相關事宜之規劃、推動及監督等事項。

十五、其他身心障礙權益保障措施：由各相關目的事業主管機關依職權規劃辦理。

第3條　中央主管機關掌理下列事項：

一、全國性身心障礙福利服務權益保障政策、法規與方案之規劃、訂定及宣導事項。

二、對直轄市、縣（市）政府執行身心障礙福利服務權益保障之監督及協調事項。

三、中央身心障礙福利經費之分配及補助事項。

四、對直轄市、縣（市）身心障礙福利服務之獎助及評鑑之規劃事項。

五、身心障礙福利服務相關專業人員訓練之規劃事項。

六、國際身心障礙福利服務權益保障業務之聯繫、交流及合作事項。

七、身心障礙者保護業務之規劃事項。

八、全國身心障礙者資料統整及福利服務整合事項。

九、全國性身心障礙福利機構之輔導、監督及評鑑事項。

十、其他全國性身心障礙福利服務權益保障之策劃及督導事項。

第4條　直轄市、縣（市）主管機關掌理下列事項：

一、中央身心障礙福利服務權益保障政策、法規及方案之執行事項。

二、直轄市、縣（市）身心障礙福利服務權益保障政策、自治法規與方案之規劃、訂定、宣導及執行事項。

三、直轄市、縣（市）身心障礙福利經費之分配及補助事項。

四、直轄市、縣（市）身心障礙福利服務之獎助與評鑑之規劃及執行事項。

五、直轄市、縣（市）身心障礙福利服務相關專業人員訓練之規劃及執行事項。

六、身心障礙者保護業務之執行事項。

七、直轄市、縣（市）轄區身心障礙者資料統整及福利服務整合執行事項。

八、直轄市、縣（市）身心障礙福利機構之輔導設立、監督及評鑑事項。

九、其他直轄市、縣（市）身心障礙福利服務權益保障之策劃及督導事項。

第5條　本法所稱身心障礙者，指下列各款身體系統構造或功能，有損傷或不全導致顯著偏離或喪失，影響其活動與參與社會生活，經醫事、社會工作、特殊教育與職業輔導評量等相關專業人員組成之專業團隊鑑定及評估，領有身心障礙證明者：

一、神經系統構造及精神、心智功能。

二、眼、耳及相關構造與感官功能及疼痛。

三、涉及聲音與言語構造及其功能。

四、循環、造血、免疫與呼吸系統構造及其功能。

五、消化、新陳代謝與內分泌系統相關構造及其功能。

六、泌尿與生殖系統相關構造及其功能。

七、神經、肌肉、骨骼之移動相關構造及其功能。

八、皮膚與相關構造及其功能。

第6條　直轄市、縣（市）主管機關受理身心障礙者申請鑑定時，應交衛生主管機關指定相關機構或專業人員組成專業團隊，進行鑑定並完成身心障礙鑑定報告。

前項鑑定報告，至遲應於完成後十日內送達申請人戶籍所在地之衛生主管機關。衛生主管機關除核發鑑定費用外，至遲應將該鑑定報告於十日內核轉直轄市、縣（市）主管機關辦理。第一項身心障礙鑑定機構或專業人員之指定、鑑定人員之資格條件、身心障礙類別之程度分級、鑑定向度與基準、鑑定方法、工具、作業方式及其他應遵行事項之辦法，由中央衛生主管機關定之。

辦理有關障礙鑑定服務所需之經費，由直轄市、縣（市）衛生主管機關編列預算支應。

第7條　直轄市、縣（市）主管機關應於取得衛生主管機關所核轉之身心障礙鑑定報告後，

籌組專業團隊進行需求評估。

前項需求評估，應依身心障礙者障礙類別、程度、家庭經濟情況、照顧服務需求、家庭生活需求、社會參與需求等因素為之。

直轄市、縣（市）主管機關對於設籍於轄區內依前項評估合於規定者，應核發身心障礙證明，據以提供所需之福利及服務。

第一項評估作業得併同前條鑑定作業辦理，有關評估作業與鑑定作業併同辦理事宜、評估專業團隊人員資格條件、評估工具、作業方式及其他應遵行事項之辦法，由中央主管機關會同中央衛生主管機關定之。

第 8 條　各級政府相關目的事業主管機關，應本預防原則，針對遺傳、疾病、災害、環境污染及其他導致身心障礙因素，有計畫推動生育保健、衛生教育等工作，並進行相關社會教育及宣導。

第 9 條　主管機關及各目的事業主管機關應置專責人員辦理本法規定相關事宜；其人數應依業務增減而調整之。

身心障礙者福利相關業務應遴用專業人員辦理。

第 10 條　主管機關應遴聘（派）身心障礙者或其監護人代表、身心障礙福利學者或專家、民意代表與民間相關機構、團體代表及各目的事業主管機關代表辦理身心障礙者權益保障事項；其中遴聘身心障礙者或其監護人代表及民間相關機構、團體代表之比例，不得少於三分之一。

前項之代表，單一性別不得少於三分之一。

第一項權益保障事項包括：

一、整合規劃、研究、諮詢、協調推動促進身心障礙者權益保障相關事宜。

二、受理身心障礙者權益受損協調事宜。

三、其他促進身心障礙者權益及福利保障相關事宜。

第一項權益保障事項與運作、前項第二款身心障礙權益受損協調之處理及其他應遵行事項之辦法，由各級主管機關定之。

第 11 條　各級政府應至少每五年舉辦身心障礙者之生活狀況、保健醫療、特殊教育、就業與訓練、交通及福利等需求評估及服務調查研究，並應出版、公布調查研究結果。

行政院每十年辦理全國人口普查時，應將身心障礙者人口調查納入普查項目。

第 12 條　身心障礙福利經費來源如下：

一、各級政府按年編列之身心障礙福利預算。

二、社會福利基金。

三、身心障礙者就業基金。

四、私人或團體捐款。

老人福利

五、其他收入。

前項第一款身心障礙福利預算，應以前條之調查報告為依據，按年從寬編列。

第一項第一款身心障礙福利預算，直轄市、縣（市）主管機關財政確有困難者，應由中央政府補助，並應專款專用。

第13條　身心障礙者對障礙鑑定及需求評估有異議者，應於收到通知書之次日起三十日內，以書面向直轄市、縣（市）主管機關提出申請重新鑑定及需求評估，並以一次為限。

依前項申請重新鑑定及需求評估，應負擔百分之四十之相關作業費用；其異議成立者，應退還之。

逾期申請第一項重新鑑定及需求評估者，其相關作業費用，應自行負擔。

第14條　身心障礙證明有效期限最長為五年，身心障礙者應於效期屆滿前九十日內向戶籍所在地之直轄市、縣（市）主管機關申請辦理重新鑑定及需求評估。

身心障礙者於其證明效期屆滿前六十日尚未申請辦理重新鑑定及需求評估者，直轄市、縣（市）主管機關應以書面通知其辦理。但其障礙類別屬中央衛生主管機關規定無法減輕或恢復，無須重新鑑定者，得免予書面通知，由直轄市、縣（市）主管機關逕予核發身心障礙證明，或視個案狀況進行需求評估後，核發身心障礙證明。

身心障礙者如有正當理由，無法於效期屆滿前申請重新鑑定及需求評估者，應於效期屆滿前附具理由提出申請，經直轄市、縣（市）主管機關認定具有正當理由者，得於效期屆滿後六十日內辦理。

身心障礙者障礙情況改變時，應自行向直轄市、縣（市）主管機關申請重新鑑定及需求評估。

直轄市、縣（市）主管機關發現身心障礙者障礙情況改變時，得以書面通知其於六十日內辦理重新鑑定與需求評估。

第15條　依前條第一項至第三項規定辦理重新鑑定及需求評估者，於原證明效期屆滿至新證明生效期間，得經直轄市、縣（市）主管機關註記後，暫以原證明繼續享有本法所定相關權益。

經重新鑑定結果，其障礙程度有變更者，其已依前項規定以原證明領取之補助，應由直轄市、縣（市）主管機關於新證明生效後，依新證明之補助標準予以追回或補發。

身心障礙者於障礙事實消失或死亡時，其本人、家屬或利害關係人，應將其身心障礙證明繳還直轄市、縣（市）主管機關辦理註銷；未繳還者，由直轄市、縣（市）主管機關逕行註銷，並取消本法所定相關權益或追回所溢領之補助。

第16條　身心障礙者之人格及合法權益，應受尊重及保障，對其接受教育、應考、進用、就業、居住、遷徙、醫療等權益，不得有歧視之對待。

公共設施場所營運者，不得使身心障礙者無法公平使用設施、設備或享有權利。

第 17 條　身心障礙者依法請領各項福利給付或補助之權利，不得作為扣押、讓與或供擔保之標的。

第 18 條　直轄市、縣（市）主管機關應建立通報系統，並由下列各級相關目的事業主管機關負責彙送資訊，以掌握身心障礙者之情況，適時提供服務或轉介：

一、衛生主管機關：疑似身心障礙者、發展遲緩或異常兒童資訊。

二、教育主管機關：疑似身心障礙學生資訊。

三、勞工主管機關：職業傷害資訊。

四、警政主管機關：交通事故資訊。

五、戶政主管機關：身心障礙者人口異動資訊。

直轄市、縣（市）主管機關受理通報後，應即進行初步需求評估，並於三十日內主動提供協助服務或轉介相關目的事業主管機關。

第 19 條　各級主管機關及目的事業主管機關應依服務需求之評估結果，提供個別化、多元化之服務。

第 20 條　為促進身心障礙輔具資源整合、研究發展及服務，中央主管機關及目的事業主管機關應推動辦理身心障礙輔具資源管理及研究發展等相關事宜。

第二章　保健醫療權益

第 21 條　中央衛生主管機關應規劃整合醫療資源，提供身心障礙者健康維護及生育保健。

直轄市、縣（市）主管機關應定期舉辦身心障礙者健康檢查及保健服務，並依健康檢查結果及身心障礙者意願，提供追蹤服務。

前項保健服務、追蹤服務、健康檢查項目及方式之準則，由中央衛生主管機關會同中央主管機關定之。

第 22 條　各級衛生主管機關應整合醫療資源，依身心障礙者個別需求提供保健醫療服務，並協助身心障礙福利機構提供所需之保健醫療服務。

第 23 條　醫院應為無法自行表達需求或有其他特殊需求之身心障礙者設置服務窗口，提供溝通服務或其他有助於就醫之相關服務。

醫院應為住院之身心障礙者提供出院準備計畫；出院準備計畫應包括下列事項：

一、居家照護建議。

二、復健治療建議。

三、社區醫療資源轉介服務。

四、居家環境改善建議。

五、輔具評估及使用建議。

六、轉銜服務。

七、生活重建服務建議。

八、心理諮商服務建議。

九、其他出院準備相關事宜。

第24條　直轄市、縣（市）衛生主管機關應依據身心障礙者人口數及就醫需求，指定醫院設立身心障礙者特別門診。

前項設立身心障礙者特別門診之醫院資格條件、診療科別、人員配置、醫療服務設施與督導考核及獎勵辦法，由中央衛生主管機關定之。

第25條　為加強身心障礙者之保健醫療服務，直轄市、縣（市）衛生主管機關應依據各類身心障礙者之人口數及需要，設立或獎助設立醫療復健機構及護理之家，提供醫療復健、輔具服務、日間照護及居家照護等服務。

前項所定機構及服務之獎助辦法，由中央衛生主管機關定之。

第26條　身心障礙者醫療復健所需之醫療費用及醫療輔具，尚未納入全民健康保險給付範圍者，直轄市、縣（市）主管機關應依需求評估結果補助之。

前項補助辦法，由中央衛生主管機關會同中央主管機關定之。

第三章　教育權益

第27條　各級教育主管機關應根據身心障礙者人口調查之資料，規劃特殊教育學校、特殊教育班或以其他方式教育不能就讀於普通學校或普通班級之身心障礙者，以維護其受教育之權益。

各級學校對於經直轄市、縣（市）政府鑑定安置入學或依各級學校入學方式入學之身心障礙者，不得以身心障礙、尚未設置適當設施或其他理由拒絕其入學。

各級特殊教育學校、特殊教育班之教師，應具特殊教育教師資格。

第一項身心障礙學生無法自行上下學者，應由政府免費提供交通工具；確有困難，無法提供者，應補助其交通費；直轄市、縣（市）教育主管機關經費不足者，由中央教育主管機關補助之。

第28條　各級教育主管機關應主動協助身心障礙者就學；並應主動協助正在接受醫療、社政等相關單位服務之身心障礙學齡者，解決其教育相關問題。

第29條　各級教育主管機關應依身心障礙者之家庭經濟條件，優惠其本人及其子女受教育所需相關經費；其辦法，由中央教育主管機關定之。

第30條　各級教育主管機關辦理身心障礙者教育及入學考試時，應依其障礙類別與程度及學習需要，提供各項必需之專業人員、特殊教材與各種教育輔助器材、無障礙校園環境、點字讀物及相關教育資源，以符公平合理接受教育之機會與應考條件。

第31條　各級教育主管機關應依身心障礙者教育需求，規劃辦理學前教育及視覺功能障礙者

可使用之圖書資源，並獎勵民間設立學前機構、視覺功能障礙者圖書館（室），提
供課後照顧服務，研發教具教材、視覺功能障礙者讀物等服務。

公立幼稚園、托兒所、課後照顧服務，應優先收托身心障礙兒童，辦理身心障礙幼
童學前教育、托育服務及相關專業服務；並獎助民間幼稚園、托兒所、課後照顧服
務收托身心障礙兒童。

第 32 條　身心障礙者繼續接受高級中等以上學校之教育，各級教育主管機關應予獎助；其獎
　　　　　助辦法，由中央教育主管機關定之。

　　　　　前項學校提供身心障礙者無障礙設施，得向中央教育主管機關申請補助。

第四章　就業權益

第 33 條　各級勞工主管機關應依身心障礙者之需求，自行或結合民間資源，提供無障礙個別
　　　　　化職業重建服務。

　　　　　前項所定職業重建服務，包括職業輔導評量、職業訓練、就業服務、職務再設計、
　　　　　創業輔導及其他職業重建服務。

第 34 條　各級勞工主管機關對於具有就業意願及就業能力，而不足以獨立在競爭性就業市場
　　　　　工作之身心障礙者，應依其工作能力，提供個別化就業安置、訓練及其他工作協助
　　　　　等支持性就業服務。

　　　　　各級勞工主管機關對於具有就業意願，而就業能力不足，無法進入競爭性就業市
　　　　　場，需長期就業支持之身心障礙者，應依其職業輔導評量結果，提供庇護性就業服務。

第 35 條　直轄市、縣（市）勞工主管機關為提供第三十三條第二項之職業訓練、就業服務及
　　　　　前條之庇護性就業服務，應推動設立下列機構：

　　　　　一、職業訓練機構。

　　　　　二、就業服務機構。

　　　　　三、庇護工場。

　　　　　前項各款機構得單獨或綜合設立。

　　　　　第一項之私立職業訓練機構、就業服務機構、庇護工場，應向當地直轄市、縣
　　　　　（市）勞工主管機關申請設立許可，經發給許可證後，始得提供服務。

　　　　　未經許可，不得提供第一項之服務。但依法設立之機構、團體或學校接受政府委託
　　　　　辦理者，不在此限。

　　　　　第一項機構之設立許可、設施與專業人員配置、資格、遴用、培訓及經費補助之相
　　　　　關準則，由中央勞工主管機關定之。

第 36 條　各級勞工主管機關應結合相關資源，協助庇護工場營運及產品推廣。

第 37 條　各級勞工主管機關應分別訂定計畫，自行或結合民間資源辦理第三十三條

第二項職業輔導評量、職務再設計及創業輔導。

前項服務之實施方式、專業人員資格及經費補助之相關準則,由中央勞工主管機關定之。

第38條 各級政府機關、公立學校及公營事業機構員工總人數在三十四人以上者,進用具有就業能力之身心障礙者人數,不得低於員工總人數百分之三。

私立學校、團體及民營事業機構員工總人數在六十七人以上者,進用具有就業能力之身心障礙者人數,不得低於員工總人數百分之一,且不得少於一人。

前二項各級政府機關、公、私立學校、團體及公、民營事業機構為進用身心障礙者義務機關(構);其員工總人數及進用身心障礙者人數之計算方式,以各義務機關(構)每月一日參加勞保、公保人數為準;第一項義務機關(構)員工員額經核定為員額凍結或列為出缺不補者,不計入員工總人數。

前項身心障礙員工之月領薪資未達勞動基準法按月計酬之基本工資數額者,不計入進用身心障礙者人數及員工總人數。但從事部分工時工作,其月領薪資達勞動基準法按月計酬之基本工資數額二分之一以上者,進用二人得以一人計入身心障礙者人數及員工總人數。

辦理庇護性就業服務之單位進用庇護性就業之身心障礙者,不計入進用身心障礙者人數及員工總人數。

依第一項、第二項規定進用重度以上身心障礙者,每進用一人以二人核計。

警政、消防、關務、國防、海巡、法務及航空站等單位定額進用總人數之計算範圍,得於本法施行細則另定之。

第39條 各級政府機關、公立學校及公營事業機構為進用身心障礙者,應洽請考試院依法舉行身心障礙人員特種考試,並取消各項公務人員考試對身心障礙人員體位之不合理限制。

第40條 進用身心障礙者之機關(構),對其所進用之身心障礙者,應本同工同酬之原則,不得為任何歧視待遇,其所核發之正常工作時間薪資,不得低於基本工資。

庇護性就業之身心障礙者,得依其產能核薪;其薪資,由進用單位與庇護性就業者議定,並報直轄市、縣(市)勞工主管機關核備。

第41條 經職業輔導評量符合庇護性就業之身心障礙者,由辦理庇護性就業服務之單位提供工作,並由雙方簽訂書面契約。

接受庇護性就業之身心障礙者,經第三十四條之職業輔導評量單位評量確認不適於庇護性就業時,庇護性就業服務單位應依其實際需求提供轉銜服務,並得不發給資遣費。

第42條 身心障礙者於支持性就業、庇護性就業時,雇主應依法為其辦理參加勞工保險、全

民健康保險及其他社會保險,並依相關勞動法規確保其權益。

庇護性就業者之職業災害補償所採薪資計算之標準,不得低於基本工資。

庇護工場給付庇護性就業者之職業災害補償後,得向直轄市、縣(市)勞工主管機關申請補助;其補助之資格條件、期間、金額、比率及方式之辦法,由中央勞工主管機關定之。

第 43 條　為促進身心障礙者就業,直轄市、縣(市)勞工主管機關應設身心障礙者就業基金;其收支、保管及運用辦法,由直轄市、縣(市)勞工主管機關定之。

進用身心障礙者人數未達第三十八條第一項、第二項標準之機關(構),應定期向所在地直轄市、縣(市)勞工主管機關之身心障礙者就業基金繳納差額補助費;其金額,依差額人數乘以每月基本工資計算。

直轄市、縣(市)勞工主管機關之身心障礙者就業基金,每年應就收取前一年度差額補助費百分之三十撥交中央勞工主管機關之就業安定基金統籌分配;其提撥及分配方式,由中央勞工主管機關定之。

第 44 條　前條身心障礙者就業基金之用途如下:

一、補助進用身心障礙者達一定標準以上之機關(構),因進用身心障礙者必須購置、改裝、修繕器材、設備及其他為協助進用必要之費用。

二、核發超額進用身心障礙者之私立機構獎勵金。

三、其他為辦理促進身心障礙者就業權益相關事項。

前項第二款核發之獎勵金,其金額最高按超額進用人數乘以每月基本工資二分之一計算。

第 45 條　各級勞工主管機關對於進用身心障礙者工作績優之機關(構),應予獎勵。

前項獎勵辦法,由中央勞工主管機關定之。

第 46 條　非視覺功能障礙者,不得從事按摩業。但醫護人員以按摩為病人治療者,不在此限。

視覺功能障礙者經專業訓練並取得資格者,得在固定場所從事理療按摩工作。

視覺功能障礙者從事按摩或理療按摩,應向執業所在地直轄市、縣(市)勞工主管機關申請按摩或理療按摩執業許可證。

前項執業之資格與許可證之核發、換發、補發、廢止及其他應遵行事項之辦法,由中央勞工主管機關會同中央主管機關及中央衛生主管機關定之。

第 47 條　為因應身心障礙者提前老化,中央勞工主管機關應建立身心障礙勞工提早退休之機制,以保障其退出職場後之生活品質。

第五章　支持服務

第 48 條　為使身心障礙者不同之生涯福利需求得以銜接,直轄市、縣(市)主管機關相關部

門，應積極溝通、協調，制定生涯轉銜計畫，以提供身心障礙者整體性及持續性服務。

第49條　身心障礙者支持服務，應依多元連續服務原則規劃辦理。

直轄市、縣（市）主管機關應自行或結合民間資源提供支持服務，並不得有設籍時間之限制。

第50條　直轄市、縣（市）主管機關應依需求評估結果辦理下列服務，以協助身心障礙者獲得所需之個人照顧：

一、居家照顧。

二、生活重建。

三、心理重建。

四、社區居住。

五、婚姻及生育輔導。

六、日間及住宿式照顧。

七、課後照顧。

八、其他有關身心障礙者個人照顧之服務。

第51條　直轄市、縣（市）主管機關應依需求評估結果辦理下列服務，以提高家庭照顧身心障礙者之能力：

一、臨時及短期照顧。

二、照顧者支持。

三、家庭托顧。

四、照顧者訓練及研習。

五、其他有助於提昇家庭照顧者能力及其生活品質之服務。

前條及前項之服務措施，中央主管機關及中央各目的事業主管機關於必要時，應就其內容、實施方式、服務人員之資格、訓練及管理規範等事項，訂定辦法管理之。

第52條　直轄市、縣（市）主管機關應辦理下列服務，以協助身心障礙者參與社會：

一、休閒及文化活動。

二、體育活動。

三、公共資訊無障礙。

四、公平之政治參與。

五、法律諮詢及協助。

六、無障礙環境。

七、輔助科技設備及服務。

八、社會宣導及社會教育。

九、其他有關身心障礙者社會參與之服務。

第 53 條　各級交通主管機關應依實際需求，邀集相關身心障礙者團體代表、當地運輸營運者
　　　　　及該管社政主管機關共同研商，於運輸營運者所服務之路線、航線或區域內，規劃
　　　　　適當路線、航線、班次、客車（機船）廂（艙），提供無障礙運輸服務。
　　　　　大眾運輸工具應依前項研商結果，規劃設置便於各類身心障礙者行動與使用之無障
　　　　　礙設施及設備。
　　　　　前項大眾運輸工具無障礙設施項目、設置方式及其他應遵行事項之辦法，由中央目
　　　　　的事業主管機關定之。

第 54 條　市區道路、人行道及市區道路兩旁建築物之騎樓，應符合中央目的事業主管機關所
　　　　　規定之無障礙相關法規。

第 55 條　有關道路無障礙之標誌、標線、號誌及識別頻率等，由中央目的事業主管機關定之。
　　　　　直轄市、縣（市）政府應依前項規定之識別頻率，推動視覺功能障礙語音號誌及語
　　　　　音定位。

第 56 條　公共停車場應保留百分之二停車位，作為行動不便之身心障礙者專用停車位，車位
　　　　　未滿五十個之公共停車場，至少應保留一個身心障礙者專用停車位。非領有專用停
　　　　　車位識別證明者，不得違規占用。
　　　　　前項專用停車位識別證明，應依需求評估結果核發。
　　　　　第一項專用停車位之設置地點、空間規劃、使用方式、識別證明之核發及違規占用
　　　　　之處理，由中央主管機關會同交通、營建等相關單位定之。

第 57 條　新建公共建築物及活動場所，應規劃設置便於各類身心障礙者行動與使用之設施及
　　　　　設備。未符合規定者，不得核發建築執照或對外開放使用。
　　　　　前項無障礙設備及設施之設置規定，由中央目的事業主管機關於其相關法令定之。
　　　　　公共建築物及活動場所之無障礙設備及設施不符合前項規定者，各級目的事業主管
　　　　　機關應令其所有權人或管理機關負責人改善。但因軍事管制、古蹟維護、自然環境
　　　　　因素、建築物構造或設備限制等特殊情形，設置無障礙設備及設施確有困難者，得
　　　　　由所有權人或管理機關負責人提具替代改善計畫，申報各級目的事業主管機關核
　　　　　定，並核定改善期限。

第 58 條　身心障礙者搭乘國內大眾運輸工具，憑身心障礙證明，應予半價優待。
　　　　　身心障礙者經需求評估結果，認需人陪伴者，其必要陪伴者以一人為限，得享有前
　　　　　項之優待措施。
　　　　　第一項之大眾運輸工具，身心障礙者得優先乘坐，非屬地方政府轄管者，其優待措
　　　　　施並不得有設籍之限制。
　　　　　前三項實施方式及內容之辦法，由中央目的事業主管機關定之。

第 59 條　身心障礙者進入收費之公營風景區、康樂場所或文教設施，憑身心障礙證明應予免

費；其為民營者，應予半價優待。

身心障礙者經需求評估結果，認需人陪伴者，其必要陪伴者以一人為限，得享有前項之優待措施。

第60條　視覺功能障礙者由合格導盲犬陪同或導盲犬專業訓練人員於執行訓練時帶同導盲幼犬，得自由出入公共場所、公共建築物、營業場所、大眾運輸工具及其他公共設施。

前項公共場所、公共建築物、營業場所、大眾運輸工具及其他公共設施之所有人、管理人或使用人，不得對導盲幼犬及合格導盲犬收取額外費用，且不得拒絕其自由出入或附加其他出入條件。

導盲犬引領視覺功能障礙者時，他人不得任意觸摸、餵食或以各種聲響、手勢等方式干擾該導盲犬。

有關合格導盲犬及導盲幼犬之資格認定、使用管理、訓練單位之認可、認可之撤銷或廢止及其他應遵行事項之辦法，由中央主管機關定之。

第61條　直轄市、縣（市）政府應設置申請手語翻譯服務窗口，依聽覺功能或言語功能障礙者實際需求，提供其參與公共事務所需之服務。

前項受理手語翻譯之服務範圍及作業程序等相關規定，由直轄市、縣（市）主管機關定之。

依第一項規定提供手語翻譯服務，應於本法公布施行滿五年之日起，由手語翻譯技術士技能檢定合格者擔任之。

第62條　直轄市、縣（市）主管機關應按轄區內身心障礙者人口特性及需求，推動或結合民間資源設立身心障礙福利機構，提供生活照顧、生活重建、福利諮詢等服務。

前項機構所提供之服務，應以提高家庭照顧身心障礙者能力及協助身心障礙者參與社會為原則，並得支援第五十條至第五十二條各項服務之提供。

第一項機構類型、規模、業務範圍、設施及人員配置之標準，由中央主管機關定之。

第一項機構得就其所提供之設施或服務，酌收必要費用；其收費規定，應報由直轄市、縣（市）主管機關核定。

第一項機構，其業務跨及其他目的事業者，得綜合設立，並應依各目的事業主管機關相關法規之規定辦理。

第63條　私人或團體設立身心障礙福利機構，應向直轄市、縣（市）主管機關申請設立許可。

依前項規定許可設立者，應自許可設立之日起三個月內，依有關法規辦理財團法人登記，於登記完成後，始得接受補助，或經主管機關核准後對外募捐並專款專用。但有下列情形之一者，得免辦理財團法人登記：

一、依其他法律申請設立之財團法人或公益社團法人申請附設者。

二、小型設立且不對外募捐、不接受補助及不享受租稅減免者。

第一項機構未於前項規定期間辦理財團法人登記，而有正當理由者，得申請直轄市、縣（市）主管機關核准延長一次，期間不得超過三個月；屆期不辦理者，原許可失其效力。

第一項機構申請設立之許可要件、申請程序、審核期限、撤銷與廢止許可、停辦、擴充與遷移、督導管理及其他相關事項之辦法，由中央主管機關定之。

第 64 條　主管機關應定期輔導及評鑑身心障礙福利機構。

前項機構經評鑑成績優良者，應予獎勵；經評鑑成績不佳者，主管機關應輔導其改善。

第一項機構之評鑑項目、方式、獎勵及輔導改善等事項之辦法，由主管機關定之。

第 65 條　身心障礙福利機構應與接受服務者或其家屬訂定書面契約，明定其權利義務關係。

直轄市、縣（市）主管機關應與接受委託安置之身心障礙福利機構訂定轉介安置書面契約，明定其權利義務關係。

前二項書面契約之格式、內容，中央主管機關應訂定定型化契約範本及其應記載及不得記載事項。

身心障礙福利機構應將中央主管機關訂定之定型化契約書範本公開並印製於收據憑證交付立約者，除另有約定外，視為已依第一項規定訂約。

第 66 條　身心障礙福利機構應投保公共意外責任保險及具有履行營運之擔保能力，以保障身心障礙者權益。

前項應投保之保險範圍及金額，由中央主管機關會商中央目的事業主管機關定之。

第一項履行營運之擔保能力，其認定標準，由所在地直轄市、縣（市）主管機關定之。

第 67 條　身心障礙者申請在公有公共場所開設零售商店或攤販，申請購買或承租國民住宅、停車位，政府應保留一定比率優先核准；其保留比率，由直轄市、縣（市）政府定之。

前項受核准者之經營條件、出租轉讓限制，依各目的事業主管機關相關規定辦理；其出租、轉讓對象應以其他身心障礙者為優先。

身心障礙者購買或承租第一項之商店或攤販，政府應提供低利貸款或租金補貼；其辦法由中央主管機關定之。

第 68 條　身心障礙福利機構、團體及符合設立庇護工場資格者，申請在公共場所設立庇護工場，或申請在國民住宅提供居住服務，直轄市、縣（市）政府應保留名額，優先核准。

前項保留名額，直轄市、縣（市）目的事業主管機關於規劃興建時，應洽商直轄市、縣（市）主管機關後納入興建計畫辦理。

第一項受核准者之經營條件、出租轉讓限制，依各目的事業主管機關相關規定辦理；其出租、轉讓對象應以身心障礙福利相關機構或團體為限。

第 69 條　身心障礙福利機構或團體、庇護工場，所生產之物品及其提供之服務，於合理價格及一定金額以下者，各級政府機關、公立學校、公營事業機構及接受政府補助之機

構、團體、私立學校應優先採購。

各級主管機關應定期公告或發函各義務採購單位，告知前項物品及服務，各義務採購單位應依相關法令規定，採購該物品及服務至一定比率。

前二項物品及服務項目、比率、一定金額、合理價格、優先採購之方式及其他應遵行事項之辦法，由中央主管機關定之。

第六章　經濟安全

第 70 條　身心障礙者經濟安全保障，採生活補助、日間照顧及住宿式照顧補助、照顧者津貼、年金保險等方式，逐步規劃實施。

前項年金保險之實施，依相關社會保險法律規定辦理。

第 71 條　直轄市、縣（市）主管機關對轄區內之身心障礙者，應依需求評估結果，提供下列經費補助，並不得有設籍時間之限制：

一、生活補助費。

二、日間照顧及住宿式照顧費用補助。

三、醫療費用補助。

四、居家照顧費用補助。

五、輔具費用補助。

六、房屋租金及購屋貸款利息補貼。

七、購買停車位貸款利息補貼或承租停車位補助。

八、其他必要之費用補助。

前項經費申請資格、條件、程序、補助金額及其他相關事項之辦法，除本法及其他法規另有規定外，由中央主管機關及中央目的事業主管機關分別定之。

直轄市、縣（市）主管機關為辦理第一項第一款、第二款、第六款、第七款業務，應於會計年度終了前，主動將已核定補助案件相關資料，併同有關機關提供之資料重新審核。但直轄市、縣（市）主管機關於申領人申領資格變更或審核認有必要時，得請申領人提供相關證明文件。

不符合請領資格而領取補助者，由直轄市、縣（市）主管機關以書面命本人自事實發生之日起六十日內繳還；屆期未繳還者，依法移送行政執行。

第 72 條　對於身心障礙者或其扶養者應繳納之稅捐，依法給予適當之減免。

納稅義務人或與其合併申報納稅之配偶或扶養親屬為身心障礙者，應准予列報身心障礙特別扣除額，其金額於所得稅法定之。

身心障礙者或其扶養者依本法規定所得之各項補助，應免納所得稅。

第 73 條　身心障礙者加入社會保險，政府機關應依其家庭經濟條件，補助保險費。

前項保險費補助辦法，由中央主管機關定之。

第七章　保護服務

第74條　傳播媒體報導身心障礙者或疑似身心障礙者，不得使用歧視性之稱呼或描述，並不得有與事實不符或誤導閱聽人對身心障礙者產生歧視或偏見之報導。

身心障礙者涉及相關法律事件，未經法院判決確定其發生原因可歸咎於當事人之疾病或其身心障礙狀況，傳播媒體不得將事件發生原因歸咎於當事人之疾病或其身心障礙狀況。

第75條　對身心障礙者不得有下列行為：

一、遺棄。

二、身心虐待。

三、限制其自由。

四、留置無生活自理能力之身心障礙者於易發生危險或傷害之環境。

五、利用身心障礙者行乞或供人參觀。

六、強迫或誘騙身心障礙者結婚。

七、其他對身心障礙者或利用身心障礙者為犯罪或不正當之行為。

第76條　醫事人員、社會工作人員、教育人員、警察人員及其他執行身心障礙服務業務人員，知悉身心障礙者有前條各款情形之一者，應立即向直轄市、縣（市）主管機關通報，至遲不得超過二十四小時。

村（里）長及其他任何人知悉身心障礙者有前條情形者，得通報直轄市、縣（市）主管機關。

前二項通報人之身分資料，應予保密。

直轄市、縣（市）主管機關知悉或接獲第一項及第二項通報後，應自行或委託其他機關、團體進行訪視、調查，至遲不得超過二十四小時，並應於受理案件後四日內提出調查報告。調查時得請求警政、醫院及其他相關單位協助。

第一項、第二項及前項通報流程及後續處理辦法，由中央主管機關定之。

第77條　依法令或契約對身心障礙者有扶養義務之人，有喪失扶養能力致使身心障礙者有生命、身體之危難或生活陷於困境之虞者，直轄市、縣（市）主管機關得依本人、扶養義務人之申請或依職權，經調查評估後，予以適當安置。

前項之必要費用，除直轄市、縣（市）主管機關依第七十一條第一項第二款給予補助者外，由身心障礙者或扶養義務人負擔。

第78條　身心障礙者遭受第七十五條各款情形之一者，情況危急非立即給予保護、安置或其他處置，其生命、身體或自由有立即之危險或有危險之虞者，直轄市、縣（市）主

　　管機關應予緊急保護、安置或為其他必要之處置。

　　直轄市、縣（市）主管機關為前項緊急保護、安置或為其他必要之處置時，得請求檢察官或當地警察機關協助。

第 79 條　前條之緊急安置服務，得委託相關身心障礙福利機構辦理。安置期間所必要之費用，由前條第一項之行為人支付。

　　前項費用，必要時由直轄市、縣（市）主管機關先行支付，並檢具支出憑證影本及計算書，請求前條第一項之行為人償還。

　　前項費用，經直轄市、縣（市）主管機關以書面定十日以上三十日以下期間催告償還，而屆期未償還者，得移送法院強制執行。

第 80 條　第七十八條身心障礙者之緊急保護安置，不得超過七十二小時；非七十二小時以上之安置，不足以保護身心障礙者時，得聲請法院裁定繼續保護安置。繼續保護安置以三個月為限；必要時，得聲請法院裁定延長之。

　　繼續保護安置期間，直轄市、縣（市）主管機關應視需要，協助身心障礙者向法院提出監護或輔助宣告之聲請。

　　繼續保護安置期滿前，直轄市、縣（市）主管機關應經評估協助轉介適當之服務單位。

第 81 條　身心障礙者有受監護或輔助宣告之必要時，直轄市、縣（市）主管機關得協助其向法院聲請。受監護或輔助宣告之原因消滅時，直轄市、縣（市）主管機關得協助進行撤銷宣告之聲請。

　　有改定監護人或輔助人之必要時，直轄市、縣（市）主管機關應協助身心障礙者為相關之聲請。

　　法院為身心障礙者選定之監護人或輔助人為社會福利機構者，直轄市、縣（市）主管機關應對其執行監護或輔助職務進行監督；相關監督事宜之管理辦法，由中央主管機關定之。

第 82 條　直轄市、縣（市）主管機關、相關身心障礙福利機構，於社區中提供身心障礙者居住安排服務，遭受居民以任何形式反對者，直轄市、縣（市）政府應協助其排除障礙。

第 83 條　為使無能力管理財產之身心障礙者財產權受到保障，中央主管機關應會同相關目的事業主管機關，鼓勵信託業者辦理身心障礙者財產信託。

第 84 條　法院或檢察機關於訴訟程序實施過程，身心障礙者涉訟或須作證時，應就其障礙類別之特別需要，提供必要之協助。

　　刑事被告或犯罪嫌疑人因智能障礙無法為完全之陳述時，直轄市、縣（市）主管機關得依刑事訴訟法第三十五條規定，聲請法院同意指派社會工作人員擔任輔佐人。

　　依刑事訴訟法第三十五條第一項規定得為輔佐人之人，未能擔任輔佐人時，社會福

利機構、團體得依前項規定向直轄市、縣（市）主管機關提出指派申請。

第85條　身心障礙者依法收容於矯正機關時，法務主管機關應考量矯正機關收容特性、現有設施狀況及身心障礙者特殊需求，作必要之改善。

第八章　罰則

第86條　違反第十六條第一項規定，處新臺幣十萬元以上五十萬元以下罰鍰。

違反第七十四條規定，由目的事業主管機關處新臺幣十萬元以上五十萬元以下罰鍰。

第87條　違反第四十條第一項規定者，由直轄市、縣（市）勞工主管機關處新臺幣十萬元以上五十萬元以下罰鍰。

第88條　違反第五十七條第三項規定未改善或未提具替代改善計畫或未依核定改善計畫之期限改善完成者，各級目的事業主管機關除得勒令停止其使用外，處其所有權人或管理機關負責人新臺幣六萬元以上三十萬元以下罰鍰，並限期改善；屆期未改善者，得按次處罰至其改善完成為止；必要時，得停止供水、供電或封閉、強制拆除。

前項罰鍰收入應成立基金，供作改善及推動無障礙設備與設施經費使用；基金之收支、保管及運用辦法，由中央目的事業主管機關定之。

第89條　設立身心障礙福利機構未依第六十三條第一項規定申請許可設立，或應辦理財團法人登記而未依第六十三條第二項或第三項規定期限辦理者，處其負責人新臺幣六萬元以上三十萬元以下罰鍰及公告其姓名，並令限期改善。

於前項限期改善期間，不得增加收容身心障礙者，違者另處其負責人新臺幣六萬元以上三十萬元以下罰鍰，並得按次處罰。

經依第一項規定限期令其改善，屆期未改善者，再處其負責人新臺幣十萬元以上五十萬元以下罰鍰，得按次處罰，並公告其名稱，且得令其停辦。

經依前項規定令其停辦而拒不遵守者，處新臺幣二十萬元以上一百萬元以下罰鍰，並得按次處罰。

第90條　身心障礙福利機構有下列情形之一，經主管機關查明屬實者，處新臺幣六萬元以上三十萬元以下罰鍰，並令限期改善；屆期未改善者，得按次處罰：

一、有第七十五條各款規定情形之一。

二、提供不安全之設施設備或供給不衛生之餐飲。

三、有其他重大情事，足以影響身心障礙者身心健康。

第91條　身心障礙福利機構停辦或決議解散時，主管機關對於該機構服務之身心障礙者，應即予適當之安置，身心障礙福利機構應予配合。不予配合者，強制實施之，並處新臺幣六萬元以上三十萬元以下罰鍰；必要時，得予接管。

前項接管之實施程序、期限與受接管機構經營權及財產管理權之限制等事項之辦

法，由中央主管機關定之。

第一項停辦之機構完成改善時，得檢附相關資料及文件，向主管機關申請復業；經主管機關審核後，應將復業申請計畫書報經中央主管機關備查。

第 92 條　身心障礙福利機構於主管機關依第九十條、第九十三條、第九十四條規定限期改善期間，不得增加收容身心障礙者，違者另處新臺幣六萬元以上三十萬元以下罰鍰，並得按次處罰。

　　經主管機關依第九十條、第九十三條規定令其限期改善；屆期仍未改善者，得令其停辦一個月以上一年以下，並公告其名稱。停辦期限屆滿仍未改善或違反法令情節重大者，應廢止其許可；其屬法人者，得予解散。

　　依前項規定令其停辦而拒不遵守者，再處新臺幣二十萬元以上一百萬元以下罰鍰，並得按次處罰。

第 93 條　主管機關依第六十四條第一項規定對身心障礙福利機構輔導或評鑑，發現有下列情形之一者，應令限期改善；屆期未改善者，處新臺幣五萬元以上二十五萬元以下罰鍰，並按次處罰：

一、業務經營方針與設立目的或捐助章程不符。

二、違反原許可設立之標準。

三、財產總額已無法達成目的事業或對於業務財務為不實之陳報。

四、經主管機關評鑑為丙等或丁等。

第 94 條　身心障礙福利機構有下列情形之一者，應令其一個月內改善；屆期未改善者，處新臺幣三萬元以上十五萬元以下罰鍰，並按次處罰：

一、收費規定未依第六十二條第四項規定報主管機關核定，或違反規定超收費用。

二、停辦、擴充或遷移未依中央主管機關依第六十三條第四項規定所定辦法辦理。

三、違反第六十五條第一項規定，未與接受服務者或其家屬訂定書面契約或將不得記載事項納入契約。

四、違反第六十六條第一項規定，未投保公共意外責任險或未具履行營運擔保能力，而辦理身心障礙福利機構。

第 95 條　違反第七十五條各款規定情形之一者，處新臺幣三萬元以上十五萬元以下罰鍰，並得公告其姓名。

　　身心障礙者之家庭照顧者或家庭成員違反第七十五條各款規定情形之一者，除依前項規定處罰外，直轄市、縣（市）主管機關得令其接受八小時以上五十小時以下之家庭教育及輔導，並收取必要之費用；其收費規定，由直轄市、縣（市）主管機關定之。

　　拒不接受前項家庭教育及輔導或時數不足者，處新臺幣三千元以上一萬五千元以下

罰鍰，經再通知仍不接受者，得按次處罰至其參加為止。

第 96 條　有下列情形之一者，由直轄市、縣（市）勞工主管機關處新臺幣二萬元以上十萬元以下罰鍰：

一、職業訓練機構、就業服務機構、庇護工場，違反第三十五條第三項規定，經直轄市、縣（市）政府勞工主管機關令其停止提供服務，並限期改善，未停止服務或屆期未改善。

二、私立學校、團體及民營事業機構無正當理由違反第三十八條第二項規定。

第 97 條　接受政府補助之機構、團體、私立學校無正當理由違反第六十九條第二項規定者，由各目的事業主管機關處新臺幣二萬元以上十萬元以下罰鍰。

第 98 條　違反第四十六條第一項者，由直轄市、縣（市）勞工主管機關處新臺幣一萬元以上五萬元以下罰鍰；其於營業場所內發生者，另處罰場所之負責人或所有權人新臺幣二萬元以上十萬元以下罰鍰，並令限期改善；屆期未改善者，按次處罰。

前項罰鍰之收入，應納入直轄市、縣（市）政府身心障礙者就業基金，專供作促進視覺功能障礙者就業之用。

第 99 條　大眾運輸工具未依第五十三條第三項規定所定辦法設置無障礙設施者，該管交通主管機關應責令業者於一定期限內提具改善計畫，報請該管交通主管機關核定後辦理。逾期不提出計畫或未依計畫辦理改善者，處新臺幣一萬元以上五萬元以下罰鍰，並得按次連續處罰。原核定執行計畫於執行期間如有變更之必要者，得報請原核定機關同意後變更，並以一次為限。

公共停車場未依第五十六條第一項規定保留一定比率停車位者，目的事業主管機關應令限期改善；屆期未改善者，處其所有人或管理人新臺幣一萬元以上五萬元以下罰鍰。

第 100 條　違反第十六條第二項或第六十條第二項規定者，應令限期改善；屆期未改善者，處新臺幣一萬元以上五萬元以下罰鍰，並得按次處罰。

第 101 條　提供庇護性就業服務之單位違反第四十一條第一項規定者，直轄市、縣（市）勞工主管機關應令限期改善；屆期未改善者，處新臺幣六千元以上三萬元以下罰鍰，並得按次處罰。

第 102 條　公務員執行職務有下列行為之一者，應受懲處：

一、違反第十六條第一項規定。

二、無正當理由違反第三十八條第一項、第六十七條第一項、第六十八條第一項或第六十九條第二項規定。

第 103 條　各級政府勞工主管機關對於違反第三十八條第一項或第二項之規定者，得公告之。

未依第四十三條第二項規定定期繳納差額補助費者，自期限屆滿之翌日起

至完納前一日止，每逾一日加徵其未繳差額補助費百分之零點二滯納金。但以其未繳納之差額補助費一倍為限。

前項滯納金之收入，應繳入直轄市、縣（市）政府身心障礙者就業基金專款專用。

第104條 本法所定罰則，除另有規定者外，由直轄市、縣（市）主管機關處罰之。

第九章　附則

第105條 各級政府每年應向其民意機關報告本法之執行情形。

第106條 中華民國九十六年六月五日修正之條文全面施行前已領有身心障礙手冊者，應依直轄市、縣（市）主管機關指定期日及方式，辦理重新鑑定及需求評估或換發身心障礙證明；屆期未辦理者，直轄市、縣（市）主管機關得逕予註銷身心障礙手冊。

依前項規定辦理重新鑑定及需求評估或換發身心障礙證明之身心障礙者，於直轄市、縣（市）主管機關發給身心障礙證明前，得依中華民國九十六年六月五日修正之條文公布前之規定，繼續享有原有身心障礙福利服務。

無法於直轄市、縣（市）主管機關指定期日辦理重新鑑定及需求評估者，應於指定期日前，附具理由向直轄市、縣（市）主管機關申請展延，經認有正當理由者，得予展延，最長以六十日為限。

直轄市、縣（市）主管機關應於中華民國九十六年六月五日修正之條文全面施行後五年內，完成第一項相關作業。

第107條 中華民國九十六年六月五日修正之第三十八條自公布後二年施行；第五條至第七條、第十三條至第十五條、第十八條、第二十六條、第五十條、第五十一條、第五十六條及第七十一條，自公布後五年施行；九十八年六月十二日修正之條文，自九十八年十一月二十三日施行。

第108條 本法施行細則，由中央主管機關定之。

第109條 本法除另定施行日期者外，自公布日施行。

國家圖書館出版品預行編目資料

老人福利：The welfare for old people ╱ 戴章洲，
吳正華著. -- 初版. -- 臺北市：心理，2009. 01
面；公分. -- （社會工作系列；31030）

ISBN 978-986-191-226-4（平裝）

1. 老人福利

544.85   97025160

社會工作系列 31030

老人福利

作　　者：戴章洲、吳正華
責任編輯：郭佳玲
總　編　輯：林敬堯
發　行　人：洪有義
出　版　者：心理出版社股份有限公司
地　　址：台北市大安區和平東路一段 180 號 7 樓
電　　話：(02) 23671490
傳　　真：(02) 23671457
郵撥帳號：19293172　心理出版社股份有限公司
網　　址：http://www.psy.com.tw
電子信箱：psychoco@ms15.hinet.net
駐美代表：Lisa Wu（Tel: 973 546-5845）
排　版　者：辰皓國際出版製作有限公司
印　刷　者：東緯彩色印刷有限公司
初版一刷：2009 年 1 月
初版二刷：2010 年 9 月
I S B N：978-986-191-226-4
定　　價：新台幣 450 元